救灾资金的筹措、管理与运用问题研究

JIUZAI ZIJIN DE
CHOUCUO GUANLI YU YUNYONG
WENTI YANJIU

华金秋 等 ◎ 著

首都经济贸易大学出版社
Capital University of Economics and Business Press
· 北 京 ·

图书在版编目（CIP）数据

救灾资金的筹措、管理与运用问题研究/华金秋等著．—北京：首都经济贸易大学出版社，2017. 7

ISBN 978 - 7 - 5638 - 2645 - 2

Ⅰ．①救…　Ⅱ．①华…　Ⅲ．①救灾—资金管理—研究—中国　Ⅳ．①D632. 5

中国版本图书馆 CIP 数据核字（2017）第 116258 号

救灾资金的筹措、管理与运用问题研究

华金秋　等　著

责任编辑　薛晓红

封面设计　砚祥志远·激光照排　TEL：010-65976003

出版发行　首都经济贸易大学出版社

地　　址　北京市朝阳区红庙（邮编 100026）

电　　话　（010）65976483　65065761　65071505（传真）

网　　址　http：//www. sjmcb. com

E - mail　publish@cueb. edu. cn

经　　销　全国新华书店

照　　排　北京砚祥志远激光照排技术有限公司

印　　刷　人民日报印刷厂

开　　本　710 毫米 × 1000 毫米　1/16

字　　数　321 千字

印　　张　18. 25

版　　次　2017 年 7 月第 1 版　2017 年 7 月第 1 次印刷

书　　号　ISBN 978 - 7 - 5638 - 2645 - 2/D · 174

定　　价　46. 00 元

目　录

0

导言

0.1 研究意义

0.1.1 研究背景

我国是一个自然灾害多发的国家，灾害种类多且发生频率高，受灾地区分布范围广，造成的人员和财产损失严重。举世震惊的2008年“5·12”汶川地震造成约7万人死亡，直接经济损失达8 451亿元。汶川地震发生后，中央和地方政府积极拨款，国人和社会各界也慷慨解囊，海外组织和爱心人士踊跃捐赠。但筹措到的救灾资金与地震造成的经济损失相比显得杯水车薪，灾害损失补偿的资金缺口巨大。2010年初的西南大旱尚未结束，4月14日，玉树大地震的哀痛又接踵而来。这是玉树人的不幸，更是中华民族的不幸。救灾资金（含灾害应急和灾后恢复重建资金）的筹措、管理和运用已成为世人关注的焦点。贺国强曾于2008年9月4日指出，“汶川地震抗震救灾资金物资管理情况总体上是好的，基本做到了款物专用、账目清楚、公开透明。但是这其中也存在一些问题，需要引起我们的高度重视。”由审计署发布的《关于汶川地震抗震救灾资金物资审计情况公告》（2008年第1~4号）可见，救灾资金的筹措、管理和使用存在不同程度的浪费（如活动板房闲置）、欺诈（如夸大灾情、重复或冒领救助金）和滥用（如截留挪用救灾资金、购买名牌运动鞋）问题。

0.1.2 学术价值

党的十七大报告明确提出“完善突发事件应急管理机制”和“强化防灾减灾工作”，加强救灾资金的管理是完善应急管理机制的一项重要内容。近年来，我国在编制应急管理预案、建立健全工作机制等方面有所加强，但总体来说，我国的灾害管理还处在起步阶段，特别是救灾资金的管理还有待进一步探索和规范。另据慕尼黑再保险公司统计，2008年是有史以来全球自然灾害最严重的年份之一，大地震、飓风等自然灾害造成22万多人死亡，财产损失超过2 000亿美元。在经济全球化时代，巨灾的应对不仅是各国政府的责任，也是国际社会共同面临的问题，因此救灾资金的筹措、管理和运用是一个极其重要且值得全球关注的问题。美国和日本作为经济强国，也备受自然灾害的困扰，两国从1980年起就开始研究应对自然灾害的各种措施（包括救灾资金管理方面），至今仍处于探索与不断完善过程中。如何保障灾民的基本生活和健康，事关维护社会稳定、促进社会公平与和谐发展的大局。因此，本课题研究拟在“以人为本”的科学发展观思想指导下，基于现有相关成果，提出改善我国救灾资金筹措、分配方式及运用效率的新见解，希望能丰富救灾资金的相关理论，更好地认识人与自然的关系，妥善处理救灾与国民经济发展的关系，以达到高效管理救灾资金、帮助灾区尽快恢复生产与生活、消除外界疑虑的目的。同时，拟总结中国救灾资金的筹措与管理经验，为世界各国防灾减灾做出应有的贡献。

0.2 应用价值

在2007年之前，我国的国家财政支出中用于社会救济福利费的比例，以及救灾支出占灾害直接经济损失的比重都非常低（均低于3.1%），这一方面反映出财政资源对巨大的灾害损失“力不从心”，另一方面也可以看出自然灾害损失补偿的资金缺口巨大。而如何保证国家的财政拨款和捐赠人用爱心汇成的“爱的海洋”能够真正流向受灾地区和受灾民众，帮助灾区人民摆脱困苦，关系到不让心碎不已的灾民雪上加霜，也关系到政府管理部门的信誉不被蒙尘，救灾资金的有效管理显然不能缺少。另据统计，2004年的印度洋海啸灾难发生后，国际社会向斯里兰卡政府承诺了34.2亿美元灾难重建资金，但截至2007年底用于重建的仅约11.3亿美元。这其中固然有一些组织不遵守承诺的因素，但主要原因是一些机构对救灾资金的使用不满意，因而拒绝继续发放救灾资金。因此坚持公开透明原则，妥善管理和使用救灾资金，不仅是政府对国人的一个交代，也是对全世界奉献爱心者的尊重。这种交代或尊重，会消除不必要的猜疑和误解，激发更多人的捐赠热情，从而让更多的灾民得到有效救助。

那么如何在当前的经济环境下筹措足够的救灾资金，建立健全资金筹措渠道与方式，科学统筹、协调好赈灾资金的管理与分配，提高救灾资金的运用效率，严格监督救灾资金的运动过程？这些问题有待我们深入探索。我国这方面的研究起步较晚，因此，结合我国现行的经济体制和受灾情况，研究国外灾害应急和恢复重建工作的相关成果，汲取其精华，具有重要的现实意义。

0.3 研究现状

0.3.1 国外研究现状

2010 年 4 月，笔者分别以“Relief Fund”和“Disaster Fund”作为主题词在 EBSCO 数据库中进行检索，共搜到 497 篇文献，绝大多数是篇幅较短的新闻报道，学术文献不足 10 篇。救灾资金在国外也没有形成系统的理论体系，一般是作为小主题分散在相关论文中。目前在救灾资金研究领域影响力比较大的是美国审计署（GAO）发布的系列报告。例如，截至 2007 年 6 月，美国联邦紧急措施署（FEMA）先后向“卡特里娜”和“丽塔”飓风灾区拨付救助金达 190 亿美元。据 GAO 调查，其中约 20 亿美元使用不当，主要问题有：浪费（Waste）、欺诈（Fraud）、滥用（Abuse）。为此，GAO 设计了灾民救助金使用的控制框架，包括三道防线：①预防性控制（Preventive Controls）；②探测和监控（Detection and Monitoring）；③对违规者调查和起诉（Investigations and Prosecution of Offenders）。经过三道防线，救助金使用不当行为大幅减少。前期的预防性控制可以筛选出大多数的欺诈行为，是最有效的减少欺诈、浪费和滥用的手段。同时，探测和监控手段的运用，以及公正严明的起诉，也是有效的防御体系中不可缺少的要素。本书作者认为，“GAO 控制框架侧重于资金使用的合规性，对救助金的筹措和使用的效益性关注不够，更没有构建规范救灾资金筹措和使用的评价指标体系。”

2008 年 9 月，GAO 发布灾后重建经验的研究报告。该报告认为州和地方政府应预先储备人力和财政资源，以期在受灾后能迅速获得联邦救灾援助。州和地方政府还可以为拟定的灾后恢复重建活动事先确定一些资金援助来源项目。该报告还提出应结合灾后重建目标和需求制定救灾资金的分配策略。此外，GAO 还发布了灾后重建的税收政策评估和合同管理等方面的研究报告。

日本是一个地震多发的国家，灾害应急和重建经验丰富，以《灾害对策基本法》为主体的防震救灾的法律法规体系明确了中央和地方政府的经费支出义务，并制定了详尽的应对灾害的财政金融支持政策。“日本政府每年安排大量的财政预算进行灾害预防、灾害紧急应对及灾后复兴事业。地方政府会制定细致的重建规划体系，分两阶段开展救灾活动和重建活动，这有利于其有效申请政府援助、获取社会捐助等”（成都市城市科学研究会，2008）。在震后重建过程中，日本神户建立了重建基金，重建基金分为两类：第一类是基本基金，主要是政府的投入；第二类是投资基金。基本基金主要用于建设基础设施和基本的公共设施，投资基金则用于商业性项目，在重建过程中两种基金相互配合发挥作用。

世界银行的 Wolfgang Fengler 等学者在 2008 年曾“以印尼等国的八个自然灾害为例，分析这些国家的救灾资金管理体制及优缺点”。

0.3.2 中国研究现状

中国台湾“九二一”地震发生后，灾害研究方面的论文开始增多。检索台湾科学期刊全文数据库及台湾科学电子学位论文数据库，以“救灾资金”作为主题的论文极少。“承担其中救助工作的财团法人‘九二一’震灾重建基金会专门制定了资金运用策略，最终使基金会的资金运用率达 111.85%，而且回收后可以再运用”（谢志诚，2005）。台湾当局将社区重建活动的恢复目标归类为三大层次：实质环境重建、社会环境重建和经济环境重建。大目标下又有具体的重建事项，且为每一层次的重建事项指定了参与行动的团体组织和资金来源或支援。

2010 年 4 月分别以“救灾资金”和“灾害资金”作为主题词在中国知网数据库里进行检索，共搜到 113 篇文献，绝大多数是法规制度和新闻报道，学术文献不足 20 篇。

（1）关于救灾资金筹措问题研究。我国孙克竞（2008 年）提出“应对重大自然灾害时应本着广开渠道、多源救助、社会广泛参与的原则，建立以政府财政渠道、金融信贷渠道、社会捐赠渠道为来源的有效、安全、可持续的赈灾资金筹措渠道系统”。王宏伟（2008 年）认为“建立国家强制推行的重大自然灾害保险制度，不仅可以降低政府的应急财政负担，而且还能提高我国应急管理的财政保障水平”。李忠华（2008 年）“对灾后重建不同来源资金进行比较分析，提出优化灾后重建资金结构的建议。”冯俏彬（2010 年）认为，“应建立灾害管理的立体化资金保障体系，例如 BOT、TOT、PPP 方式融资。”

（2）关于救灾资金分配问题研究。郭显光（1998 年）提出“救灾支出分配额取决于灾情与自救能力两个因素。然后利用层次分析法和标准系数法确定各指标的权重，用功效系数法对各指标进行标准化，用加权法求出各城市的综合得分，变换后得到资金拨款分配比例”。杨屹（2006年）构建了“农民建房救灾资金分配效果评价指标体系”。杨继瑞等（2009年）发表的《招投标竞争：汶川地震灾后部分重建专项资金分配运作的探索》提供了有益的思路。杨继瑞等还探讨了企业灾后救助问题。朱国玮（2009年）认为“救灾物资可采用年度招标的方式。要保持一定的救灾储备，同时制定出对定点机构的考核标准，优胜劣汰”。

（3）关于救灾资金管理问题研究。冯俏彬（2008年）认为，“在历次应急救助资金处理中，基本上都是财政资金，其中中央财政资金独擎天下。在中央政府与地方政府之间、政府与社会之间缺乏有效的风险分散、责任分担机制”，因此应急财政资金需引入科学管理机制。许多学者指出救灾款物的流动过程应做到开放、透明、公正，在拨付过程中要防止挤占、挪用、浪费行为等。包括本书作者等的论文指出，救灾资金数额巨大，可能会因管理不善等导致使用不当，可采用全过程跟踪审计、常规审计与审计调查相结合的审计方法，并借助媒体监督加强对救灾资金的监督，形成强大的监督合力。

0.3.3 国内外研究的趋势

目前国内外研究趋势包括：关注救灾资金筹措、管理与运用的成本与效率问题；提高救灾资金透明度，实施全过程控制，建立评价指标体系；完善灾后企业救济制度；研究媒体与救灾资金管理的关系；研究信息技术的应用和财税金融政策的支持；研究救灾资金的使用与我国当前经济刺激计划相协调等。

总的来看，救灾资金管理涉及领域广泛，已有的关于救灾资金管理等的研究论文数量较少，在这方面有所创新难度很大。但在新的经济金融环境下，面临新的发展机遇和挑战，我国救灾资金要更有效地发挥作用，仍需要研究许多新的问题，进行新的探索。

0.4 理论工具和研究方法

研究必须以科学的世界观和方法论为指导，救灾资金管理研究亦是如此。

由于救灾资金管理在中国尚属新生事物，研究方法从根本上说只能是唯物辩证法。因此研究的第一步工作就是从唯物主义观点出发做大量的全面的调查，取得第一手材料。其次，运用辩证法的观点（如矛盾的观点、质量互变的观点等）和方法（从现象到本质、从个别到一般、从特殊到普遍、从具体到抽象等思维方法）研究材料，并遵循“实践—认识—实践”的过程，从中得出科学的结论。具体而言，本文主要运用以下研究方法：

0.4.1 定性和定量分析方法

救灾资金管理的内容客观存在质和量两个方面。对救灾资金管理的研究，不能只侧重于定性分析。虽然定性分析在揭示救灾资金管理的本质特征、运行规律等方面曾发挥过重要作用，今后仍将发挥重要作用，但是，救灾资金管理有质的规定性，同时还存在诸多量的关系，亟须加以定量分析。本文采用的定量分析方法主要有三种：一是资料数据描述法；二是图表描述法；三是模型分析法。当然，定量分析方法并不是将经济现象表现为一系列数据堆积，而是力求使定性分析更深刻，更具说服力。上述三种方法只有有机结合，综合运用，并在研究过程中不断加以完善，才能达到为研究内容服务的既定目的，才能保证救灾资金管理理论的客观、正确和科学。

0.4.2 实证和比较分析方法

救灾资金管理具有个性与共性两方面的特征。所谓个性，主要是指救灾资金管理的各个阶段表现形态各异。把握个性，需要在占有充分资料的基础上，做深入具体的分析研究。因此，需要大量运用实证方法。所谓共性，主要是指救灾资金管理具有内在的共同本质特征和运行规律。尽管救灾资金管理各国情况不同，表现形态各异，但作为具有同一质的规定性的客观事物，必然有共性可循。由于西方国家是高度发达的市场经济，在救灾资金管理研究方面已有丰硕成果。本着“洋为中用”的原则，本书通过对中西方救灾资金管理的对比分析，总结其中的经验与教训，并坚持一切从中国国情出发，注重研究救灾资金管理处置的客观环境、制度背景、文化传统的差异，批判吸取其中的精华，从中得出某些带有规律性的东西，并提出若干政策建议。运用比较分析方法，有助于揭示救灾资金管理本质、规律与内在运行机制，从而形成理论，指导实践。

0.4.3 系统研究方法

所谓系统方法，就是将研究对象置于系统形式中，从系统观点出发，在系统与要素、要素与要素、系统与环境之间的相互联系和相互作用中，综合考察研究对象。以系统方法分析，只有从救灾资金管理与宏观经济、中观经济和微观经济三大层次系统之间复杂关系的分析比较中，才能认识其内在规律性与本质特征。同时，由于经济系统运行质量由多种要素及其结构所决定，并受外部环境影响与制约，以系统方法分析研究，有利于深刻认识和评价救灾资金管理行为、结构及外部环境的作用和影响，有利于制定和选择最佳管理和处置方案。

0.5 逻辑结构与主要结论

本书共分 19 章，各章的逻辑结构与主要结论如下：

第一章，支持救灾的财税政策问题研究。我国是一个灾害频发的国家，各类自然灾害给国家、社会和人民造成了巨大的损失。抗灾救灾及灾后重建需要大量人力、物力和财力，财税政策作为宏观调控工具，在支持救灾中扮演着重要的角色，主要体现为财政预算和税收优惠政策。关于支持救灾的财税政策存在怎样的问题以及如何改进应引起高度关注。本章通过描述财税政策在救灾中扮演的角色，展示当前有关救灾的财税政策，分析存在的问题并提出相应的建议。

第二章，金融支持灾区重建资金筹措研究——以汶川地震为例。我国是一个自然灾害发生频繁的国家，灾区重建工作是一个十分复杂的系统工程。作为现代经济核心的金融业，在灾区重建中具有举足轻重的地位。本章首先分析救灾资金筹措的主要渠道和方式，接着以汶川地震为例，通过汶川灾区重建的基本情况来分析我国现有的灾区重建资金筹措的金融支持政策措施及其存在的问题，最后借鉴国际经验，总结提出建立我国金融支持灾区重建资金筹措长效机制的对策建议。

第三章，美国地震保险及启示。2008 年汶川地震以后，越来越多的人开始关注地震保险。在我国保险业界，一直存在地震保险的研究，但是由于其巨大的偿付风险和保险费率厘定的困难，使得我国的地震保险实施面临多重困难。本章通过分析美国地震保险的最新经验，提出关于我国地震保险发展的几点建议。

第四章，洪水保险的政府运营模式：美国洪水保险计划的实践和启示。在我国，洪水灾害是主要的自然灾害之一。然而，洪水保险制度却迟迟未能建立。本章搜集和分析有关美国洪水保险计划（NFIP）的最新文献，对以NFIP为代表的政府主导洪水保险运营模式进行了历史脉络的梳理，研究了其法制发展、运营现状、模式特色以及出现的问题，最后对洪水保险的政府运营模式进行了启发式的总结和建议。

第五章，我国慈善机构善款管理面临的挑战与对策。慈善事业是社会发展的“润滑剂”，它在扶危救困、平衡收入分配差距、维护社会公平正义方面起着举足轻重的作用。然而，2011年“郭美美事件”将中国红十字会等慈善机构推向舆论的风口浪尖。由此表明当前慈善机构的善款在管理方式、信息披露、组织运作和监督等方面仍存在很多不足。因此，慈善机构应公开慈善活动信息，透明化运作，强化制度监督，才能获得公众的信任和支持，从而适应全社会对慈善事业发展的要求。

第六章，新《慈善法》对救灾资金筹集、管理与运用的影响。随着新《慈善法》的出台，我国慈善法律体系不断完善，对慈善事业的研究也不断深入。本章分析了新《慈善法》对救灾资金筹集、管理与运用的影响，并提出了一些建议和意见。

第七章，救灾资金的运用与促进灾区经济发展的研究。救灾资金是灾区进行灾后重建的保障。本章阐明了救灾资金运用与灾区经济发展的关系，并以汶川地震为例指出了以往救灾资金运用过程中存在的问题及其对灾区经济发展的影响，最后对如何合理运用救灾资金、促进灾区经济良性发展提出了对策建议。

第八章，救灾资金分配模型研究。客观公正的救灾资金分配模型是政府分配救灾款项的重要依据，但我国目前并没有一个统一、规范的资金分配模型。上级政府通常根据个别受灾指标分配救灾补助款，这种分配方式的有效性和公平性有待改进。本章采用层次分析法和功效系数法，构建了救灾资金的分配模型，并做了测算举例。

第九章，救灾财政资金和社会捐赠资金的协调研究。本章以汶川地震为例，阐述了我国在灾后重建过程中救灾财政资金与社会捐赠资金存在的现状和问题，并通过对这些问题进行分析，提出了协调运用财政资金和捐赠资金的方法，即加强政府与慈善组织的合作、提高慈善组织的运作水平、建立财政资金和社会捐赠资金的协调机制，从而更好地整合相互的优势，最大程度地发挥整合性力量，更快地实现灾后重建工作。

第十章，汶川地震灾后对口支援工作透视——基于审计署和支援省市审计公告的分析。对口支援是我国的一项特色政策，是社会主义共同富裕目标的具体体现。汶川地震后，对口支援作为一种有效的灾后重建机制对受灾地区的恢复重建发挥了巨大的作用。本章基于审计署和支援省市相继发布的审计公告，对汶川地震的对口支援工作进行分析。

第十一章，抗震救灾资金审计探析。随着抗震救灾工作的深入，抗震救灾资金的审计已经成为世人关注的焦点之一。本章首先阐述了对抗震救灾资金进行审计的必要性；其次，概述了抗震救灾资金审计的目标、主体、基本原则、要点、技术方法、证据和报告；最后，提出深入开展抗震救灾资金审计的措施。

第十二章，政府审计如何协调与媒体监督的关系——以救灾资金管理为例。政府审计是审计机关依法对相关单位的财务收支等进行监督。媒体监督的实质是人民群众通过新闻媒体对国家和社会公共事务的监督。两种监督方式均以寻求“公正”为价值目标，在抗震救灾资金管理中发挥着不可或缺的巨大作用。但两种监督方式也可能产生冲突。媒体监督由于其自身特点，如新闻自由性等，对审计独立具有天然侵犯性。此外，对于经济事项的判断，政府审计与媒体监督可能会产生分歧。本章以救灾资金管理为例，认为政府审计协调与媒体监督关系的途径有：尊重新闻自由与审计独立性；重视媒体对审计机关的监督权利；认识到借助媒体可减少审计工作中的阻力；审计机关应正确引导舆论、重视民意并及时处理举报线索，对可能出现的舆论危机做好预案等。

第十三章，救灾资金筹措、管理、运用评价指标体系研究。近年来，世界范围内灾害事件层出不穷，灾害过后，如何有效实现救灾资金运作？怎样建立一个客观、公正的救灾资金筹措、管理、运用评价指标体系？这些问题引人深思且备受关注。本章基于以往的研究，提出了救灾资金筹措、管理、运用指标体系的组成部分：基本保障能力、效率运转能力、公平度量能力和善后处理能力，并采用层次分析法进行了较为深入的探索。

第十四章，美国政府救灾采购合同审计及借鉴。本章主要介绍美国政府救灾采购合同审计中的经验教训，试图对我国救灾采购合同管理有所启发。

第十五章，美国审计署的灾民救助金控制框架及启示。随着我国抗震救灾工作的深入，灾民救助金的管理已成为世人关注的焦点。本章主要分析美国灾民救助金发放中的问题及美国审计署（GAO）的控制框架，试图对我国高效使用灾民救助金有所启发。

第十六章，美国审计署的自然灾害重建经验及借鉴。本章首先介绍美国审计署（GAO）归纳的自然灾害重建经验：州和地方政府需及时制定明确的可执行的重建计划；州和地方政府需为重建储备力量；实施振兴企业战略；打击欺诈、浪费和滥用行为。最后，结合汶川地震救灾和重建审计情况，试图对我国青海玉树地震重建有所启发。

第十七章，美国大规模流感应急状况审计及借鉴。本章介绍美国政府大规模流感应急状况的最新进展，然后探讨对我国政府提升流感应急能力的启示。

第十八章，美国的核安全审计及启示。核安全审计是保障核电安全发展的重要方面。本章介绍了美国审计署2008年以来对核安全状况的审查情况，并探讨了其对我国的启示。

第十九章，美国集成公众警报和预警系统审计及启示。本章对美国审计署（GAO）关于联邦紧急措施署（FEMA）实施集成公众警报和预警系统（IPAWS）情况的审计报告做一简介并探讨对我国的启示。

0.6　创新之处

在经济改革迅速推进并要求理论界对经济现象及经济规律有更深入更具体的研究成果时，做小题目的研究，可减少不断重复别人已做的事情。而国内外尚未见到其他相关的论文或专著对救灾资金的某些专题进行系统研究。本项目研究即属“小题大做”，具体创新点主要有：

- 财税、金融、保险制度支持灾区重建资金筹措研究；
- 我国慈善机构善款管理面临的挑战与对策；
- 新《慈善法》对救灾资金筹集、管理与运用的影响；
- 救灾财政资金和社会捐赠资金的协调研究；

● 救灾资金的运用与经济刺激政策的协调研究；

● 救灾资金分配模型研究；

● 救灾资金筹措、管理、运用评价指标体系研究；

● 政府审计如何协调与媒体监督的关系——以救灾资金管理为例；

● 汶川地震灾后对口支援工作透视——基于审计署和支援省市审计公告的分析；

● 国外救灾资金筹措、管理、运用经验借鉴，如：美国审计署的自然灾害重建经验及借鉴；美国大规模流感应急状况审计及借鉴；美国的核安全审计及启示；美国集成公众警报和预警系统审计及启示。

（本文作者：华金秋）

1

支持救灾的财税政策问题研究

【摘要】 我国是一个灾害频发的国家，各类自然灾害给国家、社会和人民造成了巨大的损失。抗灾救灾及灾后重建需要大量人力、物力和财力，财税政策作为宏观调控工具，在支持救灾中扮演着重要的角色，主要体现为财政预算和税收优惠政策。关于支持救灾的财税政策存在怎样的问题以及如何改进应引起高度关注。本章通过描述财税政策在救灾中扮演的角色，展示当前有关救灾的财税政策，分析存在的问题并提出相应的建议。

【关键词】 财税政策；自然灾害；抗灾救灾

1.1 引言

自然灾害发生时，需要大量的人力、物力和财力来进行抗灾救灾，特别是救灾资金的及时筹集、拨付到位和正确使用尤为重要。我国的救灾资金主要来源于国家财政、金融资源和社会捐赠三种方式，这三种资金筹措方式在救灾及灾后重建中发挥着重要的作用。灾害发生后，首先需要大量的资金来解决灾民的衣、食、住、行等问题，这时政府的财政政策和措施，如财政向灾区的纵向和横向转移支付、政府预算资金、特殊优惠财税政策等，可以在第一时间给予灾区最有力的支持，因此在该阶段政府的财税政策和措施占据主要地位，是救灾资金筹集的主要渠道。同时抗灾救灾是一项长期而艰巨的社会系统工程，离不开国家政策的大力支持和引导[1]，在我国抗灾救灾实行的是国家财税政策支持下的政府主导型巨灾管理机制，财税制度作为政府抗灾救灾的宏观调控工具[2]，在救灾中起着不可替代的作用。

1.2 财税政策在救灾中扮演的角色

财税政策作为国家的宏观调控工具，在抗灾救灾及灾后重建物资的筹集中，扮演着重要的角色。具体有效的财税政策，能迅速地对灾情做出反应，及时并高效地筹集救灾物资进行抗灾救灾。

我国的救灾资金主要来源于国家财政、金融资源和社会捐赠三种方式，其中国家财政是最主要的来源。在汶川大地震中，中央和地方各级财政安排抗震救灾资金 1 287. 36 亿元，其中中央安排抗震救灾资金 382. 42 亿元，灾后重建资金 651. 17 亿元（见审计署关于汶川抗震救灾资金物资审计情况公告〔第 4 号〕，2008 年 12 月 31 日）。灾害发生时，国家通过公共财政支出向灾区拨付资金进行救灾援助，能第一时间应对灾情，因此财税政策在救灾资金中起着“稳定器”作用[2]。灾害发生时，金融资源及社会捐助等方式需要一定时间才能筹集资金，因此不能及时满足巨大的救灾需求，而政府能在财税政策的指导下，快速高效地筹集拨付资金用于灾害救助。

我国有很多税收优惠政策，分散在各类法律法规中，比如在企业所得税和个人所得税中涉及公益性捐赠的税收优惠政策，更多的优惠政策主要体现在灾害发生时，国家相关部门发布的通知和意见等。2016 年 9 月 1 日，我国首部《慈善法》正式实施，其中关于捐赠的税收优惠力度有所加大。比如《慈善法》第八十条规定：“自然人、法人和其他组织捐赠财产用于慈善活动的，依法享受税收优惠。企业慈善捐赠支出超过法律规定的，准予在计算企业所得税应纳税所得额时当年扣除的部分，允许结转以后三年内在计算应纳税所得额时扣除”。税收优惠政策对救灾资金有极大的促进作用，有助于减小灾区重建成本，更重要的是激发捐赠积极性，鼓励社会各界对灾区的捐赠与支援，促进了赈灾资金筹措渠道的扩展；并且产生示范效应，鼓励和引导资金流向，使更多的资金流向抗灾救灾和灾后重建工作中，大大提升整体抗灾、救灾、减灾工作的质量和运行效率。

1.3 支持救灾的财税政策现状

我国尚未形成关于救灾抗灾的完善的财税政策体系，各项政策分散在不同的法律法规中。主要体现为财政政策和税收优惠政策，更多的是在灾害发生时，国家有关部门制定的紧急应对政策。表 1.1 列示了关于支持救灾的长期性财税政策，针对特大灾害制定的紧急应对策略见本章附录。

表 1.1

税收优惠政策	
所得税	（1）企业因地震灾害实际发生的财产损失，准予在计算应纳税所得额时扣除； （2）企业发生的公益性捐赠支出，按企业所得税法及其实施条例的规定在计算应纳税所得额时按不超过12%的比例扣除，超过法律规定的准予在计算企业所得税应纳税所得额时当年扣除的部分，允许结转以后三年内在计算应纳税所得额时扣除； （3）因地震灾害造成重大损失的个人，可减征个人所得税，具体减征幅度和期限由受灾地区省、自治区、直辖市人民政府确定； （4）对受灾地区个人取得的抚恤金、救济金，免征个人所得税； （5）个人将其所得向地震灾区的捐赠，按照个人所得税法的有关规定从应纳税所得中扣除
进出口税	对外国政府、民间团体、企业、个人等向我国境内受灾地区捐赠的物资，包括食品、生活必需品、药品、抢救工具等，免征进口环节税收
房产税	（1）经有关部门鉴定，对毁损不堪居住和使用的房屋和危险房屋，在停止使用后，可免征房产税； （2）房屋大修停用在半年以上的，在大修期间免征房产税，契税； （3）因地震灾害灭失住房而重新购买住房的，准予减征或者免征契税
资源税	纳税人开采或者生产应税产品过程中，因地震灾害遭受重大损失的，由受灾地区省、自治区、直辖市人民政府决定减征或免征资源税
城镇土地使用税	纳税人因地震灾害造成严重损失，缴纳确有困难的，可依法申请定期减免城镇土地使用税
财政政策	
预备费	各级一般公共预算应当按照本级一般公共预算支出额的1%至3%设置预备费，用于当年预算执行中的自然灾害等突发事件处理增加的支出及其他难以预见的开支

资料来源：财政部、国家税务总局《关于认真落实抗震救灾及灾后重建税收政策问题的通知》财税〔2008〕62号；全国人大常委会《中华人民共和国预算法》主席令第十二号，于2014年8月31日修改，自2015年1月1日起施行。

1.4　财税政策在救灾中存在的问题

尽管灾后有社会捐赠的爱心支持，但从实际操作看，这种捐赠的临时性、不确定性和辅助性特征决定了它不足以支撑抗灾救灾和灾后重建，无法满足灾害救助和灾后重建的资金需要。因此，救灾物资主要还是来源于国家财政，国家财政表现为政府预算资金和税收减免，作为救灾物资的主要渠道，仍存在一些问题。

1.4.1 缺乏系统的救灾财税政策

我国是自然灾害频发的国家，理论上应当在抗灾救灾方面有系统、完善、全面的制度安排。虽然我国初步建立了针对自然灾害及其他重大事件的紧急应急体系，完善了灾害预警及防治等法律法规，如制定了《中国人民中华人民共和国防震减灾法》《破坏性地震应对条例》等法律法规，但我国目前应对自然灾害的财税政策尚未形成一个完整、系统的政策体系，关于应对自然灾害的有关政策都零散地分布在各项法律法规及条例中，并且交叉重叠。对于灾害的处理，主要采取紧急应对措施，主要为国家税务总局和财政部等部门联合发布些许紧急应对策略，如前文中提及的，财税政策主要以临时颁布的意见和通知为主，关于灾害尚缺乏统一的财税政策安排，见表1.2。

表1.2 灾害相关的财税政策

颁发部门	名　称	时间期限
财政部、国家税务总局	《关于汶川地震灾区农村信用社企业所得税有关问题的通知》财税〔2010〕3号	2009.1.1～2013.12.31
财政部办公厅、海关总署办公厅、国家税务总局办公厅	《关于落实汶川地震灾后重建进口税收政策有关问题的通知》财办关税〔2009〕39号	2008.7.1～2011.7.1
财政部、海关总署、国家税务总局	《关于支持汶川地震灾后恢复重建有关税收政策问题的通知》财税〔2008〕104号	2008.5.12～2008.12.31.
财政部、海关总署、国家税务总局	《关于支持玉树地震灾后恢复重建有关税收政策问题的通知》财税〔2010〕59号	2010.4.14～2012.12.31.
国务院	《国务院关于支持玉树地震灾后恢复重建政策措施的意见》国发〔2010〕16号	2010.5.27～2012.12.31

自然灾害具有突发性、破坏性大、持续时间长等特点，救灾资金的及时筹集和拨付对于灾害救助十分重要，完善、系统、有序的制度安排可以更好地指导人们筹集资金以应对灾害。

1.4.2 缺乏灾前稳定预备资金

虽然我国建立了紧急性（救济性）应灾制度安排，但是无论从财政角度或是税收角度更多的都是灾后应急机制，缺乏灾前预防机制[3]，缺乏稳定的灾前预防储备资金。《中华人民共和国预算法》第四十条规定："各级一般公共预算应当按照本级一般公共预算支出的1% ~3%设置预备费，用于当年预算执行中的自然灾害等突发事件处理增加的支出及其他难以预见的开支"。这一比例相对较低，特别在发生重大自然灾害时需要大量的资金投入，政府的相关灾前预算太少，无法满足抗灾救灾资金的大量需求。

我国的税收优惠政策主要是对受灾地区灾后重建方面采取减税、免税等方式，在税前关于灾前预备资金的筹集优惠方面涉及很少，比如我国关于灾前的税收优惠仅仅涉及企业、个人及社会公益团体的公益性捐赠，灾前的预防性税收优惠政策极度匮乏。

1.4.3 支持救灾的财税政策力度小

在政策体系方面，我国目前应对自然灾害的税收政策尚未形成一个完整系统的政策体系。各项税收优惠政策主要是企业所得税、个人所得税、增值税等税种。税收优惠方式比较单一，主要以减税、免税、捐赠扣除等方式为主。并且税收优惠力度较大的政策主要在灾害发生当年及灾后重建的2 ~3年，比如财政部、海关总署、国家税务总局联合发布了《关于支持玉树地震灾后恢复重建有关税收政策问题的通知》（财税〔2010〕59号），其中规定凡未注明具体期限的，一律执行至2012年12月31日。很多税收优惠的时间期限较短，这些税收优惠政策及时并且很大程度上对救灾抗灾及灾后重建有帮助，但是抗灾救灾及灾后重建都需要大量资金，因此这些税收优惠政策力度不够，救灾资金仍面临较大缺口。

我国《企业所得税法》第九条规定："企业发生的公益性捐赠支出，在年度利润总额12%以内的部分，准予在计算应纳税所得额时扣除。"根据《个人所得税法实施条例》第二十条规定："个人将其所得通过中国境内的社会团体、国家机关向教育和其他社会公益事业以及遭受严重自然灾害地区、贫困地区的捐赠，捐赠额未超过纳税义务人申报的应纳税所得额30%的部分，可以从其应纳税所得额中扣除。"尽管在国务院颁发的《国务院关于支持玉树地震灾后恢复重建政策措施的意见》（国发〔2010〕16号）规定“企业、个人通过公益性社会团体、县级以上人民政府及其部门向受灾地区的捐赠，允许在当年企业所得税前和当年个人所得税前全额扣除”。这些力度较大的税收优惠政策只限当年，在以后年度的优惠力度便有所减小。这对于长期的灾后重建资金的筹集有所阻碍，会降低企业和个人的捐赠积极性；相对于其他国家如日本、韩国等国家力度太小，如日本在个人和企业所得税法律法规中明确规定，民间公益性捐赠可在公司税和个人所得税税前全额扣除。

税收优惠政策起着示范作用，能引导社会、个人、企业等将资金投向灾区，这对于救灾资金的筹集相当重要。

1.4.4 支持救灾的税收优惠主体界定模糊

《企业所得税法实施条例》明确规定：“公益性捐赠，是指企业通过公益性社会团体或者县级以上人民政府及其部门，用于《中华人民共和国公益事业捐赠法》规定的公益事业的捐赠；个人将其所得捐赠，必须是通过中国境内的社会团体、国家机关捐赠，必须通过符合相关规定的捐赠渠道并取得相关的捐赠凭证才能享受税收优惠政策”。但在实际生活中，合法的捐赠渠道认定和相关捐赠凭据的获取均存在一定难度。

我们认为，只要是对减灾救灾抗灾有利的行为，都应该给予同样平等的优惠对待，在我国虽然非营利组织在救灾抗灾方面起到不可或缺的作用，但很多真正从事公益活动的非营利组织并没有平等地享受税收优惠。主要是我国的非营利组织界定模糊，缺乏统一认定机构，政出多门，导致非营利组织在享受税收优惠时遇到较大阻碍。比如根据《慈善法》第八条规定：“慈善组织是指依法成立，面向社会开展慈善活动为宗旨的非营利组织，可以采取基金会、社会团体和社会服务机构等形式”。《企业所得税实施条例》第五十二条规定：“公益性社会团体，主要指同时符合相关规定的基金会、慈善组织等社会团体”。正是由于认定存在偏差，缺乏衔接，导致我国很多的非营利组织无法享受税收优惠政策。

1.5 关于支持救灾的财税政策改进方向

1.5.1 建立完善的税收优惠政策体系

针对我国灾害频发的情况，建立完善的税收优惠政策体系迫在眉睫，可以考虑从以下几个方面着手：

第一，将分散在各类法律法规及条例中的相关税收优惠政策进行整合，将相互交叉和矛盾的政策进行整理修订，对税收优惠主体、范围、具体项目、程序等做出详细规定说明，由国家统一、专门的部门发布并监督实施。

第二，将整理修订出来的税收优惠政策法定化、法律化和制度化，提高法律层次，提高其法律约束力[4]，能更好地指导和约束救灾资金的筹集，管理及使用。

第三，加强问责制度及惩治力度，关于违规操作相关法律法规及政策等行为，要明确规定责任和惩罚，明确税收优惠政策主体的权利与义务。

1.5.2　完善灾前预备资金制度，开征新税“灾害税”

古人云“凡事预则立，不预则废”，抗灾救灾也是一样。我国是一个灾害频发的国家，防患于未然是必需的，因此建立完善的灾前预备资金制度不可或缺。完善灾前预备资金制度可以从以下方面着手：

第一，加大政府关于救灾资金在公共预算中的比例，由原来的不超过3%适当提升，保证在灾前有稳定的资金储备，在抗灾救灾及灾后重建时都能更好地满足资金需求。

第二，加大事前预防的税收政策扶持力度。如灾害发生前的预防、监测、防灾所销售的仪器设备给予免征增值税和企业税前扣除。可借鉴日本等国家的做法，中央和地方政府必须每年按照本年度前三年地方普通税收额的平均值的5‰作为灾害救助基金，给予相应的税收减免；企业为员工购买的灾害保险的保费可计入费用，企业为本公司资产投保的火灾保险、地震保险的投保费可计入亏损，企业为员工购买的灾害医疗保险在一定条件下可全额作为亏损处理等[2]。

第三、开征“灾害税”，构建专门的具有中国国情的抗灾救灾税收制度[6]。鉴于我国是一个自然灾害频发、损失惨重的国家，抗灾救灾资金没有长期稳定的资金来源并且严重缺乏，每次灾害发生，救灾资金主要来源于国家公共财政支出。因此，立足中国是典型灾害大国的现实国情，开征具有中国国情和中国特色的“灾害税”，不仅可以丰富抗灾救灾和灾后重建的税收制度，并且可以提高救灾资金的灾前储备量，则今后发生自然灾害时，政府有足够的救灾资金，缩短了救灾资金的筹集量和时间，能第一时间为灾区提供资金，较快地为灾区服务。

1.5.3 加大财税政策支持救灾的力度

税收优惠政策主要是通过鼓励社会力量参与救灾以及扶持灾后经济恢复方面，但是税收优惠政策存在方式单一、范围较小和扣减比例小等问题，税收优惠政策的改进迫在眉睫。可以考虑从以下几个方面加大税收优惠力度：

第一，改变税收优惠政策的调控方式，采取灵活多样的方式。不仅是通过减税、免税、捐赠扣除，还可以采取降低税率、亏损弥补、投资抵免等方式扩大税收优惠范围[5]。可以考虑将直接减免的税收优惠政策和间接的优惠政策结合，并以间接税收优惠政策为主来引导抗灾救灾。

第二，提高企业发生的公益性捐赠支出应纳所得税的扣除比例和个人的捐赠扣除比例，或增加新的扣除标准，延长税收优惠政策期限。比如在面临特大灾害时，允许企业的公益性捐赠支出全额扣减，或是等到灾区企业开始盈利时才开始逐渐恢复税收等政策。甚至可以考虑在面临特大灾害时，将最近三年所征收的企业所得税返还给企业来加大灾后重建力度。加大税收优惠力度可更好地调动企业和个人的捐赠积极性，更好地募集救灾资金。

第三，将受灾地区的某些税收优惠政策制度化，比如对受灾地区实行长期企业和个人所得税的减免政策，减轻企业和个人的税收负担，对灾后重建有极大的帮助。

加大税收优惠政策扶持力度可以更好地调动社会民众和企业捐赠的积极性，同时能为救灾资金的筹集提供更好的保证。

1.5.4 合理界定支持救灾的税收优惠主体

关于税收优惠主体，政府应当做出明确的说明及规定，对其认定应当严谨，避免出现界定模糊或者无法界定的情况，使得有关主体很好地享受优惠政策。

我国主要在非营利组织的界定方面存在较大不足，因此政府应当设立统一的非营利组织的认定机构，对非营利组织的概念、确认条件、范围、分类等做出明确统一的规定，让非营利组织平等地享受捐赠扣除的税收优惠。比如在2008年汶川地震灾害救助中，国际红十字会、中华慈善总会、中国青年志愿者协会、中国青少年发展基金会、中国民间组织促进会等众多非营利组织，募集了大量的赈灾捐款，提供了必要物资、医疗、心理疏导等救助，非营利组织在救灾资金的筹集方面起到很大的作用，并且在一定程度上弥补了政府公共职能的缺失。

1.6 小结

财税政策支持救灾资金筹措是一个现实的研究课题，尤其近年来，我国自然灾害频发，财税政策与抗灾救灾的研究自2008年汶川大地震后大量出现，尽管有很多学者提出了不同的可行的建议，但我国在关于救灾抗灾方面的财税政策仍不是很完善，相对于日本、美国这些发达国家，在政策制定和完善方面还存在差距，因此有必要结合我国国情适当借鉴国际经验，形成一套完整的政策体系。

【参考文献】

［1］国务院．中华人民共和国减灾规划（1998～2010年）（国发〔1998〕13号）［R］．1998（4）．

［2］杨京钟．财税政策与抗灾救灾：国际经验与启示［J］．中国软科学，2010（4）．

［3］周克清．频繁灾害的财政制度和制度选择—兼论汶川震后之重建［J］．灾后重建研究，2009（3）：54－56.

［4］殷吉昌．对5·12地震灾区经济复苏的税收优惠政策探讨［D］．西南财经大学，2010：45－46.

［5］秦凯．浅议我国自然灾害税收优惠政策［J］．天府新论，2009（2）：59－60.

［6］杨京钟．税“走”在自然灾害前面［J］中国减灾，2010（3）．33.

（本文作者：华金秋　刘虹）

The Study on Fiscal and Tax Policies to Support Disaster Relief

Abstract: China is a disaster－prone country, various types of natural disasters caused huge losses to the country, society and people. As a macro - control tool, fiscal and tax policies play an important role in disaster relief, which is mainly reflected in fiscal budget and tax preferential policies. There is a great deal of concern as to how the fiscal policy to support disaster relief and how to improve it. This paper describes the current fiscal and tax policies by analyzing the role of fiscal and tax policies in disaster relief, and analyzes the existing problems and puts forward corresponding suggestions.

Key words: fiscal and tax policies; natural disaster; disaster relief

附录：关于特大灾害的有关税收优惠政策

《关于支持汶川地震灾后恢复重建有关税收政策问题的通知》

一、关于企业税收优惠政策

1. 自2008年7月1日起，对受灾严重地区的所有行业（国家限制发展的特定行业除外）实行增值税扩大抵扣范围政策，允许企业新购进机器设备所含的增值税进项税额予以抵扣。具体实施办法由财政部、国家税务总局另行规定。

2. 对受灾严重地区损失严重的企业，免征2008年度企业所得税。

3. 自2008年5月12日起，受灾地区企业通过公益性社会团体、县级以上人民政府及其部门取得的抗震救灾和灾后恢复重建款项和物资，以及税收法律、法规和本通知规定的减免税金及附加收入，免征企业所得税。

4. 自2008年7月1日起，对受灾地区企业、单位，或支援受灾地区重建的企业、单位，进口国内不能满足供应并直接用于灾后重建的大宗物资、设备等，在三年内给予进口税收优惠。

各省、自治区、直辖市、计划单列市人民政府或国务院有关部门负责将所在地企业或归口管理的单位提交的直接用于灾后重建的进口国内不能满足供应的物资减免税申请汇总后报财政部，财政部会同有关部门审核提出处理意见，报请国务院批准后执行。

二、关于个人的税收优惠政策

自2008年5月12日起，对受灾地区个人接受捐赠的款项、取得的各级政府发放的救灾款项，对抗震救灾一线人员按照地方各级政府及其部门规定标准取得的与抗震救灾有关的补贴收入，免征个人所得税。

三、关于支持受灾地区恢复重建的税收优惠政策

1. 对政府为受灾居民组织建设的安居房建设用地免征城镇土地使用税，转让时免征土地增值税。

2. 对地震中住房倒塌的农民重建住房占用耕地的，在规定标准内的部分免征耕地占用税。

3. 由政府组织建设的安居房，所签订的建筑工程勘察设计合同、建筑安装工程承包合同、产权转移书据、房屋租赁合同，免征印花税。

续表

4. 对在地震中损毁的应缴而未缴契税的居民住房，不再征收契税；对受灾居民购买安居房，按法定税率减半征收契税。如因地震灾害灭失或损毁居民住房而重新购买住房（包括安居房）的，按照《财政部国家税务总局关于认真落实抗震救灾及灾后重建税收政策问题的通知》（财税〔2008〕62号）的规定，准予减征或者免征契税，具体减免办法由受灾地区省级人民政府制定。

5. 经省级人民政府批准，对经有关部门鉴定的因地震灾害损毁的房产、土地免征2008年度房产税、城市房地产税和城镇土地使用税。对经批准免税的纳税人本年度已缴税款可以从以后年度的应缴税款中抵扣。

四、关于向灾区捐赠的税收优惠政策

1. 自2008年5月12日起，对单位和个体经营者将自产、委托加工或购买的货物通过公益性社会团体、县级以上人民政府及其部门捐赠给受灾地区的，免征增值税、城市维护建设税及教育费附加。

2. 自2008年5月12日起，对企业、个人通过公益性社会团体、县级以上人民政府及其部门向受灾地区的捐赠，允许在当年企业所得税前和当年个人所得税前全额扣除。

3. 财产所有人将财产（物品）直接捐赠或通过公益性社会团体、县级以上人民政府及其部门捐赠给受灾地区或受灾居民所书立的产权转移书据，免征应缴纳的印花税。

4. 对专项用于抗震救灾和灾后恢复重建、能够提供由县级以上（含县级）人民政府或其授权单位出具的抗震救灾证明的新购特种车辆，免征车辆购置税。符合免税条件但已经征税的特种车辆，退还已征税款。

五、关于促进就业的税收优惠政策

1. 受灾严重地区的商贸企业、服务型企业（除广告业、房屋中介、典当、桑拿、按摩、氧吧外）、劳动就业服务企业中的加工型企业和街道社区具有加工性质的小型企业实体在新增加的就业岗位中，招用当地因地震灾害失去工作的城镇职工，与其签订1年以上期限劳动合同并依法缴纳社会保险费的，经县级劳动保障部门认定，按实际招用人数和实际工作时间予以定额依次扣减营业税、城市维护建设税、教育费附加和企业所得税。定额标准为每人每年4 000元，可上下浮动20%，由灾区省级人民政府根据本地区实际情况在此幅度内确定具体定额标准，并报财政部和国家税务总局备案。

2. 受灾严重地区因地震灾害失去工作的城镇职工从事个体经营的（除建筑业、娱乐业以及销售不动产、转让土地使用权、广告业、房屋中介、桑拿、按摩、网吧、氧吧外），按每户每年8 000元为限额依次扣减其当年实际应缴纳的营业税、城市维护建设税、教育费附加和个人所得税。

《关于支持玉树地震灾后恢复重建有关税收政策问题的通知》

一、关于企业的税收优惠政策

1. 对受灾地区损失严重的企业，免征企业所得税。

2. 自2010年4月14日起，受灾地区企业通过公益性社会团体、县级以上人民政府及其部门取得的抗震救灾和灾后恢复重建款项和物资，以及税收法律、法规和国务院批准的减免税金及附加收入，免征企业所得税。

续表

3. 自2010年1月1日至2014年12月31日，对受灾地区农村信用社继续免征企业所得税。

4. 自2010年4月14日起，对受灾地区企业、单位或支援受灾地区重建的企业、单位进口国内不能满足供应并直接用于灾后重建的大宗物资、设备等，在三年内给予进口税收优惠。

二、关于个人税收优惠政策

自2010年4月14日起，对受灾地区个人接受捐赠的款项、取得的各级政府发放的救灾款项，以及参与抗震救灾一线人员，按照地方各级政府及其部门规定标准取得的与抗震救灾有关的补贴收入，免征个人所得税。

三、关于支持受灾地区重建的税收优惠政策

1. 对政府为受灾居民组织建设的安居房建设用地免征城镇土地使用税，转让时免征土地增值税。

2. 对地震中住房倒塌的农（牧）民重建住房占用耕地的，在规定标准内的部分免征耕地占用税。

3. 由政府组织建设的安居房，所签订的建筑工程勘察设计合同、建筑安装工程承包合同、产权转移书据、房屋租赁合同，免征印花税。

4. 对受灾居民购买安居房，免征契税；对在地震中损毁的应缴而未缴契税的居民住房，不再征收契税。

5. 经省级人民政府批准，对经有关部门鉴定的因地震灾害损毁的房产、土地，免征房产税、城镇土地使用税。对经批准免税的纳税人已缴税款可以从以后年度的应缴税款中抵扣。

四、关于向灾区捐赠的税收优惠政策

1. 自2010年4月14日起，对单位和个体经营者将自产、委托加工或购买的货物通过公益性社会团体、县级以上人民政府及其部门捐赠给受灾地区的，免征增值税、城市维护建设税及教育费附加。

2. 自2010年4月14日起，对企业、个人通过公益性社会团体、县级以上人民政府及其部门向受灾地区的捐赠，允许在当年企业所得税前和当年个人所得税前全额扣除。

3. 财产所有人将财产（物品）直接捐赠或通过公益性社会团体、县级以上人民政府及其部门捐赠给受灾地区或受灾居民所书立的产权转移书据，免征应缴纳的印花税。

4. 对专项用于抗震救灾和灾后恢复重建、能够提供由县级以上（含县级）人民政府或其授权单位出具的抗震救灾证明的新购特种车辆，免征车辆购置税。符合免税条件但已经征税的特种车辆，退还已征税款。

五、关于促进就业的税收优惠政策

1. 受灾地区的商贸企业、服务型企业（除广告业、房屋中介、典当、桑拿、按摩、氧吧外）、劳动就业服务企业中的加工型企业和街道社区具有加工性质的小型企业实体在新增加的就业岗位中，招用当地因地震灾害失去工作的人员，与其签订1年以上期限劳动合同并依法缴纳社会保险费的，经县级人力资源和社会保障部门认定，按实际招用人数和实际工作时间予以定额依次扣减营业税、城市维护建设税、教育费附加和企业所得税。定额标准为每人每年4 000元，可上下浮动20%，由灾区省级人民政府根据本地区实际情况在此幅度内确定具体定额标准。

续表

按上述标准计算的税收抵扣额应在企业当年实际应缴纳的营业税、城市维护建设税、教育费附加和企业所得税税额中扣减，当年扣减不足的，不得结转下年使用。 2. 受灾地区因地震灾害失去工作后从事个体经营（除建筑业、娱乐业以及销售不动产、转让土地使用权、广告业、房屋中介、桑拿、按摩、网吧、氧吧外）的人员，以及因地震灾害损失严重的个体工商户，按每户每年8 000元为限额依次扣减其当年实际应缴纳的增值税、营业税、城市维护建设税、教育费附加和个人所得税。

上述内容依次来源：

［1］财政部、国家税务总局．《关于认真落实抗震救灾及灾后重建税收政策问题的通知》，财税〔2008〕62号．

［2］财政部、海关总署、国家税务总局．《关于支持玉树地震灾后恢复重建有关税收政策问题的通知》，财税〔2010〕59号．

［3］财政部、海关总署、国家税务总局．《关于支持汶川地震灾后恢复重建有关税收政策问题的通知》，财税〔2008〕104号．

2

金融支持灾区重建资金筹措研究——以汶川地震为例

【摘要】 我国是一个自然灾害发生频繁的国家，灾区重建工作是一个十分复杂的系统工程。作为现代经济核心的金融业，在灾区重建中占有举足轻重的地位，特别是在2008年的汶川地震后，凸显出中国的金融体系在面对自然灾害时所存在的诸多不足。如何建立高效、合理的金融应对自然灾害体系，成为中国金融业改革与创新的重要内容之一。本文首先分析救灾资金筹措的主要渠道和方式，接着以汶川地震为例，通过汶川灾区重建的基本情况来分析我国现有的灾区重建资金筹措的金融支持政策措施及其存在的问题，最后借鉴国际经验，总结提出建立我国金融支持灾区重建资金筹措长效机制的对策建议。

【关键词】 灾区重建；金融支持；资金筹措；汶川地震

2.1 引言

2.1.1 问题的提出

中国幅员辽阔，地形复杂多样，是一个自然灾害较为多发的国家。2008年5月12日发生了新中国成立以来破坏性最强、波及范围最广、灾害损失最大的地震灾害——“5·12”汶川特大地震；2010年4月14日，青海省玉树地区发生7.1级强烈地震；2010年8月7日，甘肃甘南藏族自治州舟曲县发生特大山洪泥石流灾害等。重大自然灾害不仅给人民的生命财产带来巨大的损失，而且对中国的宏观经济运行也造成明显的负面影响。据2009年5月中国国务院新闻办公室发布的《中国的减灾行动》白皮书显示，1990~2008年19年间，平均每年因各类自然灾害造成约3亿人次受灾，倒塌房屋300多万间，紧急转移安置人口900多万人次，直接经济损失2 000多亿元人民币①。自然灾害的影响如此严重，如何最大限度地减少灾害造成的损失，是我国面临的一个迫切的理论问题和现实问题。

救灾和灾后重建是一项巨大而复杂的系统工程，作为现代经济核心的金

① 新华网北京2009年5月11日电。

融业，无论是在救灾或灾后重建中都发挥着重要的作用。虽然我国的金融业发展起步较晚，但金融行业已经在多次灾害中充分彰显了它的支持作用。金融资源是灾区重建资金来源的重要渠道和方式，它可以有效地协调好赈灾资金的筹措管理，保障受灾地区群众尽快恢复生产、重建家园。但从我国历次的救灾行动中可以明显发现，我国目前的金融应对自然灾害体系还很不完善，金融的救灾功能还没有被充分地发挥出来，这启示我们必须加快这一方面的研究工作，本文正是以这一角度为切入点。

金融如何支持灾区重建资金筹措工作？我国金融支持灾区重建资金筹措面临哪些问题？如何建立完善、长效的金融支持灾区重建资金筹措运行机制？这些是本文关注的重点问题。

2.1.2 文献综述

国外首先从“灾害经济学”领域探索自然灾害与经济之间的关系。最早研究自然灾害对经济影响的学者是Brannen（1954年），他对1953年德克萨斯经历的大灾难进行了研究，发表了题为“Economic Aspects of the Waco，Texas Disaster of May 11，1953”的文章；随后，Kunreuther和Fiore（1966年）合作发表的论文“The Alaskan Earthquake：A Case Study in the Economics of Disaster”中明确提出灾害经济学一词；而第一个深入研究灾害主题的经济学家是Hirshleifer（1966年），他分析了西欧1348～1350年经历的黑死病大爆发对经济的短期与长期的影响，其研究成果激励了更多的经济学家开始探究这一领域。通过近几十年不断深入的研究，自然灾害与经济发展关系的许多方面都已有文献论及，研究方法也在不断地更新和发展之中。但针对金融领域在自然灾害中发挥的功能作用方面，国外暂无系统性的研究，国外金融界学者往往偏向于研究其中的某一方面，如巨灾保险、巨灾证券、巨灾期货等。

我国金融业起步较晚，发展还不完善，有关自然灾害的金融政策支持领域的研究相对较少。随着我国近年来自然灾害频发，特别是“5·12”汶川特大地震发生后，人们对金融业在救灾减灾方面发挥的巨大作用才有了更深入的了解，政府相关部门、专家学者开始对金融业如何支持救灾和灾后重建做深入的调查研究。厦门大学的何孝星等（2008 年）开创性地提出了“灾害金融”① 的概念，并呼吁借汶川地震重建之机，理论界和实务界紧密配合，尽快启动关于“灾害金融”问题的研究，以填补我国在该领域的研究空白；东北财经大学经济与社会发展研究院于 2008 年汶川地震后，组织“5·12 汶川大地震抗震救灾研究”课题组，对汶川大地震灾后资金的需求结构和重大自然灾害资金筹措及配置问题等进行分析研究，并进一步就如何构建应对重大自然灾害的资金筹措与运行机制的长效机制提出建议；2008 年中央财经大学本科生开展了科研创新专项资金资助项目《灾后重建的金融之路》，对银行系统支持灾后重建的政策进行研究，并就灾后重建银行业务的风险管控提出对策。可以预见，随着研究的不断深入，关于金融支持灾区重建问题的探索必定会更加全面和完善。

2.1.3 本文研究思路

本文采用理论和实践相结合的研究方法，首先将对救灾及灾后重建的资金筹措做一个概述，提出救灾资金的一般筹集渠道和主要方式，并就金融支持灾区重建资金筹集渠道做重点的分析，说明金融资源是灾区重建资金的重要筹措渠道，强有力的金融货币政策可以为抗震救灾提供有效可靠的资金供应；紧接着根据我国的实际情况，以“5·12”汶川特大地震为例进行实证研究，通过分析我国汶川地震灾后重建资金筹措的金融支持措施，进一步总结我国现有的金融支持灾区重建资金筹措体系的作用及存在的问题；最后立足国情，借鉴国际经验，总结提出建立我国金融支持灾区重建资金筹措长效机制的对策建议。

2.2 灾区重建资金筹集的金融支持措施

2.2.1 灾区重建资金的来源渠道概述

重大自然灾害所造成的破坏与损失是巨大的，灾害过后，许多人无家可

① 何孝星等专家认为“灾害金融”是一个具有特定内涵的金融概念，它是在不影响国家金融市场正常运行的情况下，根据本国特殊经济金融、政治体制与自然条件，专门针对本国所发生的自然灾害事件采取的事前预防、事后急救与恢复重建的金融措施的总称。

归，灾区交通、通信、电力、水利等基础实施以及一些主导产业遭到严重的破坏，安置灾民、恢复灾区正常的生活秩序和水平以及灾后重建等需要巨额的资金投入。救灾资金的及时筹集显得尤其重要，它关系到救灾和灾后重建工作能否顺利进行。一般来说，救灾资金筹集渠道主要有“国家财政”、“金融资源”和“社会捐赠”三种。如图 2.1 所示。

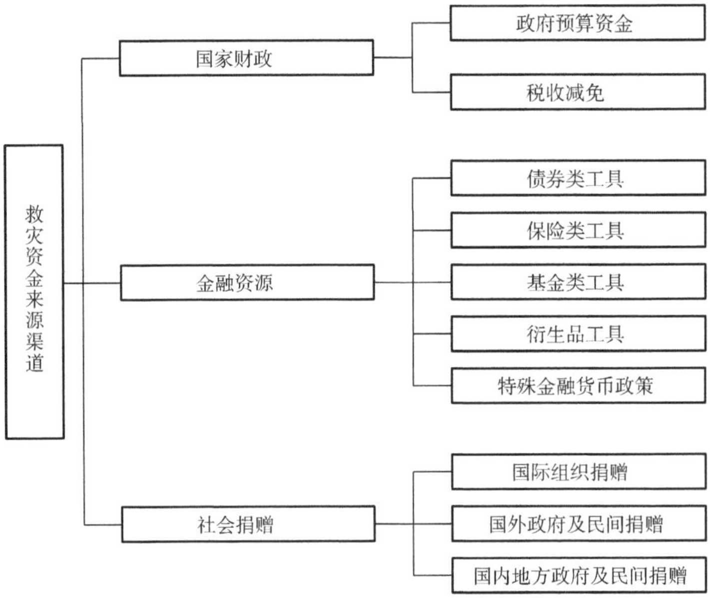

图 2.1　救灾资金的来源渠道

资料来源：根据《财经问题研究》杂志 2008 年第 7 期 8～14 页：东北财经大学经济与社会发展研究院课题组《应对重大自然灾害的资金筹措与运行机制——源于汶川地震的思考》整理。

国家财政、金融资源和社会捐赠这三种资金筹措方式在救灾及灾后重建中发挥着重要的作用。灾害发生后，首先需要大量的资金来解决灾民的衣、食、住、行等问题，这时政府的财政政策和手段，如财政向灾区的纵向和横向转移支付、政府预算资金、特殊优惠财税政策等，具有公共性、时效性、基础性等特点，可以在第一时间给予灾区最有力的支持，所以这个阶段政府的财政政策和手段占据主要地位，成为救灾资金筹集的主要渠道。

社会捐赠渠道主要有国际组织捐赠、国外政府和民间捐赠、国内地方政府和民间捐赠等。与国家财政手段相比，社会捐赠筹集的资金数额较不确定、不太容易估量，而且从筹集到使用需要经过较长的时间和复杂的过程，时效性较差，无法在第一时间支持救灾行动。因此，社会捐赠资金发挥作用主要在灾后救助阶段，如灾后伤员的救治、医疗卫生和教育设施与机构的重建、“三孤”人员的抚助、灾后居民的临时安置等方面。

随着灾后重建的进行，金融资源渠道的重要性日益凸现。政府在对灾区投入财政支持一段时间后，民众的最基本生存条件和企业的基本生产条件得到满足以后，就到了灾后重建阶段。考虑到灾后重建工程浩大，耗资巨大，不是短时间内就可以完成的，中央财力无法完全承担这样的持续资金供给，这时，金融资金以其有效可靠、长期持续的特点，成为主要的资金来源渠道，可以为灾区重建提供强有力的支持。金融资金筹措渠道主要有：债券类工具、保险类工具、基金类工具、衍生品工具、特殊金融货币政策。以下就这些方面做阐述。

一是发行债券类工具。债券类工具主要包括发行政府特别债券（中央和地方）、企业特别债券、金融特别债券等①。灾害过后，灾区企业遭受了巨大损失，要在相对短的时间内恢复生产，需要大量资金支持。在这种情况下，通过发行债券可以筹集到灾害应急和恢复重建所需要的巨额资金，从而弥补财政资金和社会救助资金的不足。

二是保险资金。保险业具有经济补偿、资金融通和社会管理等功能，是市场经济条件下风险管理的基本手段。目前在世界范围内，许多国家和地区都建立了应对自然灾害的保险制度，保险在为受灾群众及救灾人员提供人身保障的同时，为灾后安置和重建提供资金保障，是一种重要的社会化风险损失承担机制。

三是基金类工具。应用于灾区重建资金筹措的基金类工具主要是指灾后恢复重建基金，重建基金实际上是举全国之力重建家园，它集国家财力、社会捐助及商业投资，资助建设基础设施和基本的公共设施项目。它主要分为两类，第一类是基本基金，主要是政府的投入；第二类是投资基金。基本基金主要是建设基础设施和基本的公共设施项目，而投资基金则主要用于投资

① 金融特别债券包括各类商业银行、政策性银行发行的债券，以及保险机构的巨灾风险信用融资工具。

商业性项目，在重建过程中两种基金相互结合发挥作用。1995 年阪神地震后，日本就设立了这两类重建基金，美国的州政府也设置了用于地震研究的救助基金。

四是衍生品工具。应用金融衍生品作为救灾资金筹措的手段，可以极大地开拓金融支持救灾资金筹措渠道，因为金融衍生品的市场广阔，可以根据人们的意志来开发有针对性的应对自然灾害产品，如巨灾债券、巨灾期货期权、巨灾互换、巨灾掉期等。但就目前来说，衍生品工具运用较多的只是在有着完善资本市场的西方发达国家，而我国正处于市场经济的起步转轨阶段，还不具备推出金融衍生产品的条件。

五是特殊金融货币政策。特殊金融政策不是救灾资金筹措的直接来源渠道，而是从信贷资金供给角度出发的一种间接的救灾资金筹集方式。如在全国宏观货币政策紧缩的大背景下，央行为灾区制定相对宽松的存款准备金率政策，支持灾区重建工作，这种方式也可以扩大救灾资金的来源渠道。

上面介绍了救灾资金筹集的基本渠道，下面以我国 2008 年发生的新中国成立以来最为严重的汶川地震为例，来分析一下我国在这次地震中所采用金融支持灾区重建资金筹措的手段。

四川汶川特大地震是新中国成立以来破坏性最强、波及范围最广、救灾难度最大的一次地震。灾区总面积约 50 万平方公里、受灾群众 4 625 万多人，其中极重灾区、重灾区面积 13 万平方公里，造成 69 227 名同胞遇难、17 923 名同胞失踪，需要紧急转移安置受灾群众 1 510 万人，房屋大量倒塌损坏，基础设施大面积损毁，工农业生产遭受重大损失，生态环境遭到严重破坏，直接经济损失 8 451 亿多元，引发的崩塌、滑坡、泥石流、堰塞湖等次生灾害举世罕见。①

汶川大地震后，中央政府、人民银行、银监会、保监会、商业银行、保险公司等部门紧急制定和实施了多种金融措施支持灾区重建，为维护灾区金融秩序和做好灾后重建工作起到了重要的作用。概括来说，主要有以下这几个方面：

2.2.2 中央政府制定实施金融支持政策

2008 年 6 月 4 日国务院第 11 次常务会议通过《汶川地震灾后恢复重建条

① 中国新闻网，2008 年 10 月 8 日。

例》，条例中提出国家对地震灾后恢复重建给予财政支持、税收优惠和金融扶持，并积极提供物资、技术和人力等方面的支持；同年6月11日国务院办公厅出台了《汶川地震灾后恢复重建对口支援方案》，指出：按照“一省帮一重灾县”的原则，组织19个省（市）对口支援四川省18个重灾县（市）和甘肃、陕西两省受灾地区，各支援省（市）每年大体按本地上年度财政收入的1%来安排对口支援的实物工作量；同年6月30日，国务院又发布了《关于支持汶川地震灾后重建政策措施的意见》，明确3年内对受灾严重地区减免部分政府性基金和行政事业性收费等。

此外，早在2005年6月11日，国务院办公厅就颁布实施了《国家金融突发事件应急预案》；2005年10月28日中国人民银行又制定实施了《金融机构突发事件应急预案（试行）》。这些应急制度的安排，对于金融系统快速有序地应对自然灾害等突发事件、提高金融机构应急处理能力起到了重要的作用。

2.2.3 人民银行、银监会实施特殊货币信贷政策

2008年5月19日，中国人民银行联合中国银监会紧急下发了《关于全力做好地震灾区金融服务工作的紧急通知》，要求各银行应充分考虑到受灾地区群众和企业的实际困难，对灾区不能按时偿还各类贷款的单位和个人，不催收催缴、不罚息，不作不良记录；同年5月26日，针对地震对金融机构办理支付结算所造成的不良影响，人民银行发布《关于地震灾区银行业金融机构办理支付结算有关事宜的紧急通知》，该通知对震区个人、单位等各种客户在支付结算上予以特别的便利，以满足灾区居民基本生活和灾后重建需要；同年8月14日，中国人民银行、银监会、证监会、保监会联合发布《关于汶川地震灾后重建金融支持和服务措施的意见》，[1] 鼓励金融机构加大对灾区的信贷投放，对灾区实施倾斜和优惠的信贷政策，加大对灾区重点基础设施、重点企业、支柱产业、中小企业、因灾失业人员等的信贷支持力度，加大对灾区“三农”的信贷支持等。为贯彻落实优惠金融政策，增强灾区金融机构信贷支持能力，人民银行和银监部门采取了多项措施，如表2.1所示。

---

① 中国网，2008年8月14日。

表 2.1　人民银行、银监会对灾区实施的特殊货币信贷政策

措施	执行情况
1. 执行优惠的存款准备金率	对四川重灾区六市州地方法人金融机构执行优惠的存款准备金率，其中重灾区农村信用社执行9%的存款准备金率，一般地区农村信用社执行10%的存款准备金率，分别比国有商业银行低7.5和6.5个百分点
2. 执行优惠的专项央行票据兑付考核政策	截至2009年末，四川全省已兑付央行专项票据96.4亿元，占发行总额的98.5%，其中重灾区39家农村信用社已全部兑付，金额为35.32亿元，增强了灾后恢复重建的信贷支持能力
3. 执行优惠的支农再贷款政策	截至2009年末，全省139个极重灾区、重灾区、一般灾区农村信用社申请支农再贷款享受比其他地区低0.99个百分点的优惠政策

资料来源：根据《银行家》杂志2010年第5期70～79页：鲁开源《金融支持四川震后重建两周年调查》整理而成。

从上面人民银行及银监会实施的特殊货币信贷政策来看，这些措施有利于积极引导金融机构加大对灾区恢复重建的信贷投入，鼓励信贷资源向灾区适当倾斜，为灾区重建工作的顺利开展提供了有力保障。

2.2.4　商业银行提供紧急金融服务

汶川地震发生后，各商业银行积极响应人民银行、银监会发布的各项特殊金融政策措施，针对地震受灾地区的特殊情况，采取“特事特办、急事急办”的方式，为灾区提供各种针对性的金融服务。参与灾区重建的各大商业银行信贷资金主要投向三个领域：支持灾区企业重建、支持灾区个人民房重建、支持基础设施建设。综合各个银行采取的措施，主要有以下几个方面：第一，支援抗震救灾，保证各项金融服务措施及时到位；第二，开辟了抗震救灾和灾后重建的贷款“绿色通道”，加大对灾后重建项目的资金支持和政策优惠；第三，延长贷款期限，对因赈灾不能到期还款的借款户给予展期，对受灾的信用卡客户采取息费减免措施；第四，实行贷款利率优惠，对灾民灾后重建和恢复生产所需贷款执行优惠利率；第五，及时组织研究对受灾地区和灾后重建项目的特色新产品，如恢复生产经营贷款、重建家园贷款、安居工程及基础设施项目贷款等。

2009年4月，人民银行成都分行联合四川银监局出台《关于金融支持灾区城镇居民住房重建的指导意见》，四川全省金融机构积极贯彻有关住房信贷优惠政策。截至2010年3月31日，四川全省金融机构发放贷款情况如表2.2所示。

表2.2 四川省金融机构发放贷款情况（截至2010年3月31日）

贷款类型	贷款发放情况
城镇居民住房贷款	全省金融机构累计发放城镇居民住房贷款155.86亿元（不含商品房开发贷款），涉及9.88万户城镇居民住房重建
灾后恢复重建贷款	全省金融机构累计发放灾后恢复重建贷款3 366.5亿元，其中城乡住房重建贷款574亿元，城镇建设贷款669亿元，农村建设贷款181亿元，公共服务重建贷款102亿元，基础设施重建贷款814亿元，产业重建贷款1 020亿元

资料来源：根据《银行家》杂志2010年第5期70～79页：鲁开源《金融支持四川震后重建两周年调查》整理而成。

从以上的调查情况可见，商业银行在灾后提供紧急的金融服务，积极履行社会责任，在灾后重建中起着重要的作用，有力维护了灾后正常的金融服务和社会稳定。

2.2.5 保监会、保险机构的支持措施

汶川地震发生后，中国保监会对保险业抗震救灾工作进行了全面安排部署，对四川保险业救灾工作提出要求。四川保监局积极响应，先后下发《关于认真做好抗震救灾工作的紧急通知》《关于认真贯彻保监会抗震救灾重要精神的紧急通知》《关于做好地震灾区保险营销员管理工作的紧急通知》等文件，重点强调了加强领导、把防灾减损和抗灾救灾工作摆在重要位置、特事特办、加强信息送报四个方面，对四川保险业抗震救灾工作做出全面部署。在保监局作出部署工作后，四川各保险机构积极响应号召，以实际行动投入抗震救灾工作中。保险机构支持措施主要有以下几个方面，如表2.3所示。

表 2.3　保险业对灾区重建资金筹措的支持措施

措施	执行情况
1. 拨付专项赔付资金，确保理赔快速到位	针对大灾可能引发大量赔案，当地分公司资金周转困难、难以迅速赔付的问题，各保险公司纷纷紧急调拨专项资金，确保保险赔付的顺利展开。人保财险向四川省分公司紧急调拨 1 亿元资金；平安集团向受地震影响的 16 家分公司各回调 500 万至 1 000 万元快速理赔和预付赔款准备金；阳光产险设立了 2 000 万元理赔预付金
2. 开辟保险理赔“绿色通道”	对于责任明确、涉及民生的小额赔案，实行现场定损、现场赔付。对于大额赔案，采取预付赔款的方式提前支付资金，满足灾区医疗、救助的资金需要。中国人保四川省雅安市分公司在银行不能开展业务的情况下，由员工自发垫筹 2 万元赔付农村受灾群众的房屋责任保险；太保产险向彭州、崇州市教育局预付中小学校园责任保险 105 万元
3. 放宽地震理赔标准，提高理赔服务效率	中英人寿、民生人寿免除所有产品中的地震免责条款，实行地震责任全部赔付；信诚人寿重申地震不是该公司的除外责任；民生人寿对因受灾导致保单丢失的客户，提供无保单理赔服务；中华联合开通“现场赔付直通车”，把保险赔款直接送到灾区群众手中
4. 保险业主动组织捐款捐物，积极履行社会责任	截至 2008 年 5 月 22 日，中国人保、中国人寿、中国平安、华安保险、安邦保险捐款都超过 1 000 万元。境外保险公司也踊跃捐款，台湾国泰人寿捐款 5 000 万元，台湾富邦保险公司捐款 1 186 万元，美国国际集团及下属公司捐款超过 1 100 万元。全行业共为地震灾区捐款 3.91 亿元，其中，保险业员工捐款 1.17 亿元，中国人保、中国人寿、中国平安、中国太保的公司员工捐款都超过 1 000 万元

资料来源：根据《中国金融》杂志 2008 年第 11 期 5 ~ 8 页、17 ~ 18 页：吴定富《全力以赴做好保险业抗震救灾工作》、张迪《认真落实保险条款切实履行社会责任》汇总整理而成

从汶川地震的结果上看，灾后得到保险赔偿的人数比例较低，保险的保障补偿功能没有在灾害中得到充分体现，这是我国保险业面临的一个严峻问题，也与我国国民保险意识淡薄的大环境有很大关系。但不可否认的是，地震灾害发生后，保险业克服各种困难，坚守工作岗位，坚持办公和营业，努力为抗震救灾提供保险服务，以实际行动大力支持救灾和灾后重建工作，这一点值得国人肯定。

2.3　金融支持灾区重建资金筹措存在的问题

2.3.1　我国现有金融支持灾区重建资金筹措体系不健全

从此次汶川地震总体情况来看，我国尚未建立起系统的、可持续的金融救灾资金筹措体系。救灾及灾后重建资金来源单一，更多依赖于国家财政拨款，没能很好地发挥金融市场的功能。一方面，导致国家的财政压力增大。另一方面，也不利于我国金融业的长期发展。

我国现行的大多数救灾资金筹集措施还是以行政手段为主，在自然灾害发生后才临时制定的，具有明显的应急色彩。当然不能否认在自然灾害发生初期，行政手段是必须且非常有效的救灾措施，它能够迅速、有序、高效地集合必需的人力、物力、财力对受灾地区实施紧急救助，同时也有利于平抑价格波动、稳定灾区的金融秩序。但是行政手段作为一种应急性措施往往偏重于短期效果，从而忽略了对灾区经济、社会、自然环境的长期可持续发展。另一方面它缺乏严谨的论证方面的研究，实施的可行性及后果还有待进一步的观察。因此，从长期来看，行政手段不宜作为处理自然灾害事件的长期措施而加以广泛应用。

在缺乏健全的金融救灾资金筹措体系的情况下，如何保证金融支持救灾资金筹措工作的科学性、高效性是一个困难的问题。这要求我国必须尽快建立健全的金融救灾资金筹措体系。

2.3.2　银行信贷资金需求缺口大

灾区重建中首先面临的就是资金短缺的问题。安置灾民、恢复灾区正常的生产生活秩序和水平，需要巨额的资金投入。虽然财政拨款、金融支持、社会资金和国内外捐赠数额巨大，但相对于灾区重建巨大的资金需要量来说，还远远不够。

按国务院《汶川地震灾后恢复重建总体规划》显示，灾区重建共涉及 10

类项目①，共需重建资金约 9 827.17 亿元。而实际中可用于灾后重建的财政资金和捐赠资金总和大约在 5 042.12 亿元左右，包括：中央财政 3 000 亿元、对口援建资金 700 亿元左右（以 2007 年地方预算收入为计算基数）、来自国内外的各类捐款 767.12 亿元（截至 2009 年 4 月）、灾区政府自筹财政资金 270 亿元左右、三省发行地方债 305 亿元（四川 180 亿元、陕西 60 亿元，甘肃 65 亿元）。两相比较，可以发现尚有 4 785.05 亿元左右的缺口。这部分缺口需要银行信贷资金和民间资本的介入。资金缺口如此巨大，如何开源节流，对重建资金和物资合理有效地分配和利用成为一个迫切且极具难度的问题。

2.3.3 银行贷款资金投向不均衡

灾区重建中反映出来的一个重要问题是金融机构的贷款资金投向不均衡。一般银行布点过于集中于那些交通便利、城市发展前景较好的城市，如都江堰就是灾后银行布点的重点。汶川灾区重建共涉及十大类重建项目，但从汶川灾区重建的实际情况来看，金融机构的贷款投向主要集中在基础设施、公共设施和大型企业上，民房重建只占小部分，而且大多有最高限额，距离广大人民群众的实际需要还有较大的差距。至于非国有的中小企业，想获得一部分贷款资源就更加困难。造成这种尴尬局面的原因，主要是商业银行的信贷资金是追求安全性和盈利性的，这使得商业银行在贷款对象的选择上，必然是那些能提供合理抵（质）押品、有还贷能力、信用度高、实力雄厚的地方政府或大型企业。金融机构贷款资金投向不均衡造成的结果是挫伤社会民间资本参与灾区重建的积极性，不利于地区经济的均衡发展。

2.3.4 银行贷款投放的商业性与政策性的矛盾问题

商业银行的经营原则是实现安全性、盈利性和流动性三者的统一，具有高度的商业性；而在灾区重建中，商业银行则更多的是作为公众公司承担救灾的社会责任，具有高度的政策性。这样，在商业银行的商业性和政策性之间就存在着矛盾，如何在商业性与政策性之间找到一个平衡点是一个棘手的问题。

---

① 按国务院《汶川地震灾后恢复重建总体规划》，灾后重建共涉及 10 类项目，分别是：城乡住房、基础设施、生产力布局和产业调整、公共服务设施、城镇体系、农村建设、防灾减灾、市场服务体系、生态修复、土地利用。

汶川灾区重建中提供贷款最多的几家银行分别是：国家开发银行、中国工商银行、中国建设银行、中国银行和中国农业银行，其中后4家银行均为国有（控股）股份制银行，实施完全的市场化运作。站在市场经济的角度，商业银行都是追求盈利、“嫌贫爱富”的。显然，完全依靠追求自身利益最大化的商业银行来支持灾区重建，让其对市场环境差、风险大的灾区重建工作提供融资便利显然是不现实的。

2.3.5 金融应对灾害衍生产品匮乏

我国资本市场的发展时间还比较短，仍面临一些问题，突出表现为市场层次单一、结构严重失衡。我国债券市场的发展严重滞后于股票市场，债券融资的规模比例远远小于股票融资，而拥有相对完善资本市场的发达国家，情况恰恰相反。至于产业投资基金、金融衍生品、资产证券化等市场的发展就更加滞后了。在目前灾害金融工具严重匮乏的情况下，传统的信贷资金是灾区重建资金筹措的主要来源，但信贷资金作用的范围和力度有限，而且潜在的风险也令人担忧，不宜作为灾区重建资金筹措的唯一方式。因此，为了扩宽灾区重建资金筹措的来源渠道，我国必须加快启动对灾害金融衍生品市场工具的研究，金融衍生品的市场广阔，可以根据人们的意志来开发有针对性的应对自然灾害产品，如巨灾债券、巨灾期货期权、巨灾互换、巨灾掉期等，极大地开拓救灾资金的来源渠道，这对于加强我国金融体系在应对自然灾害过程中的应变能力和抗风险能力有很大的帮助。

2.3.6 保险救助机制薄弱

根据中国保监会的统计显示，截至2008年6月8日，汶川地震中保险业共接到地震相关保险报案24.9万件，初步核实，被保险人死亡1.61万人，伤残2 092人，被保险房屋倒塌13.9万间，已付赔款2.84亿元。从汶川地震中庞大的受灾人群来看，这些能够获得保险赔偿的人数十分有限。从我国保险以往在灾害中的赔偿结果来看，我国保险覆盖面较小、救助能力严重不足，保险赔偿占事件损失的比例仅为5%～8%，远低于发达国家30%～40%的比例水平。仔细分析一下造成这种尴尬局面的原因，中国国民保险意识淡薄是一个方面，但更为重要的原因是巨灾保险在我国的缺位。我国现行将巨灾保险作为一个商业保险品种由保险公司自主经营、自担风险，一般商业保险出于商业承载能力等原因，其覆盖面受到很大制约，由于保险公司无力承担地震险等巨灾保险的巨大风险，因此不可能积极地提供地震保险产品。缺乏广泛的宣传使得广大消费者对巨灾保险知之甚少，这就导致巨灾保险在我国推行不起来。另一方面，大多数银行视保险为一种附带形式，并没有过多关注，也很少考虑抵押物损毁等问题。所以在汶川大地震中，大多数房产都无法享有保险赔偿，银行和贷款者双双陷入困境。

2.4 经验借鉴与我国的对策建议

基于以上的分析，针对我国金融支持灾区重建资金筹措存在的问题，可以借鉴国际上在这一方面的先进经验，提出符合我国实际情况的对策建议，以此来构建我国金融支持灾区重建资金筹措的长效机制。

2.4.1 建立健全金融救灾资金筹措体系

健全的金融救灾资金筹措体系是保证救灾及灾后重建工作顺利开展的前提，它可以使金融救灾工作更具科学性、高效性。从国外的经验来看，美国和日本在这一方面做了很多工作。美国政府制订了《联邦应急方案》（US Federal Response Plan），其中包括了各部门在紧急情况下的应对原则和方案；日本由中央政府制定《防灾基本计划》，各地方根据自己的实际情况，制定当地防灾计划，防灾计划覆盖灾害预防、灾害应急以及灾后重建等各个方面，而且防灾计划还进行定期检查、实际演练和不断更新。

借鉴国际经验，我国应以“可持续发展”原则为出发点，建立健全金融救灾资金筹措体系，笔者认为可以从以下这几个方面着手：

一是制定应对自然灾害的法律法规。这一方面可以借鉴日本的经验，日本制定了《灾害救助法》《处理特大灾害的特别财政援助法》《重建灾民生活救助法》《地震保险法》等。我国要认真总结汶川地震经验，在进一步完善现有的《突发事件应对法》《防震减灾法》的基础上，再具体深入，制定一般性的救灾法律，如对灾后房屋抵押贷款的偿还、财产损失补偿、重建资金使用和管理等方面做出具体规定，保障金融体系的稳定和灾区人民的利益。

二是建立金融应对自然灾害的预警机制。如积极宣传防灾减灾方面的知识，提高金融机构的防灾减灾意识；定期对金融机构的防灾计划进行检查和更新，提高金融机构的防灾减灾能力，加强灾前的预防工作。

三是建立金融应对灾害的风险分担机制。如应对灾害的巨灾商业保险可以通过再保险渠道在全球保险市场进行风险分散，又如金融机构可以建立灾害备份和恢复系统①，这些都是灾害风险分散的重要手段。

四是通过金融市场合理配置灾区重建资金。要逐步实现行政手段向金融市场手段的过渡，减少行政手段的干预，通过金融市场合理配置资金，为灾区重建提供持续、高效的资金保障，促进灾区经济、社会的可持续发展。

2.4.2 实现政策性贷款和商业银行信贷的有机结合

前面提到的银行信贷资金需求缺口大以及商业银行的商业性和政策性矛盾等问题，要解决这些问题实际上是要实现政策性贷款和商业银行信贷的有机结合。一方面要加大我国政策性银行对灾区重建的贷款投入力度，另一方面又要积极导入商业性银行资金。

我国目前有三家政策性银行——国家开发银行、中国进出口银行和中国农业发展银行。在灾害发生后，他们代表政策性金融行业站在最前线，发挥着排头兵的作用。政策性银行对灾区重建的支持主要体现在向灾区提供中长期低息贷款，支持灾区工农业生产的恢复与重建。但单靠政策性的贷款还不足以填补灾区重建所需的巨大资金缺口，这时候就需要商业性银行信贷资金发挥作用。但由于商业银行信贷资金具有“逐利性”的本质特征，其很难真正参与到支持灾害重建这种政策性极强的工作中。要解决这个问题，一方面需要国家财政的支持，财政部门可以对商业银行提供定向担保和财政贴息等政策，鼓励银行商业信贷积极加入灾区重建中来；另一方面可以从提高贷款对象信用等级的角度出发，商业银行不肯提供贷款主要的原因是忌惮贷款人的风险问题，特别是灾区中的中小企业信用等级普遍不高，因此就要想办法提高这些中小企业的信用等级，以达到商业银行的贷款条件。实践中已出现了“中小企业会员制担保”“多户共贷”② 等模式，就是关于这方面的积极尝试。

---

① 灾害备份和恢复系统是指利用技术、管理手段以及相关资源，确保既定的关键数据、关键数据处理系统和关键业务在灾害发生后可以恢复的过程，是为了减少灾难造成的损失而建设的数据备份系统。

② “中小企业会员制担保”，“多户共贷”，是通过多家企业、多家农户共担风险的办法在一定程度上提高了信用等级，达到了商业银行的贷款条件。

2.4.3 加快应对灾害的金融产品创新

目前许多发达国家利用金融衍生品市场转移风险的市场机制来应对自然灾害事件，例如美国早在1996年就开发了应用于一般性气候灾害的避险期货，以及专门针对保险机构分散巨灾保险和再保险风险的系列衍生产品，包括巨灾债券、巨灾期货、巨灾保险期权以及巨灾互换产品等。巨灾债券将保险公司承担的巨灾风险转移到资本市场，增强保险公司的风险承受能力。巨灾指数期货通过对用以表达各种自然灾害的指数进行期货交易，进一步化解自然灾害带来的风险，降低经济损失。巨灾保险期权是由保险人支付期权费，当特定时期、特定区域内巨灾保险损失达到一定的区间时保险人获得正收益，有助于保险人和再保险人规避风险。通过金融产品的创新，可以为灾区重建资金筹措提供新的渠道，既促进国民经济的发展又可以完善我国金融市场体系。但就目前来说，我国正处于市场经济的起步转轨阶段，还不具备推出金融衍生产品的条件。可以预见，随着我国市场经济的不断发展和完善，金融衍生品工具必然会成为我国金融支持灾区重建资金筹措体系的重要组成部分。

2.4.4 建立巨灾保险基金制度

保险业具有经济补偿、资金融通和社会管理等功能，是市场经济条件下风险管理的基本手段。从国际经验看，巨灾保险基金是由政府牵头，有关部门参与设立，由商业保险为国家承担管理职能，商业保险通过再保险渠道在全球保险市场进行风险分散的一种体制。目前，我国保险业的覆盖面不够宽，保险的经济补偿功能没有得到充分的发挥，国家的灾害救济手段比较单一，保险的保障功能受到了限制。根据我国国情，应该从制度建设着手，尽快建立健全巨灾风险保障体系，设立巨灾保障基金，增强国家应对自然灾害的能力。

我国的巨灾保险制度建设的目标应当是建立以政府为主导，商业保险体系为框架，国家财政提供支持，全球再保险市场分散风险的多层次、多方位的保障体系。近几年自然灾害接踵而至，不仅严重威胁了灾区人民生命安全，其所带来的经济损失和灾后重建压力也是无法估量的。因此只有尽快建立一套以国家财政为支撑、以再保险机构为支持的灾害保险制度，才能从根本上有效抵消自然灾害带来的巨额损失，保障国民经济可持续发展。

2.4.5 实现金融支持与财政政策的协调

金融支持与财政政策的协调在一国经济稳定和发展的过程中起到非常重要的作用，同样在灾区重建中，如何实现两者的协调也是必须要重点关注的问题。由于金融支持和财政政策在灾区重建中各有所长，所以我们要根据灾区重建的进展情况，适时地调整金融支持和财政政策，择机而用。在灾区重建的初期，首先需要大量的资金来解决灾民的衣、食、住、行等问题，财政资金由于具有公共性、时效性、基础性等特点，可以在第一时间给予灾区最有力的支持，所以在这个阶段财政政策应该占据主要地位，而金融支持处于辅助和配合的角色；随着灾后重建的进行，企业的恢复生产和居民房屋重建等需要大量的资金，财政资金无法支持这样庞大的工程，这时金融支持的重要性日益凸显。实现金融支持与财政政策协调的关键在于如何根据灾区重建的实际情况，恰当地运用相应的政策。

为了实现金融支持与财政政策的协调，可以采取以下这些措施：一是灾后民房重建中，需要人民银行和银监部门及时出台措施，给灾民优先贷款和优惠贷款，同时政府应该给予银行等金融机构各种便捷服务，使之能够更好地为灾后重建服务；二是中央和地方财政出台财政贴息等政策，弥补金融机构因灾区房贷免息产生的收益损失，保护商业银行的利益。三是政府可以减免各金融机构发放灾后重建贷款的利息收入的营业税，从而使银行等金融机构更好地发挥其应有的作用。四是建立以政府为主体、各金融机构参与的应灾贷款风险补偿机制，对各金融机构由于灾区重建贷款而造成的损失给予一定补偿。

2.4.6 完善金融机构的信息披露机制

作为现代经济核心的金融业，在灾区重建中发挥着重要的作用。灾区重建中大部分项目都是公益性质的，如基础设施、公共设施等，这部分项目主要靠国家财政资金来支持；也有部分项目带有一定的商业性质，需要金融机构特别是商业银行信贷资金的介入。由于商业银行信贷资金具有“逐利性”，所以对于这部分灾区重建资金的筹措，一方面要提高商业银行参与灾区重建的积极性，另一方面要防止少数银行从中牟取不当利益。

要实现上述目标，必须完善灾区重建资金筹措的信息披露机制。政府要将各个商业银行参与灾区重建的投入、产出、企业效益和社会效益等情况定期向社会报告，切实保证人民群众的知情权，消除社会公众由于信息不对称而产生的疑虑，使银行或保险公司的公益行为真正得到社会的认可，从而提高金融机构在社会上的形象。形成一个这样的正向激励机制，有利于鼓励和引导更多的商业银行或保险公司参与到灾区重建当中来。另外从商业银行或保险公司自身的角度出发，要把参与灾区重建的支持措施，如贷款投入等，在每年的年度报告中披露具体的支出情况，接受社会公众的监督。通过信息的充分披露，保证高度的透明性，在银行间形成竞争压力，使社会公众可以对银行或保险公司的社会价值进行判断，有利于金融机构积极履行社会责任。

2.5 小结

“金融支持灾区重建资金筹措”是一个现实而新颖的研究课题，尤其近年来，我国乃至世界范围内自然灾害频发，关于如何发挥金融业在灾区重建中的支持作用引起了全世界的关注和思考。很显然，美国、日本等发达国家在这一领域的研究走在了前列，他们有着丰富的实践经验，已经构建起了一套较为完整的金融支持灾后重建资金筹措体系。我国幅员辽阔，地形复杂多样，是一个自然灾害较为多发的国家，也有着丰富的救灾和灾后重建经验，但一涉足金融支持灾区重建领域，仿佛陷入了陌生地带。造成这个尴尬局面与我国曾长期处于计划经济，市场经济起步较晚，金融体系还很不完善有很大的关系。

我国现行的自然灾害资金筹措体系还很不完善，救灾及灾后重建主要是以行政手段为主，还没有实现向金融市场手段过渡，关于“灾害金融”领域的研究较少。汶川地震在给我国带来了巨大损失的同时，也给我国提供了一个宝贵的契机，关于灾害金融领域的研究工作已经提上了日程。正所谓“他山之石，可以攻玉”，只要立足于我国实情，善于借鉴他国的经验，我国一定可以不断完善金融支持灾后重建资金筹措的体系，构建具有中国特色的金融支持灾后重建资金筹措长效机制。

【参考文献】

[1] 张显东、梅广清．西方灾害经济学研究的历史回顾［J］．灾害学，

1998（4）.

［2］郑功成.灾害经济学［M］.湖南：湖南出版社，1998.

［3］何爱平.中国灾害经济：理论架构与实证研究［D］.陕西：西北大学经济管理学院经济学系，2002.

［4］何孝星、邱杨茜、张宁、黄雪霞.关于尽快启动我国“灾害金融”问题研究的思考［J］.经济学动态，2008（5）：38－42.

［5］谢欣甜，费婧蓉，杨胜刚.灾后重建的金融支持：国际经验与中国的对策［J］.湖南社会科学，2009（3）：124－128.

［6］刘士余.金融支持汶川地震灾后重建的若干问题［J］.中国金融，2010（5）：8－10.

［7］陈华恒、蒋远胜、王玉峰.汶川地震灾后对口援建资金运行机制、问题及对策［J］.西南金融，2010（11）：21－23.

［8］吴迪.废墟上崛起的金融力量——记四川金融系统支持灾后恢复重建［J］.金融与经济，2009（5）：42－43.

［9］马常青.金融应对自然灾害长效机制问题研究［J］.开发研究，2009（5）：158－160.

［10］苗燕.央行多种政策支持灾后重建［J］.经济瞭望，2008（6）：30.

［11］董良.金融支持如何在震后重建中发挥积极作用——国际经验与政策启示［J］.魅力中国，2009（6）：166－167.

［12］谢晓东.金融机构纷纷推出有力举措支持灾后重建［N］.上海证券报，2008－5－28（2）.

［13］冯俏彬，王勇.灾后重建：商业性信贷资金、政策性金融支持和立体化资金保障体系建设［J］.财政研究，2010（2）：2－6.

［14］巴曙松，丁波，任杰，张晓亮.中国应对自然灾害的金融体系构建与创新［J］.经济观察，2008（10）：6－10.

［15］苗崇刚、侯建盛.建立我国地震灾害资金补偿机制的思考［J］.国际地震动态，2007（2）.

［16］罗继东.美国灾后重建中金融支持的启示与借鉴［J］.比较借鉴，2008，11：28－29.

［17］王晓欣.面对灾害：金融业应该如何应对［N］.金融时报，2008－

05 - 31,(5).

[18] 孙克竞．重大自然灾害资金筹措及其配置问题研究——源于汶川地震灾害的思考［J］．经济与管理，2008（8）：11 - 15.

[19] Jeff Dayton - Johnson. Natural disasters and adaptive capacity [M]. OECD Development Centre Working, 2006 (237).

[20] William O. Jenkins. Disaster response: criteria for developing and validating effective response plans [J]. United States Government Accountability Office, 2010, 9 - 22.

（本文作者：温俊龙　华金秋）

The Financing Issue of Financial Support for Reconstruction

【Abstract】 China is a country with frequent natural disasters, the impact of disasters related to all aspects of society. Reconstruction work is a very complicated systematic project, we must have a good system to make disaster response work more orderly and efficient. Financial industry, as the core of modern economy, plays an important role in the reconstruction system, especially since the most serious earthquake after the founding of china occurred in Wenchuan of the year 2008. Chinese financial system has so many disadvantages in the face of natural disasters, so how to build an efficient financial system has become an important problem of China's financial innovation and reform. This paper will first analyze all kinds of fund raising channels. And then we will analyze the basic situation and the problems of financial support to disaster reconstruction through the Wenchuan earthquake reconstruction. Finally, we will put forward some suggestions to solve these problems.

【Key words】 Reconstruction; Financial Support; Relief Fund Raising; WenChuan Earthquake Disaster

3

美国地震保险及启示

【摘要】2008 年汶川地震以后，越来越多的人开始关注地震保险。在我国保险业界，一直存在地震保险的研究，但是由于其巨大的偿付风险和保险费率厘定的困难，使得我国的地震保险实施面临多重困难。本文通过分析美国地震保险的最新经验，提出关于我国地震保险发展的几点建议。

【关键词】地震保险；巨灾；风险；美国经验

3.1 引言

2008 年 5 月 12 日，四川汶川发生了里氏 8 级特大地震，据统计数据表明，此次地震造成的直接经济损失高达 8 451 亿元人民币。然而，遗憾的是，我国当时尚未建立地震保险制度，灾后重建无法从保险中获得足够的有效的经济补偿，截至 2009 年 5 月 10 日，汶川地震的赔付基本结束，保险业合计赔付 16.6 亿元，仅仅占直接经济损失的 0.19%，而与全球同类灾害损失中保险赔付高于 30% 的平均水平相比，显示出我国地震保险还有一段很漫长的道路要走。

保险作为风险转移的方式，是解决地震灾害损失最有效的形式。地震保险既能保障灾后社会的稳定性，减轻国家因为拨款救灾而可能出现的财务负担，同时，也能为灾后重建提供大量资金，保证经济建设能顺利恢复。世界上地震频发的国家都通过地震保险来分散风险，这对我国具有积极的指导意义，其中美国的地震保险制度就有许多值得我们学习的地方。下文主要对美国地震保险制度进行简介，并结合我国的具体情况，对我国地震保险制度的构建提出建议。

3.2 美国地震保险简介

3.2.1 美国加州地震局

下面摘要引用美国 CRS2010 年的研究报告对美国地震保险做一简介。1994 年 1 月 7 日美国加州北岭发生大地震，这是美国历史上损失最惨重的地震，造成了60人死亡，7 000人受伤和20 000人无家可归，经济损失高达470亿美元，是美国保险公司保费收入的200多倍。虽然这次地震没有使得保险公司出现偿付危机，但是由于之前严重低估了地震所造成的损失，地震的保费未能完全反映实际的风险暴露。于是，在北岭地震后，美国保险公司开始限制或者拒签新的住房保单。与此同时，加州法律却要求住房保单必须承保地震风险。为了解决这个巨大的矛盾，美国加州于1996年通过加州地震保险法，建立加州地震局（California Earthquake Authority，CEA），针对地震中的财产损失提供保险。

在加州，保险公司可以成为加州地震局的会员。到2010年，在加州有2/3销售住宅财产保险的公司都选择成为CEA的参与公司。加州地震局的资本由参与公司按照其市场占有率的比例出资。

加州地震局实际是一个市场化运作的私有基金，加州政府对其没有责任，也没有提供资金支持。作为一个政府扶持性质机构，加州地震局享受联邦税和州税免税待遇，有利于偿付基金的积累。

3.2.2 美国地震的风险敞口

表3.1显示，在美国平均每年要发生3 000次地震。根据保险服务局提供的保险损失数据，可以得知，由于大多数地震都发生在人烟稀少的地区，因此地震所造成的累计经济损失相对较小。尽管易受地震危害的地区差异很大，但是大多数美国人居住在被认为是“地震活跃”的地区。在一定程度上，地震发生的时机、震级和地理位置决定了经济损失的大小。这是根据A. M Best公司以过去100年间在美国各州由于地震所造成的保险损失计算而得出的，但是潜在的破坏性更大的地震更有可能发生在太平洋沿岸、密苏里州新马德里密西西比河谷周围、阿拉斯加、犹他州、南卡罗来纳州和波士顿的新英格兰地区的周围。

表3.1 2000—2010年间美国发生的地震数量

震级数	2000年	2001年	2002年	2003年	2004年	2005年	2006年	2007年	2008年	2009年	2010年
8.0~9.9	0	0	0	0	0	0	0	0	0	0	0
7.0~7.9	0	1	1	2	0	1	0	1	0	0	0
6.0~6.9	6	5	4	7	2	4	7	9	9	3	1

续表

震级数	2000年	2001年	2002年	2003年	2004年	2005年	2006年	2007年	2008年	2009年	2010年
5.0~5.9	63	41	63	54	25	47	51	72	85	53	1
4.0~4.9	281	290	536	541	284	345	346	366	432	290	16
3.0~3.9	917	842	1 535	1 303	1 362	1 475	1 213	1 137	1 486	1 449	40
2.0~2.9	660	646	1 228	704	1 336	1 738	1 145	1 173	1 573	2 335	39
1~1.9	0	2	2	2	1	2	7	11	13	25	1
0.1~0.9	90	0	0	0	0	0	1	0	0	1	0
<0.1	15	434	507	333	540	73	13	22	20	18	0
总计	2 342	2 261	3 876	2 946	3 550	3 685	2 783	2 791	3 618	4 174	98

来源：美国地质勘探局（USGS），2012.

尽管在南加州北岭地震后，美国很少发生造成重大人员和财产损失的地震灾害，但是美国地质勘探局（United States Geological Survey，简称 USGS）的研究人员、保险市场专家以及计算机模拟公司的研究人员都认为，随着地震多发地区的日益城市化和许多老式建筑物没能达到现代建筑标准，使得地震多发国家的潜在成本会不断增加。大地震对美国还是会造成严重的伤害，不但会影响居民的正常生活，扰乱经济发展秩序，也会使得保险业和金融业遭受严峻的考验。表 3.2 显示了如果美国历史上所发生的地震发生在现代，则会对美国社会造成的影响情况。

表 3.2 根据当前风险水平前十大历史地震所造成的估计保险损失

排名	年份	地点	震级数	按2009年的损失水平（百万美元）
1	1812-2-7	新马德里	7.7	100
2	1906-4-18	旧金山	7.8	96
3	1886-8-31	查尔斯顿	7.3	37
4	1838-6-1	旧金山	7.4	27
5	1994-1-17	北岭	6.7	21
6	1868-10-21	海沃德	7.0	21
7	1857-1-9	Fort Tejon	7.9	8
8	1989-10-17	洛马普列塔	6.3	6
9	1933-3-10	长滩	6.4	5
10	1911-7-1	卡拉韦拉斯	6.4	4

2008 年美国地质勘探局绘制了全国地震受灾图，这极大更新了保险业界对美国地震风险的认知，也有助于保险公司和再保险公司对地震保险的投保管理和产品定价。

2009 年 8 月 6 日，AIR Worldwide 和风险管理系统（RMS）宣布将发布针对北美地区的新地震模型。新的模型版本大部分是基于 2008 年由美国地质勘探局编制的全国地震灾害图，该模型将对美国大部分地区减少损失计量产生积极作用。尽管损失数量的减少会由于模型和地区的不同而不同，但是在他们的模型中，带有较大风险敞口的公司在损失估计方面仍然有较大程度的降低。应用后，这些变化将影响公司的风险管理决策，包括地震承保、定价和再保险购买决策。

3.2.3 费率精算及分级定价

加州地震局的地震保险费率是基于期望损失的精算费率，采用的是 EQE international 开发的地震模型，评估加州地区的地震期望损失。模型的两个要素是：①地震强度和发生概率，美国地质勘探局可以提供这项信息；②期望损失，地震的期望损失取决于地表建筑接近地震断层的距离、年代、结构以及土壤类型。一些 200 年甚至更长时间没有经历过地震的地区比那些最近经历过地震的地区更容易受到地震的影响。原因是地震断层长时间地处于紧张状态，当这一状态突然释放时，地震就发生了。据推测，对较近发生地震活动的地区，意味着断层已经释放了这种不稳定因素；而对未发生地震地区则意味着这种因素仍然存在，并随时都有可能发生地震。

加州地震保险实行分级定价，由 19 个费率分区组成，分区之间的差别也较大，费率从 1.1 美元/千美元到 5.25 美元/千美元。这种差别定价方法，有助于提高投保率，扩大地震保险的投保基础和增加保险基金，也可以较好地规避逆向选择和道德风险。

此外，美国国会最近的研究报告指出，保险公司在保险精算和制定税率问题上所面临的难题是，用过去缺失的损失数据来估计若干年后潜在的巨灾财产损失，这将影响保险公司资金流的稳定性。由于地震发生的时间、地点和震级数的不确定性，造成了对将来损失的估计是很困难的。保险公司应该采用先进的研究技术和计算机模拟模型对损失进行预测，而不是采用饱受争议的历史数据。

3.2.4 地震后经济恢复的资金来源

地震发生以后，受灾地区灾后重建需要大量的资金，其中包括政府救助、保险赔付、个人存款、结构化证券。保险是减少各方面损失、联邦及各州面对巨灾风险的财政脆弱性的最有效的灾前融资形式。虽然保险无法减少地震灾害中的损失，但是作为一种财政激励机制，可以通过采取积极措施极大地减少未来的灾害损失。商业保险可被视为用于未来地震灾害的准备资金，是一种分散国际资本市场风险，减少灾害对业主影响的风险融资工具。作为一种风险转移策略，保险也可以用来帮助减少灾害损失，减少政府的灾后重建支出，并为业主和社区提供一个安全网，以防止像地震这样的自然灾害对其造成的影响。

自从 20 世纪 90 年代后期，资本市场通过替代风险转移（ART）条款和提供最高级别损失水平的融资工具进入再保险业务。ART 允许利用国内保险公司保留资本，以帮助提高保险损失的能力，减少极端事件的敏感性。以巨灾债券为例，目前保险公司和再保险公司通过把巨灾风险转移到全球金融市场的创新方式进行灾害风险融资。

加州地震局的偿付能力由四层次组成。以 2009 年为例，加州地震局总偿付能力为 93.61 亿美元，包括①CEA 自有资金 31.86 亿美元；②收益债券 3.1 亿美元；③再保险赔偿 35 亿美元；④参与公司资金征收 27.65 亿美元。

通过设置这样多层次的偿付安排，使得不同市场的参与者共同分担地震灾害造成的损失，有助于地震风险的有效分散和转移。

另外，对于在地震多发地区的企业和个人来说，由于经济等各方面原因，居民可能不愿意为小概率的地震支付较高的保费，因此，政府通过税款支付资金的方式，对灾害受难者进行联邦救灾援助，这已经成为地震发生后保险公司的最后手段以及资金保障的主要来源。

3.3 我国地震保险发展现状

我国的地震保险经历了一个曲折的发展历程。1951 年，中央政府政务院通过《关于实行国家机关、营业企业、合作社财产强制保险及旅客强制保险的决定》。中国人保公司以这一规定作为依据，将地震保险作为普通火险的扩展责任自动承保。此外，在一些省份，农业生产也可以获得包括地震风险在内的巨灾风险承保。1958年保险业务在全国范围内停办，十一届三中全会以后，国内保险业务得到恢复。1980年，由于唐山大地震的影响，我国开办了地震保险。令人遗憾的是6年后，央行决定，自1986年7月1日起将地震保险列为“财产保险的除外责任”不予承保，事实上中止了地震保险。1988年全国人大常委会通过《中华人民共和国防震减灾法》，其中第25条规定，“国家鼓励单位和个人参加地震灾害保险”。据此，中国保监会同意“关系国计民生、具有重大社会影响的大型项目”可扩展地震责任，并报中国保监会批准。据此各保险公司纷纷制订了扩展地震责任的范围和条件，将地震保险附加于财产保险内。1995年，《保险法》正式颁布，并没有涉及地震保险的规定。1996年，基于确保保险公司稳健经营的目的，央行再次颁布规定，将地震风险列入绝大多数财产保险的责任免除条款。1998年，全国人大常委会通过《中华人民共和国防震减灾法》，规定“国家鼓励单位和个人参加地震保险”。这是第一个涉及地震保险的法律规定。2000年7月，中国保监会正式确认将地震保险列入附加险种，收费标准是主险的10%。但一方面由于承保风险太大，保险公司一般不主动向客户推荐地震附加险；另一方面，由于收费较高，很多投保者在选择险种时也会主动避开地震附加险。

2006年，颁布了《国务院关于保险业改革发展的若干意见》，规定“建立国家财政支持的巨灾风险体系”。2007年颁布的《中华人民共和国突发事件应对法》规定，“国家发展保险事业，建立财政支持的巨灾保险体系，并鼓励单位和公民参加保险”。

经过3年半的准备，2015年8月20日，全国首个农房地震保险试点在云南省大理白族自治州启动。启动仪式上，大理州人民政府与诚泰财险、人保财险、平安财险、大地财险、中华联合、中再财险6家公司签署战略合作协议和农房地震保险试点协议。诚泰财险、人保财险、平安财险、大地财险、中华联合5家公司签订试点共保协议。

3.4 对我国地震保险的具体建议

3.4.1 地震保险定价

3.4.1.1 绘制全国地震受灾图，分级定价

目前，我国的企业财产保险地震附加险保费为主险的一定比率，这主要

是由于缺乏地震保险的精算基础，仅仅是粗略估计。另外，由于地震发生的随机性和赔付的大额性，保险公司地震保险的定价较高，加之人们的侥幸心理，通常不投保此类地震保险，由此导致投保人数较少。根据美国的经验，我们应该绘制全国地震受灾图，根据不同地区的风险敞口，分级定价。

我国处于世界最强大的环太平洋地震带和欧亚地震带之间，地震活动频繁，是世界大陆地震最多的国家。特别是21世纪以来，中国强震频繁，最大烈度是1920年海原8.5级地震，目前我国全国性地震基本烈度Ⅶ以及Ⅶ以上地区占国土总面积的32.5%，其中46%的城市和许多重大工程设施、矿区位于受地震严重危害的地区。

20世纪以来，中国共发生6级以上地震近800次，遍布除贵州、浙江两省和香港特别行政区以外所有的省、自治区、直辖市，死于地震的人数达55万之多，占同期全球地震死亡人数的53%。

如表3.3显示，我们应该根据各个地震区的具体情况，划分费用区域。这是由于各个地区的地震风险和震后损失都不尽相同。传统的保险准则要求对于保险公司提供的高风险承保有足够多的保费相匹配。这主要是针对高风险投保人的购买政策。这就导致了风险不能被很好地分散以及保险费用基础的单一。经济学家注意到在保险市场中造成这种“逆向选择”的问题有两方面原因：①对于保险公司来说，被保险人在特别风险上的信息是未知的；②投保人花在确定与预期收益有关的前期成本（利率和抵免税额）上的时间较短，并且通过对成本和收益的比较，认为这种减少损失的措施并不是很好的投资方式。保险公司将通过建立不同风险类型采用不同价格水平的方式，以阻止高风险投保人购买低保费的行为，通过这种方法来解决或纠正信息不对称的问题。

表3.3 我国主要的地震带

地震区	包括省份	历史地震	损害程度
华北地震区	河北、河南、山东、内蒙古、山西、陕西、宁夏、江苏、安徽等省的全部或部分地区	地震强度和频度仅次于“青藏高原地震区”，位居全国第二。该地区有据可查的8级地震曾发生过5次；7~7.9地震曾发生过18次	位于我国人口稠密，大城市集中，政治和经济、文化、交通都很发达的地区，地震灾害的威胁极为严重

续表

地震区	包括省份	历史地震	损害程度
青藏高原地震区	涉及青海、西藏、新疆、甘肃、宁夏、四川、云南全部或部分地区	本地震区是我国最大的一个地震区，也是地震活动最强烈、大地震频繁发生的地区。8 级以上地震发生过 9 次，7～7.9 级地震发生过 78 次，均居全国之首	2008 年 5 月 12 日四川汶川 8.0 级地震位于这一地区。位于人口密集的西部地区，一旦发生大地震，对人们的生活和经济发展有重大影响
新疆地震区	新疆地区	发生过 8 级地震	新疆地震区总的来说，人烟稀少、经济欠发达，尽管强烈地震较多，也较频繁，但多数地震发生在山区，造成的人员和财产损失与我国东部几条地震带相比，要小许多
中国台湾地震区	台湾	发生过 8 级地震	地震发生，会对经济发达的台湾造成重大影响
华南地震区	东南沿海城市	近 300 年间，震级较小，无显著破坏性地震。曾发生过 1604 年福建泉州 8.0 级地震和 1605 年广东琼山 7.5 级地震	经济发达，一旦发生地震，会对社会产生严重的影响

保险公司应该针对每个客户或客户类型设置不同的保费，这样不仅有足额的收入用来支付预期的损失，还可以获得利润。保险公司要有能力去估计灾害发生的频率和损失程度的大小。

同时，通过保费分级，可以使高风险地区的投保人以低于其风险等级的保费率来购买保险，使居民有能力购买地震保险，从而刺激了投保的需求，形成不同费率等级的交叉补贴。

3.4.1.2 注重对西部地区的价格补贴

通过表3.4，我们可以看到，历史上较大的地震通常发生在经济稍欠发达的西部地区，西部大开发以后，虽然这些地区有所发展，人们生活水平有所提高，但是即使在发达的东部地区，人们投保的意愿都比较小。因而，在构建地震保险机制时，我们应该更加注重对这些经济不发达的潜在重灾区给予财政上的补贴。

表3.4 我国有史料记载的8.0及以上大地震统计表

时间	震源地	震级
1303年9月13日	山西洪洞、赵城	8.0
1556年2月2日	陕西华县	8.0
1604年12月29日	福建泉州海外	8.0
1654年7月21日	甘肃天水	8.0
1668年7月25日	山东郯城、莒县	8.5
1679年9月2日	河北山河、平谷	8.0
1695年5月18日	山西临汾	8.0
1973年1月3日	宁夏银川	8.0
1812年3月8日	新疆绥定东	8.0
1833年3月8日	西藏聂拉木	8.0
1833年9月6日	云南崇明	8.0
1879年7月1日	甘肃武都	8.0
1902年8月22日	新疆阿图什	8.3
1906年12月23日	新疆沙湾南	8.0
1920年6月5日	台湾花莲海域	8.0
1920年12月15日	宁夏海原	8.5
1927年5月23日	甘肃古浪	8.0
1931年8月11日	新疆富蕴	8.0
1950年8月15日	西藏察隅	8.6
1951年11月18日	西藏当雄	8.0
1970年1月25日	台湾火烧岛	8.0
2008年5月12日	四川汶川	8.0

3.4.2 构建地震保险基金模式

地震保险需要政府的积极参与和支持。由于地震灾害的高风险性，如果地震保险仅仅以商业化形式运作，保险公司处于自身风险收益的考虑，往往很少开发或者推介地震保险，但是地震商业保险对灾后重建有着重要意义，此时，政府的角色就显得异常重要。政府可以和保险公司建立地震保险合作机构，由保监局牵头，建立具有中国特色的地震保险监管机构，保险公司自愿参加，但是资金来源和运作方式均市场化。另外，出于中国国情的特殊性，中央政府应该注入一部分资金，这有助于提高各保险公司参与的积极性。

3.4.3 多层次的风险分担机制

在地震保险框架中，保单持有人、保险公司、再保险公司、资本市场和政府部门，都应该成为地震风险的承担者，形成多层次的风险分担机制，从而有助于国内地震保险市场的发展。

事实上，加州地震保险局只提供最基本的地震保险，也就是所谓的“最小保单”，只承保保单持有人最基本的住房，游泳池、庭院、车库等排除在责任之外。为了控制和分散风险，我国在设置地震保险保单时，也应注意保单标的范围。另外，设定一定比例的免赔额可以有效地防止道德风险。

形成保险公司、再保险公司、地震保险合作机构按一定比例分保的机制，由政府部门承担最后的保险人有限责任。在加州，保单有约定，如果地震的损失超过了加州地震局的偿付能力，那么保险的偿付按比例在保单持有人之间分摊。我国也可以参考这一经验。因为地震的损失往往是事前很难估计的，如果发生特大型地震，损失也是巨大的。这一超限机制可以确保在有限的资源下实现较高的承保能力，也可以使保险公司或政府部门免遭偿付危机。

发行巨灾债券，可考虑主要在资本市场发达的地区发行，例如北京、上海、广东等地区。由于地震发生的随机性和小概率性，以及巨灾债券具有较高的收益率，因而在投资者中存在一定的市场。通过这种方法，可以大量积累保险基金，一旦有地震发生，受灾地区的人民便可以通过这笔基金，迅速得到资助，开展灾后重建工作。

3.4.4 地震保险实行专门的税收政策和税收优惠

地震保险也要考虑资本金成本和税收成本影响，特别是巨灾准备金政策出台前的税收成本，建议在合理范围内对保险公司的政策性巨灾保险业务实行专门的税收政策和税收优惠。

3.5 小结

众所周知，巨灾给经济社会和居民的正常生活会带来严重打击，而我国又是一个地震灾害频发的国家。2008 年四川汶川 8.0 特大地震之后，2010 年 4 月 14 日，青海玉树又发生了 7.1 级地震，使得广大人民群众遭受重大损失。为此需要整合利用现有体系资源，将保险服务融入国家抗震救灾体系中，降低资源重复投入成本，最大限度地发挥社会资源效用。作为我国巨灾保险制度建立的突破口，地震保险的进展情况一直吸引着各方关注。因此，加快推进完善我国地震保险制度刻不容缓。我们应该通过取国外经验之所长，建立中国特色的地震保险体制，使灾区民众能及时得到经济补偿，加快灾后经济重建。

【参考文献】

[1] 谢洋．我国地震保险框架构建的制度分析——基于构建中国地震保险基金委员会的视角［J］．金融与经济，2009（9）．

[2] 张祖荣．建立我国地震保险制度的思考［J］．广东商学院学报，2009（3）．

[3] 王肃元、康耀坤．灾后重建与我国地震保险制度之完善［J］．兰州商学院学报，2010（2）．

[4] 张祖荣．我国地震保险制度建设探讨［J］．现代财经（天津财经大学学报），2010（3）．

[5] 周卫东．地震保险产品设计与风险管控探析［J］．保险研究，2008（7）．

[6] 刘春华．巨灾保险制度国际比较及对我国的启示［D］．厦门大学，2009.

[7] 温家洪、尹占娥、孟庆洁、叶欣梁．中国地震灾害风险管理［J］．地理科学进展，2010（7）．

[8] 张宗军．我国地震保险的商业化困境与选择［J］．广西金融研究，

2008 (8).

[9] 史本叶、孙黎. 日本地震保险制度及其借鉴 [J]. 商业研究, 2011 (9).

[10] Congressional Research Service. R41109 _ 20100312 Earthquake Risk Insurance and Recovery – Issues for Congress. Pdf., 2010.

(本文作者: 华金秋　杨倩欣　胡佳)

The Earthquake Insurance and Enlightenment in American

【Abstract】 After the WenChuan earthquake in 2008, more and more people begin to pay close attention to earthquake insurance. In our country's insurance industry, there has been earthquake insurance research, but because of its huge solvency risks and insurance rates, making our country's earthquake insurance has not been introduced. By analyzing the latest experience of American earthquake insurance, this paper puts forward some suggestions on the development of earthquake insurance in China.

【Key words】 Earthquake Insurance; Catastrophe Risk; American Experience

4

洪水保险的政府运营模式：美国洪水保险计划的实践和启示

【摘要】 在我国，洪水灾害是主要的自然灾害之一。然而，洪水保险制度却迟迟未能建立。本文搜集和分析有关美国洪水保险计划（NFIP）的最新文献，对以 NFIP 为代表的政府主导洪水保险运营模式的历史脉络进行了梳理，研究了其法制发展、运营现状、模式特色以及出现的问题，最后对洪水保险的政府运营模式进行了启发式的总结和建议。

【关键词】 洪水保险；政府运营模式；洪水保险计划

4.1 引言

洪水灾害从古至今都被普遍认为是人类面临的主要灾害之一，甚至有人说它是“众灾之首”（郑功成，2009）。中国历来洪水灾害非常严重。1949 年以前，平均每 2 年发生一次洪水灾害。随着防洪工程体系的修建，近 20 多年来洪水灾害造成的人员伤亡数呈减少趋势。1991～1999 年平均每年因洪灾死亡 3 945 人，2000 年以后平均每年因洪灾死亡 1 307 人，2006 年后这一数字降低到 813 人。但洪水灾害造成的经济损失依然巨大。1991～2009 年全国洪涝灾害损失数据如图 4.1 所示。1990 年以来中国年均洪涝灾害损失占同期全国 GDP 的比例接近 1.5%。遇到发生流域性大洪水的年份，如 1994 年、1995 年、1996 年、1998 年、2005 年等，该比例可达到 2%～3.5%。而美国和日本的这一比例分别为 0.03% 和 0.22%。中国洪涝灾害损失占国家 GDP 的比例是日本的 6.8 倍，美国的近 50 倍。

2010 年入夏后，我国遭受了大面积的洪水灾害侵袭。截至 2010 年 7 月 26 日 9 时，全国共有 28 个省（区、市）遭受洪涝灾害，累计农作物受灾 7 874 千公顷，受灾人口 1.24 亿人，因灾死亡 823 人、失踪 437 人，倒塌房屋 68 万间，直接经济损失 1 541 亿元。与 2000 年之后各年同期相比，洪涝灾害各主要统计指标均偏大，其中直接经济损失偏多 2 倍，倒塌房屋偏多 3 成[①]。洪水灾害管理，尤其是洪水风险保险的制度建设问题，再一次被提到台前。

---

① 以上数据来自全国防总网站新闻发布会，见《洪灾或推高 7 月 CPI 机构料达年内高点 - 中国日报网》http://www.chinadaily.com.cn/hqcj/zgjj/2010-07-28/content_629439.html，2010-7-28.

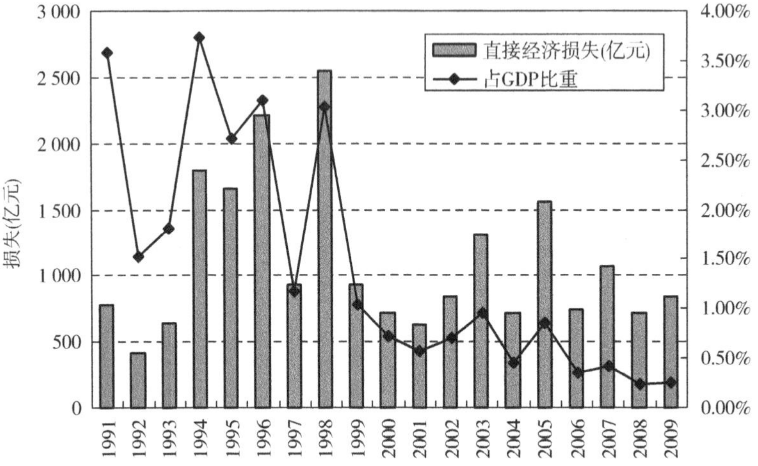

图 4.1　我国 1991～2009 年洪涝灾害损失情况

我国在多年对抗洪水风险的过程中积累了大量的减灾经验。然而，作为洪水风险管理的重要手段之一，洪水保险制度仍然未能建立起来。中国是一个大国，即使发生流域性的洪灾，相对全国而言，也只是局部性的。建立洪水保险制度，可以在时间和空间上分散风险，减少洪灾损失的灾区救济和灾后重建的巨额财政负担。洪水保险制度的缺失，表明我国洪水风险管理体系尚存在重大缺陷。纵观国际上洪水风险管理较为成功的国家和地区，美国为代表的政府主导型洪水保险制度存在大量我们可以借鉴和学习的经验教训。本文对美国洪水保险计划（NFIP）最新的数据统计和发展状况进行梳理、总结，将其主要特征、缺陷和启示呈现给国内的研究者。

4.2　美国洪水保险计划（NFIP）的历史演进

1936 年，美国颁布了首部《洪水控制法案》，主要内容是以政府建立基金的形式，在洪泛区修筑堤坝、沟渠、防波堤等防洪设施控制风水风险；在洪水灾害发生后，由联邦政府提供灾害救济。然而，这一制度的成本高昂并且不断上升。

1956 年，美国国会通过了《联邦洪水保险法》，创立了联邦洪水保险制度。国会希望通过国家支持的洪水保险形式，一方面可以改变一味依赖防洪设施进行减灾的硬性技术手段，采用金融保险形式的经济手段来加强洪泛区的管理，并抑制对洪泛区的过度开发和利用；另一方面，洪水保险费的收入还可以部分减轻政府在洪灾损失和灾害救济方面的财政支出负担。但是，由于保险行业的抵制和政策措施不当，国家洪水保险制度并未真正推行下去。1965 年发生的贝特斯（Betsy）飓风，在南部福罗里达州和路易斯安那州导致了 10 亿美元的损失。国会通过了《东南部飓风灾害防治法案》，并正式启动一项关于建立洪水保险计划的可行性研究。这一研究的直接结果，导致了 1968 年美国国会通过《全国洪水保险法案》，并在此框架下于次年建立了《国家洪水保险计划》（NFIP），国家洪水保险制度初步建立。因此，1968 年被认为是美国洪水保险制度的历史纪元。

国会授权住宅与城市建设部组建了联邦保险管理局（FIA），负责国家洪水保险计划的管理和推行。FIA 与由 120 多家私营保险公司组成的国家洪水保险者协会建立了合作关系，并承诺由联邦政府给予私营保险公司补助，承付超过保险公司收入的赔偿金额。该法律规定，只有参加国家洪水保险计划的社区才可以购买联邦政府给予补助的洪水保险，但要求必须加强对该社区内洪泛区的管理。1968 年洪水保险法案初步建立了美国国家洪水保险制度，不过该法案的实施也遇到许多问题，如：居民不愿意参加该计划而承受短期的负担；还不能准确地确定保险费率等问题。虽然国会就此对法案进行了一部分的调整，但是效果并不明显。自愿的洪灾保险参与制度，使得洪水保险的参与率非常低，政府所负担的救灾费用仍不断上升。

1973 年，热带风暴阿格尼斯（Agnes）导致 21 亿美元的损失，然而受灾居民中仅有很少人参加了 NFIP 计划，结果政府和纳税人不得不承担沉重的救灾救济费用。在该洪灾事件的促进下，同年 12 月，美国国会通过了旨在将洪水保险计划由自愿参与改为局部强制性的《洪水灾害防御法》。该法规定，处于高危洪水风险区域内，并且接受由联邦政府监管的贷款银行提供按揭服务的物业，必须投保洪水保险。强制性保险计划的推行引起了来自方方面面的反对。迫于压力，国会于 1976 年对该法案进行了修改，并于 1977 年通过了《洪水保险计划修正案》，废除了原法规中的联邦信贷机构向不符合要求的借款人借款的禁令。尽管如此，各方的利益仍难以平衡，联邦保险管理局（FIA）于 1977 年底与国家洪水保险者协会解除了合作关系，与私营保险公司相分离。1979 年，联邦保险管理局被划归联邦紧急事务管理署（FEMA）领导，依旧强制性推行洪水保险计划。

1994 年美国通过《国家洪水保险改革法案》，继续强化强制性洪水保险政策。在高危洪水风险区域（SFHA），对拒绝履行强制洪水保险规定的借款机构进行惩罚，明确该义务不因不动产或者贷款的转让而消失。如果借款人无力购买洪水保险，贷款人有义务代为购买。2004 年 BBB 洪水保险改革法案[①]授权计划对那些重复发生洪水损失的财产进行减灾清理和搬迁。如果业主不愿实施减灾处理或者搬迁，将面临高额保费。

4.3　美国洪水保险计划的运营现状

在过去四十多年里，NFIP 经过多次调整已经逐渐走上正轨，为美国洪水灾害管理做出了巨大贡献。

（1）业务增长。由于 FEMA 的大力推广，加上在 1992～1995 年间发生的几个大灾难，导致参加 NFIP 的家庭数迅速上升。特别在 2004 年卡特琳娜飓风之后，这一趋势更为明显。尤其是 2004 年后，通过一系列洪水保险宣传行为（FloodSmart 项目），NFIP 对其合作者、利益方、财产所有人以及承租人实现了持续深入的洪水风险和保险宣传。到 2010 年 4 月，NFIP 实现了保费增长 28%，保单数量上升 25%。即使是在受到金融风暴严重影响的 2009 年，保单数量、保费总额以及续保率都持续增长，并且在 2009 年 3 月支付了财政部的债务利息 9 亿美元。到 2009 年 12 月，NFIP 的保单数达到 570 万份，相比 2004 年增加了 103 万份。在这一期间，洪水保险的风险保额也上升迅猛，2004 年全国范围的保额为 7 650 亿美元，2009 年这一数字上升至 1.233 万亿美元。到 2009 年末，NFIP 的承保金额达到 1.233 万亿美元，是 1978 年的 24 倍；保单件数为 570 万件，为 1978 年的 3.94 倍（如图 4.2 所示）；保费总额为 32 亿美元，为 1978 年的 28.8 倍（如图 4.3 所示）。

（2）财务状况。从 1986～2005 年，NFIP 基本实现了财务平衡（见图 4.4）。其保费收入基本能够补偿洪灾损失赔偿和运营费用。在高损失的年度，法律允许 NFIP 向财政部进行带息借款以弥补损失。1994～2004 年，NFIP 平均每年获得保费收入 20 亿美元，支付索赔达 8.67 亿美元。NFIP 在 2000～

① BBB 法案由三位提出者命名：Bunning－Bereuter－Blumenauer.

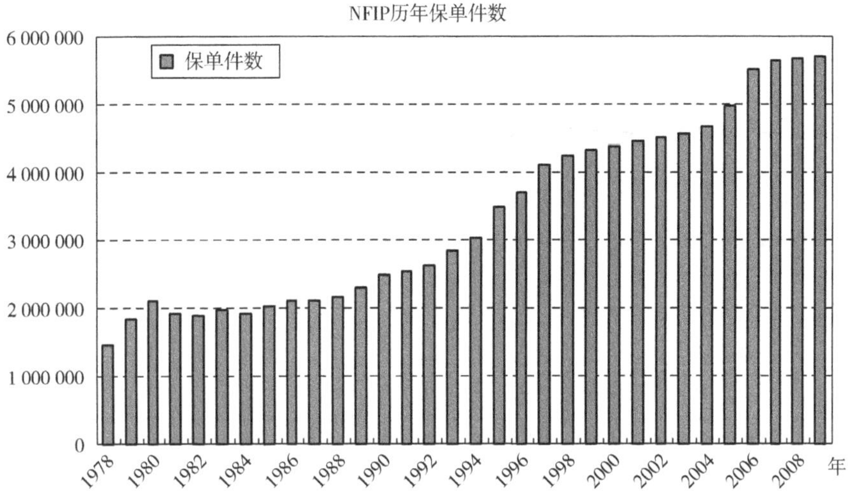

图 4.2　1978～2009 年美国 NFIP 有效保单数

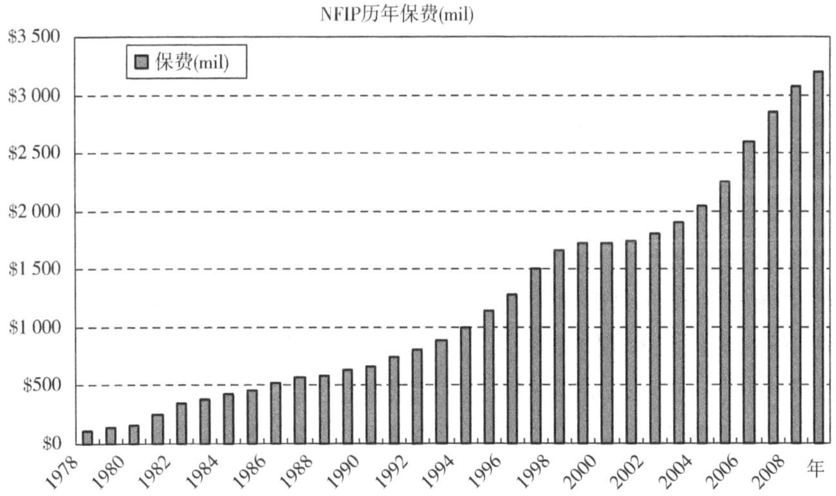

图 4.3　1978～2009 年美国 NFIP 保费（百万美元）

2004 年（2001 年除外）平均盈余为 3 亿美元。2004 年由于四个飓风带来的洪灾索赔超过保费收入，FEMA 从财政部借入 3 亿美元以应付当年高达 18 亿美元的高额索赔。美国政府问责办公室（GAO）的测算表明，在 NFIP 总支出中，支付给保险人的费用占到保费收入的28.5%，损失赔付率大约为60.7%；损失调整费用3.8%；其他运营费用6.9%。

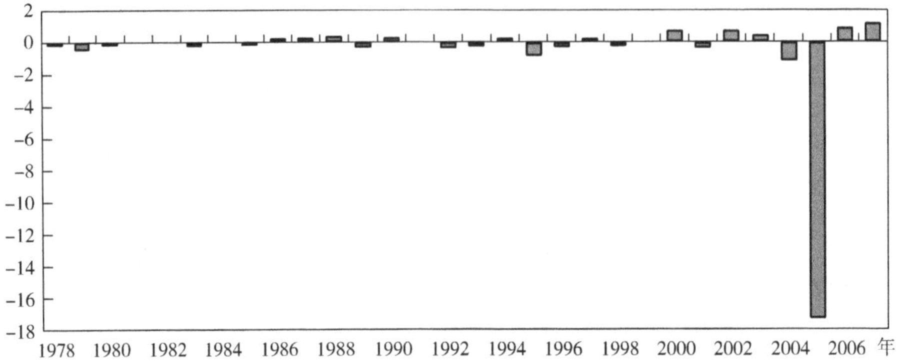

图4.4　1978～2007年NFIP净承保结果（单位：10亿美元）

从1985年起，NFIP大致实现了自负盈亏，不再需用纳税人的钱来补贴赔偿的运营费用。至1996年4月，全美参加NFIP的社区数已达18 469个（占应参加数的87%，其中参加正式计划的18 277个，参加应急计划的192个），共售出3 416 842份保单，平均每份支付保险金284美元，收入保险费11.415亿美元，投保总额达3 496.477亿美元。国家洪水保险计划总体上做到了收支平衡，尚有2 600万美元的结余，另有向财政部的借款6.886亿美元，以应付特大水灾的赔付。

但是，这种平衡在2005年遭到终结。"卡特里娜"飓风造成了空前的洪灾损失和索赔金额（见图4.5）。到2007年5月，美国财政部已经向NFIP贷款175.35亿美元。在现行体制下，FEMA即使把洪水保险费率提高到每年10%的最高值，在10年内也很难连本带息偿还2005年飓风造成的损失和利息赔款。到2010年4月末，NFIP对美国财政部的债务已经上升到188亿美元。

（3）减灾。NFIP建立的一个主要目的就是通过加强洪泛区管理及提升建筑安全标准以降低洪灾损失。NFIP要求任何加入计划的社区必须强制性地推行洪水管理和控制措施，加强建筑安全规范。NFIP的减灾努力取得了一些实质性的成就。NFIP声称，洪水保险每支付3美元赔款，将降低政府1美元的

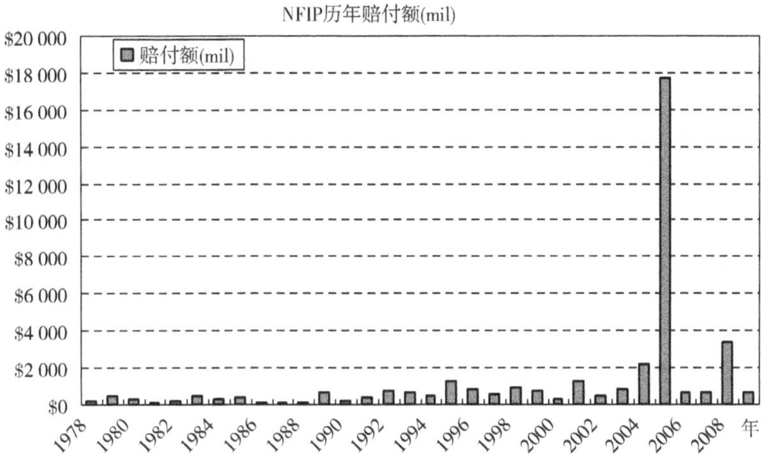

图 4.5　1978～2009 年美国 NFIP 历年赔付额（百万美元）

灾害救助[①]。洪水保险计划 NFIP 的运行由于要求社区和地方政府按照要求进行减灾管理，每年能给美国减少至少 10 亿美元的洪灾损失。

2005 年 12 月，由美国国家建筑科学研究院发表的一份报告“国家减灾措施的成就：对减灾措施的未来价值的独立研究”中，对洪水减灾计划进行了高度评价。它测算了 NFIP 的减灾作用并总结到：

①1 美元的减灾费用将降低未来 4 美元的洪灾损失。如此，通过 NFIP 实现的总共约 35 亿美元的减灾投入，将导致未来总共 140 亿美元的损失降低。

②FEMA 实施的减灾措施在成本上是节约的，并且常常会引发其他非联邦资助的减灾活动，进而带来更大幅度的损失降低。

③1 美元的减灾费用投入将进一步节约 3.65 美元的灾后救济费用支出。

当然，也有研究指出了 NFIP 减灾措施的不足之处。GAO（2010）指出，NFIP 的保险费率还不足以反映真实的洪灾风险；参与率在某些地区还不令人满意；在对 WYO 保险人的管理上还存在问题；数据搜集和管理上仍存在不足。一份针对联邦灾害救助计划的分析报告“灾害和民主：极端自然事件的政治学”认为，包括 NFIP 在内的减灾制度，常常让个人和地方政府失去减灾的激励，相反，鼓励了他们对灾害发生后求助于联邦政府救助的信念。该报

① 这一数据来自于 FEMA 网页，但没有给出数据依据。

告援引了那些发生多次洪灾索赔的保险标的数据，他们虽然只是被保险标的的很小部分，但是却占用了 NFIP 赔偿的较大比例。NFIP 提供的数据表明，这部分仅占总保单的 1%，但损失额度却达到总损失的 25% ~30%。同时，NFIP 对参与保险人、保险代理人等的管理不够科学，FEMA 还缺乏有效的方式来管理洪水保险和索赔的数据，由此不可避免地造成重复损失等问题。

4.4 国家洪水保险计划的主要特点

4.4.1 组织模式：政府、公司和私人的角色

NFIP 由国土安全部（DHS）下属的联邦紧急事务管理局（FEMA）主管。在 FEMA 的主持下，联邦政府和地方社区签订协议，联邦政府对特别洪水灾害区（SFHA）那些实施了减灾措施的社区提供洪水保险。其中，特别洪水灾害区内，由联邦政府监管的贷款银行提供抵押贷款支持的不动产，必须购买洪水保险保单。在这些区域，新建筑和新改建必须符合 NFIP 的建筑安全标准。地方政府或者社区，必须同意加强土地管理，按照法规进行新建筑审批，对高风险区域的建筑物实施严格的洪泛区管理措施，以保证降低未来洪灾损失。目前，已有超过20 000 个社区参加了 NFIP。NFIP 也在全国范围进行洪水风险地图的绘制，这一地图将决定社区的洪水保险费率。可见，美国洪水保险计划是在联邦政府主导下开展的政策性保险计划。政府组织洪水保险的实施、运行，并负责洪灾损失的赔付。

NFIP 制度下，私营保险公司也是推动洪水保险正常运行的重要角色。前面提到，NFIP 事实上是一个政府主导的政策性洪灾保险计划，政府在各个方面都扮演核心角色。然而，FEMA 却聪明地利用了私营保险公司在营销体系、服务体系上的天然优势，通过合作协议的方式，让私营保险参与其中。NFIP 在 1981 年启动了一项计划“Write Your Own（WYO)”，意即“以你自己的名义”，私营保险公司可以以自己的名义评估风险、销售保单、提供服务、办理索赔。但事实上，WYO 保险人不承担洪水导致的任何损失。他们利用自己的营销渠道来帮助 NFIP 办理洪水保险并提供与之相关的理赔服务，由 NFIP 按照保单销售和理赔服务的数量支付佣金。到目前为止，大约有 200 家保险公司成为 NFIP 的协议合作者。

NFIP体系中，投保人（业主或者承租人）尤其是那些位于洪灾高风险区域的物业所有人，最大限度地获取了洪水保险带来的公共福利。由于洪灾具有大面积爆发的特点，在传统理论中不具有可保性，因此私营保险公司一般都不愿意提供这一风险的保障。因此，一旦发生洪灾，受灾人群较广，损失程度较深，对社会和经济具有毁灭性的破坏作用。因此，在市场主导的情况下，很难看到洪水保险的普遍发展。那么，政府提供洪水保险可以避免这种局面的出现。在美国，洪水保险投保人参与NFIP除了要按照要求支付保险费外，还必须按照规范采取建筑物减灾措施。强制性的洪水保险制度，让足够广泛的人群参加保险计划，才能够让风险真正在更广的范围内实现充分的分散。

4.4.2 保单设计：费率结构、保险限额和免赔额

FEMA根据社区的洪灾风险状况制订了全国范围的洪灾风险地图（FIRMs），并根据洪灾风险对社区的物业进行费率确定。NFIP制定了两种类型的保险费：补贴费率和全风险费率。全风险费率，是保单按照社区洪灾风险地图以及其建筑物的风险状况收取全额保费。而补贴费率则是受到财政补贴后的折扣费率。1968年国家洪水保险法案要求NFIP对那些在洪灾风险地图编制之前投保NFIP的社区物业提供补贴费率，一方面是为了激励这些社区参加NFIP，另一方面也是为了避免对这些业主无意地把房子建在高风险地区的行为进行惩罚。这类补贴费率一般不用考虑实际风险水平，仅仅是完全风险费率的35%～40%，因此足够便宜。约有25%的保单能够享受补贴费率，而剩下的则支付"全风险费率"。事实上，即便是全风险费率，也并不真正能够完全弥补洪水风险损失。表4.1是美国NFIP保单按照风险分布情况的平均保费情况。

表4.1 1997～2006年美国洪水区保单平均保费（单位：美元）

年度	高风险内陆	高风险海边	中低风险	未确定风险程度
1997	521	1 039	377	794
1998	538	1 041	384	814
1999	525	1 053	380	824
2000	497	1 049	363	788

续表

年度	高风险内陆	高风险海边	中低风险	未确定风险程度
2001	482	1 059	350	766
2002	472	1 118	343	775
2003	478	1 232	349	824
2004	492	1 343	344	842
2005	502	1 398	340	912
2006	521	1 463	336	980

数据来源：GAO 分析报告。

当然，为了限制承保风险和抑制逆选择，NFIP 也对保单设定保险限额。NFIP 提供建筑财产和内部财产两种保险①。针对住宅类房屋，建筑财产的保险额度为 25 万美元，内部财产的保险限额为 10 万美元；针对非住宅物业，建筑财产的保险额度为 50 万美元，内部财产的保险限额为 50 万美元（见表 4.2）。对参加一般洪水计划的财产，标准免赔额为 1 000 美元和 2 000 美元；对紧急洪水保险计划，标准免赔额为 2 000 美元。

表 4.2　NFIP 洪水保险限额（至 2010 年 5 月 1 日）（单位：美元）

种类		紧急洪水保险计划②	一般洪水保险计划		
			基本限额	附加限额	总限额
建筑财产	独家住宅	35 000	60 000	190 000	250 000
	2～4 家住宅	35 000	60 000	190 000	250 000
	其他住宅	100 000	175 000	750 000	250 000
	非住宅	100 000	175 000	325 000	500 000
内部设施	住宅类	10 000	25 000	75 000	100 000
	非住宅类	100 000	150 000	350 000	500 000

数据来源：NFIP 费率手册。

① 值得注意的是，NFIP 所指的财产比中国的财产保险所指的财产范围更广。建筑财产包括建筑物及其基础、电气、管道设施；空调、水气设施；火炉、灶具、洗碗机；永久性覆盖物；地板等等。内部设施包括衣服、家具、电气设备；洗衣机；地毯；冰箱；甚至还包括艺术品和动物毛皮。

② 紧急保险计划，是指有些社区在尚未测定洪水风险地图（FIRMs）之前投保的情况下，NFIP 仅仅提供初步的低额度保险，在该完成风险地图绘制之后，可以参加一般保险计划。

4.4.3 风险管理：社区评分系统和减灾管理

NFIP 设计了社区评分系统（Community Rating System，CRS），鼓励社区在洪泛区加强管理，以减少洪水风险。CRS 对在社区建立洪泛区管理项目（超过 NFIP 的最低要求）的个人提供洪水保险费率折扣。根据社区四个领域（即公共信息、测绘和管理活动、减少洪水灾害、防洪准备工作）开展活动的水平，社区的 CRS 评分为 1 ~ 10 级。对获得 1 级的评价社区提供最大程度的洪水保险费折扣（即 45%），而评为第 10 级的社区不能获得洪水保险保费折扣。

FEMA 认为，CRS 保险折扣是鼓励积极参与 NFIP 社区实施防洪减灾的有效手段。例如，棕榈滩县应急管理分局官员指出，该县的 CRS 评级 6 级，可使全县所有 37 个司法管辖区的洪水保险投保人的保费减少 25%。纳帕市一位官员说，纳帕河防洪工程的目标之一是将纳帕市的 CRS 评级从 7 级提高到 5 级，这种变化将增加洪水保险保费折扣 10%。虽然可享受这些折扣，但加入 NFIP 的社区只有不到 5% 参与 CRS 项目。此外，全国的 CRS 分类为 1 到 4 级的分别只有一个社区。这四个社区中，加州 Roseville 有一个 1 级评级社区，同时也是美国洪水保险计划中享受最大保费折扣（45%）资格的唯一社区。

州和社区也可为业主提供保险费折扣机会，通过参与建筑规范效果等级表（Building Code Effectiveness Grading Schedule BCEGS™）项目，这一计划由 ISO 开发。通过这一项目对社区进行综合评估，评估内容主要包括：社区建筑规范的采用、对规范的修订以及规范执行的效果。BCEGS™项目特别强调减少自然灾害造成的损失，尤其是飓风、龙卷风和地震造成的损失。一旦社区收到 BCEGS™分类评估结果后，可提供给保险公司。保险公司可以选择使用这些信息来为在这些社区生活的业主提供保险折扣。但是，目前这一制度的有效性和广泛性还需进一步加强。

私营保险公司的运营中也有利用保险费折扣推动减灾管理的例子。在佛罗里达州，私人保险公司根据法律要求，对含有减少风灾建筑结构提供保险折扣。在加利福尼亚州，州法律规定，对私人资助的但由公共部门管理的加州地震局（CEA）对 1979 年以前建成并满足其他规定的房屋加固要提供 5% 的保险折扣。根据 CEA 提供的资料，只有约 12% 的加州居民购买了地震保险。CEA 减灾计划协调员指出，目前尚不清楚保险费优惠在鼓励业主进行地震减灾活动方面起到多大程度的作用。因为保费折扣的效果，基本已经被私营保险市场的费率上升所抵消。例如，根据佛罗里达州金融服务委员会统计，仅佛罗里达州最大的私人保险公司的保险费率在2006 年就比上年增加了 66%。

4.4.4 洪水风险地图

FEMA 在全国范围内识别洪水灾害风险状况，并编制洪水风险地图（FIRMs）。洪水风险地图呈现洪水海拔基线、保险风险区域以及洪泛区边界等重要信息。洪水风险地图上风险等级最高的区域被称为特别洪灾区域（SFHAs），该区域被定义为每年有 1% 的概率发生洪灾，或者叫百年一遇洪灾区。SFHA 中又可划分为 A 和 V 两个区域。A 区一般紧邻江河湖等陆地水系，容易遭受内陆洪涝；而 V 区则为海滨地带，极易遭受海潮袭击。该这两类地区洪灾风险极高，因此一般被要求严格按照洪灾管理法规进行设计建筑和管理，并且是 NFIP 项目强制要求保险的区域。除此而外，其他中低风险区域被命名为 X 区，该地区较少受到洪灾威胁，因此 X 区的建筑不会被强制投保洪水保险。这样，这些地区的财产就可以选择通过私营保险公司的洪水保单进行保障。表 4.3 是有关美国洪水风险地图中风险区域划分的大致分布情况。

表 4.3　风险区域划分及其样本比例

主区域	子区域	描　述	全风险保单比例
V 区		在百年一遇海滨洪水区面临至少 3 英尺高的海浪（风险最高）	
	VE	用精确方法进行地图绘制	1.30%
	V	用近似方法进行地图绘制	*
	V 区总比例		1.30%
A 区		其他海滨和内陆的百年一遇洪水区（风险较高）	
	AE	用精确方法进行地图绘制	37%
	A	用近似方法进行地图绘制	2.20%
	AO，AH	浅灌地带	10.60%
	A 区总比例		50.00%
X 区	百年一遇洪水区以外的地区；属于风险中等偏低地带		48.80%

来源：美国国会预算局（OMB）根据 Thomas L. Hayes and D. Andrew Neal 提供给 FEMA 的精算报告测算的结果。August 2009，p. 35.

洪水风险地图需要进行不断地重新评估和及时更新。1994 年的洪水保险法案要求 FEMA 以至少 5 年一次的频率更新洪水灾害地图。

4.5 NFIP 对我国建立洪水保险制度的启示

从上面的分析可以看出，政府主导下的 NFIP 运行和私营保险有几个重要区别：第一，NFIP 不能像私营保险那样，根据投保人的风险状况来选择标的，拒绝承保。因此，NFIP 事实上可能存在严重的逆向选择。比如那些发生多次洪灾索赔的建筑，NFIP 事实上无法拒保。第二，NFIP 的费率调整受到法律的严格限制，其保险费率不能充分反映实际的洪水风险，从而不能像私营保险人那样可以根据风险状况来做出及时调整，这在客观上也加大了承保风险。第三，NFIP 不能通过再保险转移部分风险。因为 NFIP 事实上是个政府“兜底”的制度设计，无法在现有框架下实现风险分层，从而无法利用再保险在更大范围分摊风险的优势。第四，NFIP 的运营建立在现金流基础上，不存在资本盈余；而私营保险则建立在永续经营假设下，可以有盈余。相较而言，私营保险具有更强的自我修复能力和生存能力。

从美国洪水保险制度长达 42 年历程的经验和教训中，我们可以得到一些有益的启示。

第一，洪水保险的立法是推动洪水保险的制度基础。从 1936 年以来，美国洪水保险法律的调整一方面受到洪灾风险事件的推动，另一方面也一直是推动洪水保险制度改革深入进行的主要力量。我国目前有《防洪法》、《防震减灾法》等有关洪水管理的法律。但是对洪水保险仍无法制加以推动，这和美国、英国、法国、日本等国家相去甚远。

第二，目前阶段来看，政府主导的洪水保险模式是中国洪水保险制度的必然选择。首先是因为私营保险发展还比较落后，在洪水等巨灾风险的处理方面还缺乏经验、技术和先进理念。其次，我国国土辽阔，风险差异巨大，面临的逆选择问题更为严重，市场化方式难以推行。最后，民众保险意识较差，尤其对洪水等巨灾的认识不足，对政府依赖较强，不愿意投保洪灾保险，这将极大地限制私营保险的投保率。因此，在政府主导下开办洪水保险是我国洪水保险发展的必由之路。

第三，洪灾风险管理应作为洪水保险的重要配套制度。洪水保险的确可以补偿事后损失，然而，如果没有相应的洪灾风险管理措施，洪水保险也就仅仅是简单的转移支付而已。美国的 NFIP 之所以被全世界认为是成功的经验，最核心的一点，就是建立了相应的洪水风险管理制度。比如，CRS 风险评级制、NFIP 协议社区的减灾义务等措施。这些措施的普遍实施，不但保证了 NFIP 大体上能够实现收支平衡，而且能够实现全国范围的减灾目标。

第四，重视对 NFIP 的监管和洪水风险的评估技术是 NFIP 良性运行的重要保障。在政府主导下建立洪水保险制度，最受非议的地方就在于政府保险很难像私营保险那样对风险进行准确定价和讨价还价。GAO 几乎每年要向国会提交 NFIP 的运行情况报告，指出存在的问题，不断完善 NFIP 制度。FEMA 还通过对全国的社区进行普遍的洪水风险评估，绘制出了相对细致准确的洪灾风险地图（FIRMs），并结合建筑的地理位置、材质、构造、用途等因素来确定保险费率，这在一定程度上促进了洪灾风险的定价体系，降低了政府的无谓负担，减少了逆选择和道德风险的可能，维护了洪水保险计划的财务平衡。

第五，充分利用私营商业保险公司的营销网络、专业技术和服务。NFIP 不但充分发挥了政府机构在政策供给、资源调配、风险承担上的优势，而且通过合作协议的方式争取私营保险公司参与 NFIP，不承担洪灾赔付风险，只利用其成熟的销售网络和服务体系、专业技能完成销售、评估、核损、理赔等外围工作。当然，私营保险公司在 NFIP 洪水保险的限额之外，还可以提供商业性的洪水保险。这种合作模式用彼之长补己之短，实现了双方的共赢格局。

【参考文献】

［1］郑功成．中国灾情论［M］．北京：中国劳动出版社，2009：11.

［2］张琳，邵月琴．我国洪水保险设立模式探讨［J］．保险、金融与经济周期 - 北大 CCISSR 论文集，2010：55 - 63.

［3］CPCU Society，Flood Insurance and Hurricane Katrina：Evaluation of the National Flood Insurance Program and Overview of the Proposed Solutions［J］. CPCU eJournal，Vol. 59 No. 9，September 2006.

［4］Erwann O Michel - Kerjan；Carolyn Kousky. COME RAIN OR SHINE：EVIDENCE ON FLOOD INSURANCE PURCHASES IN FLORIDA［J］. Journal of

Risk and Insurance; Jun 2010; 77, NO. 2, 369 – 397.

[5] GAO: Continued Actions Needed to Address Financial and Operational Issues [R] . GAO – 10 – 631T, Washington, D. C. , April 21, 2010.

[6] GAO: Financial Management: Improvements Needed in National Flood Insurance Program' s Financial Controls and Oversight [R] . GAO – 10 – 66. Washington, D. C. : December 22, 2009.

[7] GAO: Flood Insurance: Opportunities Exist to Improve Oversight of the WYO Program [R] . GAO – 09 – 455. Washington, D. C. : August 21, 2009.

[8] GAO: Results – Oriented Management: Strengthening Key Practices at FEMA and Interior Could Promote Greater Use of Performance Information [R]. GAO – 09 – 676. Washington, D. C. : August 17, 2009.

[9] GAO: Information on Proposed Changes to the National Flood Insurance Program. GAO – 09 – 420R. Washington, D. C. : February 27, 2009.

[10] GAO: High – Risk Series: An Update [R] . GAO – 09 – 271. Washington, D. C. : January 2009.

[11] GAO: Flood Insurance: Options for Addressing the Financial Impact of Subsidized Premium Rates on the National Flood Insurance Program [R] . GAO – 09 – 20. Washington, D. C. : November 14, 2008.

[12] GAO: Flood Insurance: FEMA' s Rate – Setting Process Warrants Attention [R] . GAO – 09 – 12. Washington, D. C. : October 31, 2008.

[13] GAO: National Flood Insurance Program: Financial Challenges Underscore Need for Improved Oversight of Mitigation Programs and Key Contracts [R] . GAO – 08 – 437. . : June 16, 2008.

[14] Thomas L. Hayes, D. Andrew Neal: NFIP Actuarial Rate Review [R]. Washington, D. C, October 1, 2009.

（本文作者：吴洪　华金秋）

Government Operated Flood Insurance: Exploration and Inspiration from NFIP

【Abstract】 Flood is one of the most destructive natural disasters in China. Otherwise, flood insurance system has not been set up by far. In this paper, we collect the most recently released papers, reports and data material, make some exploration on the U. S. National Flood Insurance Program with the topics of legislation, operation, model and problems and so on. We conclude the paper with some suggestion and inspiration to application of flood insurance in China.

【Key words】 Flood Insurance; Government Operated Model; NFIP

5

我国慈善机构善款管理面临的挑战与对策

【摘要】慈善事业是社会发展的“润滑剂”，它在扶危救困、平衡收入分配差距、维护社会公平正义方面有着举足轻重的作用。然而，2011 年出现的“郭美美事件”将中国红十字会等慈善机构推到了舆论的风口浪尖。由此表明当前慈善机构的善款在管理方式、信息披露、组织运作和监督等方面仍存在很多不足。因此，慈善机构应公开慈善活动信息，透明化运作，强化制度监督，才能获得公众的信任和支持，从而适应全社会对慈善事业发展的要求。

【关键词】“郭美美事件”；慈善机构；信息公开；透明化；监督；信任

5.1 微博引发的蝴蝶效应

2011 年 6 月 20 日，新浪微博上一个名叫“郭美美 Baby”的女孩的炫富行为和她的“中国红十字会商业总经理”头衔，引起网友的广泛评论、搜索和探究。特别是博主郭美美在微博上的身份“中国红十字会商业总经理”的头衔，引起了社会公众对中国红十字会的广泛质疑。该事件瞬间将中国红十字会推到了舆论的风口浪尖。郭美美事件之后，几乎引发全民对慈善机构的信任危机。在一片质疑声中，中国慈善事业举步维艰。捐资助人的义举本应深入人心，成为社会共识和不可亵渎的美德。但当这种美德遭到利用、亵渎或歪曲的时候，公众的极度愤怒极易引发铺天盖地的口诛笔伐，进而使慈善机构失去公众的信任和支持。在这些事件中，人们最先的质疑是“我们捐的钱到哪儿去了”，进而，“我们热心捐赠的对象是否真正得到了救助”。这些疑问在慈善机构接受的善款流向公开透明度不够的背景下，特别是在没有合理解释的情况下，公众的愤怒与谴责再一次爆发：慈善机构接受善款的背后，到底哪些人才是真正的获利者？还有多少个“郭美美”未浮出水面？那些打着“慈善”招牌的公益活动，是否已经或正在成为某些组织与个人让渡利益的渠道与工具？这些事件不仅影响中国红十字会等慈善机构的募捐和公信力，也对其他慈善活动带来了很大的负面影响。

5.2 我国慈善机构面临的挑战

5.2.1 慈善机构行政化色彩浓厚

在我国，政府很多时候包办慈善事业，尤其是在面临大规模的自然灾难时，政府往往通过行政的方式完成慈善活动。事实上，慈善事业应该由民间力量来完成，政府帮助弱势群体应该通过第二次分配，例如税收等完成。政府的慈善活动在很多时候成为一种强制行为，这有违慈善的本意。另外，政府的慈善活动消耗人力和物力成本不菲，这些可能会加重纳税人的负担。2010 年 3 月的玉树抗震救灾一个多月后，国务院立即下文（16 号文件）规定："中央有关部门及红十字会、慈善总会捐赠的资金，要直接拨付到青海省，连同青海省接受的捐赠资金，统一纳入灾后恢复重建规划，由青海省统筹安排用于恢复重建"。2010 年 7 月初，财政部等五部委发出的《青海玉树地震抗震救灾捐赠资金管理使用实施办法》中，要求 13 个全国性基金会要将玉树抗震受捐资金拨付到青海省民政厅、红十字会、慈善总会任一账户。汶川抗震中也曾出现过类似状况，各地的民间捐款被要求统统上交当地政府部门统筹。

不可否认的是，中国政府的社会动员能力是世界第一。无论做什么事情，只有中国政府能够在最短的时间集中最大的资源，这就是被中国和世界称作"集中力量办大事"的"举国体制"。更进一步，只要办大事必须将力量集中到政府手中——政府集权才能办大事。事实是否确实如此？救灾的资金和物资无论出自政府的袋子，还是出自民间群众的袋子，它们都是紧密地联系在一起的。政府想全部包下来，认为这样做就集中了分散在民间的慈善财产和资源，就解决了资源总量不足和使用效率低的问题。事实上，无须分析这样做的效果是否能达到预想的目标，而是看一看产生的直接后果——让政府背上了所有的政治责任，有时公众还不认同政府的好意。

5.2.2 忽略草根 NGO（非政府组织）的作用

我国对民间组织实行严格的"双重管理体制"，民间组织的注册要找到业务主管单位。门槛过高，虽然有效控制了过度增长，但很多民间组织因找不到业务主管单位而无法注册，被迫选择工商登记甚至不登记。登记注册难限制了很多民间慈善机构的成立和发展。此外，即使有些民间组织得以正式注册，很多民间组织也无法获得捐赠税前扣除资格，或者只能部分扣除。2012年，全国只有20多家有着官方色彩的慈善公益机构获得了税前捐赠全额扣除的优惠政策。而捐向其他机构的善款，至多也只能享受年度利润总额12%或10%以内的扣除优惠。在这种明显不对称的管制政策之下，2009年，民政部、中国红十字会总会、中华慈善总会以及全国性公募基金会共接收社会捐赠197.68亿元，占到了全国接收捐赠总额的61.22%。而数量庞大的众多民间组织，只是和众多地方机构瓜分剩余的一小块蛋糕。

5.2.3 慈善机构信息披露不充分，运作不透明

2010年11月上海静安区公寓大火事故发生后，社会各界共捐款4 480万元。但一些受灾者表示，大火事故过去近一年，只有约420万元发放到受灾者手中。以21名受灾者为代表的维权者，已委托律师追究其他善款的去向（见 http：//news.sina.com.cn/c/2011－09－06/071623111356.shtml）。人们不禁发问，受灾者为何要通过媒体搜寻零散数据，来了解他们想要了解的事实？这一现象只能说明他们了解情况的渠道非常有限。收到了多少捐款，用到了哪里，用了多少，慈善机构不会告知。就算有人主动去问询，相关人士或搪塞，或“踢皮球”，就是不告诉你。把善款用到该用的地方，是捐助人的愿望，而尊重捐助人的愿望，是善款使用的最大原则。在善款管理方面出现一点“污垢”，污染面会被极大放大。慈善机构主动、及时、全面地公开善款使用情况，自证清白，这比任何方式能保持和激励社会爱心。然而，时下中国的慈善机构自证清白的主动性不够。按理，慈善机构应主动联系媒体，依托媒体建立与公众沟通的桥梁。然而，事实并非如此，媒体想获得信息，却需要扮演间谍、警察等多种角色。慈善机构缺乏自证清白的自觉性，这是中国慈善事业发展的一大绊脚石。慈善机构肩负发展和繁荣慈善事业的重任，如果不带头尊重慈善事业，不珍惜和保护社会的爱心，中国的慈善土壤是很难肥沃起来的。

5.2.4 捐赠者保护善款的意识缺乏

捐款行为是一种善行，中国人一向有做好事不留名的美德，为此，许多

人做好事往往只是做，而把留名当成作秀行为，嗤之以鼻。例如，大多数捐赠者将善款交给慈善机构后，就算完事，对其善款的后续使用情况不加跟踪。但是，这种传统美德同时给一些部门和人员提供了违法乱纪的机会。公益慈善的发展不仅要靠加强法制监管，更需要捐赠者的自觉维权。正如德国法学家耶林所言，“为权利而斗争，是对自己的义务，更是对社会的责任。”同样，捐赠者拿起法律的武器维护自己的权利，不仅是对自己负责，更是对公益慈善事业发展的责任。

5.2.5 对慈善机构有效的监督缺乏

目前我国社会慈善机构的发展参差不齐，其内部管理也是良莠不齐。我国有些慈善机构内部没有有效的组织结构，导致慈善机构运行不畅，无法进行高效的治理和监督。缺乏有效的监督，容易产生慈善机构对捐款贪污、挪用等恶性事件。虽然我国政府正在积极建立有关慈善机构登记管理方面较为完善的法律制度体系，但是这些制度中的一些规定确实阻碍了慈善事业进步的脚步。慈善社团登记注册合法化所必须经历的复杂的审批程序和挂靠制度，使大量公民自发组织的慈善团体不具备合法身份，不具有向社会募集资金的合法权利。各种法规和制度之间以及实施主体之间经常出现的不协调，以及对于慈善机构财务规范的缺失，使慈善机构在运行中缺乏可供操作的法律依据，给慈善机构的运作带来许多困难。

5.3 改善慈善机构现状的建议

5.3.1 政府和草根 NGO 密切合作

政府在慈善事业中不应扮演主角，慈善事业是社会民间的公益事业，必须坚持民间力量独立自主发展的原则。坚持慈善事业源于民间，大力发展民间慈善团体，与官方、半官方化的慈善团体形成良性的合作和竞争关系，这是慈善事业健康发展的内在要求。如果政府的权力过多地渗透到慈善机构的运作中，会影响慈善机构工作的积极性。政府直接介入慈善事业，不但会加重政府的财政负担，有时还不能得到公众的理解。当然，政府可以发挥在慈善事业发展中的支持、鼓励和引导作用，制定慈善政策法规，为慈善事业的发展创造良好的制度环境，并依法开展对慈善机构的监督管理，规范募捐行为和捐赠款物的使用，维护慈善机构和捐赠人、受益人的合法权益。

2011 年，有两项慈善活动特别醒目。它们的共同特点是由民间发起，继而得到国家的响应。一个是由著名记者王克勤与中华社会救助基金会联合发起的“大爱清尘——寻救尘肺农民工大行动”，旨在寻找与救助家庭困难的尘肺病农民工患者及其家庭。另一个是由著名记者邓飞等联合中国社会福利教育基金会发起的“免费午餐”公益项目，该项目倡议每天捐赠 3 元为贫困地区学童提供免费午餐。舆论普遍认为，在如此短的时间内，取得如此大规模的政府回应，是一次民间探索引领的国家行动，应当成为民间与政府良性互动的范例。“媒体会把一些需要救助的对象和救助项目挖掘出来，然后传递给政府，这个作用是无可非议的。”当媒体宣传的重点成为社会的焦点，成为政府的关注点，才能起到政府呼应的作用，才能起到政策支持和推动的作用。

5.3.2　尊重捐赠人的意愿，确保慈善资金的公开透明

对捐款人透明，遵从捐款人的意志，对捐款人负责是现代公益慈善业的基石。不论钱多钱少，都是捐赠者一片爱心的付出，都是对慈善事业的大力支持。慈善机构要认真对待每一笔捐款，用好每一笔资金。特别是对数目较大的定向捐赠资金，要结合本地实际，事先做好预算，仔细规划。慈善事业要建立在“透明的玻璃口袋”上，这是慈善事业发展的根本所在，也是慈善事业取信于民的重要保证。这就要求慈善机构必须提高运作的透明度，特别在慈善资金的使用上更要如此。

5.3.3　建章立制，确保慈善资金规范使用

健全慈善机构的财务制度，加强预决算管理，是提高慈善资金使用效率的一个重要举措。因此在制订预算时，必须群策群力，在调查研究的基础上，集中讨论，有计划地分配资金。要坚持“实事求是、确保重点、统筹兼顾”的原则，把救助资金投向最贫困群体，努力节约每一分资金，真正做到“救到急处、救到难处、救到实处”。在决算时，要摸清底数，对慈善资金运行情况进行全面清账、查库，核实资产，发现问题及时处理，并如实调整账目。核实收支，对全年的各项收入和支出，严格按规定进行全面的查对核实。慈善活动结束后，慈善机构应及时提供报告，将财务预决算结果如实向理事会

成员（或公众）报告，并经理事会代表会议讨论通过。

5.3.4 明确问责制度

俗话说，无规矩，不成方圆。如果没有问责机制，一切规章制度都是形同虚设。2011 年 11 月，民政部正式向社会发布《公益慈善捐助信息公开指引》。但《公益慈善捐助信息披露指引》主要是引导性的，并非强制。这不免让人心生不安：一些慈善机构会不会将所谓的指引束之高阁，阳奉阴违，从而使慈善信息透明成为镜中花、水中月？要避免这一现象的发生，就需要明确问责机制。福耀玻璃创始人曹德旺与中国扶贫基金会签下的中国慈善事业史上的“问责第一单”——曹德旺同意捐赠 2 亿元，但要求检查善款的使用情况，如果善款没按要求使用，中国扶贫基金会应做出相应的赔偿。事实证明，“明确问责”起到了很好的监督作用，可以监督慈善机构有效、合理地使用善款。

5.3.5 细化披露制度，建立良性互动

目前的披露制度过于粗线条，例如何为“重大事件捐助”，捐赠款物拨付和使用信息需要公布到何种程度，都没有明确的说明。2011 年 8 月，红十字会公布数十万笔青海玉树地震灾区捐款，招来“善款使用情况过简”等五大质疑。“个人捐款 10 万元以上方可查询使用情况”更是被众多网友指责为“嫌贫爱富”。因此，慈善信息限时披露的规定必须细化再细化，避免给慈善机构留下太多的自由裁量空间，口惠而实不至。慈善信息披露，不能单纯成为慈善机构的“传声筒”，而应真正扮演起“双声道”的角色，搭建起与公众互动交流的平台，充分满足公众的知情权、表达权、监督权。慈善机构缺乏公开透明的动力，唯有群众的压力会推动慈善信息披露大步前行。因此，有必要将“搭建信息反馈平台，及时回应公众质疑”写入规定，切实让公众满意成为慈善信息披露的标准。

5.3.6 强化对慈善机构的财务监督

（1）加强政府监管。政府应成立专门的监督管理和规范慈善机构行为的“慈善监督委员会”，对慈善机构进行监督和管理。

（2）发挥媒体的作用。媒体是公众获取信息的主要渠道，具有导向和

威慑作用。应通过媒体让公众对公益慈善机构行使知情权、监督权与表达权。

（3）强化社会监督。应将社会监督作为建立健全慈善监督机制中至关重要的部分，这包括捐赠者与公众的监督，每个公民都有对捐款使用情况的知情权。

（4）建立第三方评估制度。由具有合法资质公信度好的中立第三方（如会计师事务所），对慈善机构定期进行资质、财务状况、信用等级评估并予以公布审计报告，使各慈善机构对捐款的使用去向保持高度透明。美国红十字会在这些方面的工作较细，我国可以借鉴其经验。在美国红十字会网站上，最醒目的一栏是 GOVERNENCE（治理），公开了长达近 40 页开支明细的财务和审计报告，已更新至 2011 年的链接见 http：//www. redcross. org/portal/site/en/menuitem. d8aaecf214c576bf971e4cfe43181aa0/？ vgnextoid = d18859f392ce8110-VgnVCM10000030f3870aRCRD&vgnextfmt = default）。

（5）强化慈善机构内部的监督。慈善机构内部应制定严格的章程，对机构的运行以及善款的拨付、预算和核算等有一套严格的程序，以便向公众公开善款去向。

5.4 结论

总之，处于社会主义市场经济体制下的慈善事业在管理方面虽然还存在着很多不足，但我们对慈善事业的发展前景充满信心。正如中华慈善救助基金会秘书长叶正新认为，“危机事件促进了中国慈善事业的发展，为慈善机构的规划化管理、透明化运作以及公信力的提高提供了一个契机”。相信经历这些事件后，中国慈善事业会逐步走向成熟，并重塑社会公信力。

【参考文献】

［1］廉颖婷、张有义．中国慈善立法争议中提速——民间慈善事业法制环境有望改善［N］．法制早报，2010－09－22.

［2］郑播德．从中西方数字落差看我国内地慈善事业的发展现状［EB/OL］．http：//www. douban. com/group/topic/12122996/，2010－06－21.

［3］何兰萍．从慈善纠纷看我国慈善事业制度化的方向［J］．学习与实

践，2005（4）：109.

［4］王俊秋．中国慈善与救济［M］．北京：中国社会科学出版社，2008.

［5］王劲颖．坚持税收公平原则推进中国慈善事业［J］．山西财政税务专科学校学报，2005（5）：17.

［6］郑功成．中国慈善事业的发展与需要努力的方向［J］．学海，2007（3）：63.

［7］孙为新．我国慈善事业发展模式中的政府定位［J］．内蒙古农业大学学报（社会科学版），2007（1）：172.

［8］倪国爱、程昔武．非营利组织信息披露机制的理论框架研究［J］．会计之友，2009（4）．

［9］颜克强、陈晓春．非营利组织信息披露机制的理论框架研究［J］．华东经济管理，2010（12）．

［10］中民慈善捐助信息中心．2010年度中国慈善透明报告［R］．

［11］张立民、李晗．非营利组织信息披露与审计——基于汶川地震中16家全国性基金会的案例研究［J］．审计与经济研究，2011（5）．

［12］http：//news. qq. com/a/20110826/000140. htm.

（本文作者：华金秋　白改侠）

Challenges and Countermeasures of Charity Donations Management in China—From the "Guo Meimei Incident"

【Abstract】 Philanthropy is the "lubricant" of social development, it plays an important role in helping those in need, balancing income distribution gap and safeguarding social fairness and justice. However, the "Guo Meimei incident" pushed the Red Cross Society of China and other charities to the forefront of public opinion in 2011. This shows that there are still many problems of the current charity donations in the management style, information disclosure, organization operation and supervision etc.. Therefore, Charities should public charitable activities information, transparent operation, strengthen the system of supervision, to get the public's trust and support, to adapt to the demands of the development of the whole society to charity.

【Key words】 The "Guo Meimei Incident"; Charity; Public The Information; Transparent; Supervision; Trust

6

新《慈善法》对救灾资金筹集、管理与运用的影响

【摘要】随着新《慈善法》的出台，我国慈善法律体系不断完善，对慈善事业的研究也不断深入，新《慈善法》对救灾资金的筹集、管理与运用造成了一定的影响，同时也有一些有待改进之处。本文分析了新《慈善法》对救灾资金筹集、管理与运用的影响，并提出了一些建议和意见。

【关键词】新《慈善法》；救灾资金；影响

6.1 引言

6.1.1 新《慈善法》出台背景

作为中国慈善事业建设的第一部基础性和综合性的法律，从2005年民政部将慈善法立项至今，已经历时十年有余。最早的慈善立法历程可追溯至2005年。2005年9月，民政部正式向全国人大和国务院提出起草慈善事业促进法的立法建议。法律名称最开始定的是慈善事业促进法，后改为慈善事业法，经过反复讨论，最后起草组听取了业内专业人士的建议，将名称改为“慈善法”，以更好地体现该法作为慈善领域综合法、基础法的地位。1994年，中华慈善总会成立，这是“慈善”二字首次出现在全国性社会组织的机构名称中。第一部慈善方面的法规——《公益事业捐赠法》也在20世纪90年代得以出台。当时我国慈善捐赠的主要来源是海外的华人华侨。“以往慈善事业的发展主要依靠几部条例和部门规章，法律位阶低，”清华大学公益慈善研究院副院长邓国胜（2016）认为，“我国急需出台一部能更好保护捐赠人、慈善组织和受益人权益的法律。慈善不仅仅是扶危济困，科教文卫、环保等领域都属于慈善的范畴，草案将这些都纳入了慈善的定义。这就是我们说的‘大慈善’”。据了解，2008年以来，共有全国人大代表800多人次提出制定慈善法的议案27件、建议29件。两会新闻发言人傅莹在接受媒体采访时说：“我们需要有这么一部法律，构建一个更加规范的环境，让捐赠者能够得到更好的保障，能够得到尊重，让求助的人能够有章可循，尤其是让欺诈行为受到惩处，能够让社会主义核心价值观得到更好弘扬。”这表明了新《慈善法》出台的必要性和紧迫性。2016年3月16日，《慈善法（草案）》在第十二届全国人民代表大会第四次会议闭幕会上表决通过，《中华人民共和国慈善法》自2016年9月1日起施行，法律还规定每年9月5日为“中华慈善日”。

6.1.2 新《慈善法》研究现状

国外对慈善事业的研究已经比较深入和多样，慈善事业在美国蓬勃发展。税收政策作为美国慈善事业发展的有力杠杆，其巨大的推动作用主要表现在设计了优良的税收优惠政策，制定了高额的遗产税和赠与税，选择了便捷的捐赠免税程序，获得了政府的“明贴暗补”。而我国关于国外慈善事业的研究始于20世纪80年代中期，当时学界研究集中于英国、德国、瑞典等欧洲高福利国家，并出版了一批学术著作，专门介绍欧洲国家社会保障制度。其中涉及慈善事业，因此可视为早期的国外慈善事业研究。20世纪90年代以来，随着我国社会主义市场经济体制的逐步确立和国内慈善事业的发展，学界开始关注美国的现代慈善事业，对国外慈善事业的研究也逐步展开，一批相关内容的译著、论文相继推出。郑功成指出，“目前，我国尚无规范慈善组织的实体内容的法律法规，包括对慈善组织的性质定位、慈善事业运行的政策规范、监督机制机构组成等方面，即使已颁布的法律法规和政策，往往也缺乏具体可操作的配套政策而难以真正落实”。[2]他还指出，“现行的《中华人民共和国捐赠法》只解决了捐赠行为的定性问题，并不能解决慈善事业发展的诸多现实问题。”[2]在慈善活动尚未普及化、大众化的情形下，现实还不时爆发出失范问题，如义演不义、爱心官司不断的事例时有发生，大众传媒等非慈善机构擅自发动募捐的现象更是普遍，这些问题的存在其实对正常、健康的慈善事业的发展是有损害的。因此，尽快制定和完善我国的慈善法制不仅具有必要性，而且具有紧迫性。

6.2 新《慈善法》对救灾资金筹集的影响

6.2.1 明确了救灾资金属于慈善活动范围

《中华人民共和国慈善法》（以下简称《慈善法》）的出台，明确了救助自然灾害、事故灾难和公共卫生事件等属于慈善活动的范畴。因此，以捐赠财产、提供服务等开展的救助自然灾害的公益活动，受到《慈善法》的规范。

《慈善法》的突破创新，为灾害预防、应对处置和灾后恢复重建，拓展了新的空间。这使得救灾资金的筹集渠道更加多样和合法化。在《慈善法》出台之前，我国的救灾捐赠并非无法可依，1999 年的《合同法》第 186 条、第 188 条就有关于救灾方面赠与合同的特殊规范，同年出台的《公益事业捐赠法》更是将“救助灾害、救济贫困、扶助残疾人等困难的社会群体和个人的活动”作为该法规范的公益事业，并有数处的专门性规范。民政部先后于 2000 年、2008 年出台《救灾捐赠管理暂行办法》《救灾捐赠管理办法》，以及相关的配套法规、文件。救灾捐赠的法律规范，已经初现成效。但上述法律并非完美，《合同法》对慈善救灾捐赠只能作为其例外而存在；《公益事业捐赠法》部分内容不能适应新时期的慈善救灾活动，其内容也不够完整；民政部等部门的规章文件法律位阶较低，其内容分散、碎片化。立法的不足在实践中被进一步放大。比如，在某些重大灾害的捐赠动员实施中，一度出现有政府机关为提高活动实效，定指标、下任务，甚至直接划拨职工工资充当捐款的现象。在此背景下，新《慈善法》的通过，对于救灾慈善公益事业的健康持续发展，具有基础性、支架性功能。

6.2.2 慈善组织公募权的逐步放开有利于救灾资金的筹集

对于慈善组织来讲，《慈善法》最大的受益者是草根非政府组织（NGO）。首先，个人申请成立慈善组织已不存在障碍，登记注册慈善组织不需要再找业务主管部门。其次，公募权也开放了，登记为类似于民非这样服务型的慈善组织，经过两年的合规运行就可以申请公募权。《慈善法》将原审议稿中慈善组织需要经过两年才能获得公募资格的条文删除。公募基金会有一个行政管理经费 10% 的限制，而草根 NGO 是从事慈善服务的，其支出可能就是人工费用和办公经费，整个开支都可以用作机构运行。以往，一些草根组织为获得合法身份，申请登记为基金会，我们称之为“NGO 型基金会”。现在因为管理费用限制，它们或许会重新选择成为非基金会的慈善组织。因此，《慈善法》对草根组织的发展极为有利，其禁止行政派捐。“发生重大自然灾害、事故灾难和公共卫生事件等突发事件，需要迅速开展救助时，有关人民政府应当建立协调机制，提供需求信息，及时有序引导开展募捐和救助活动。向单位或者个人摊派或者变相摊派的，由民政部门予以警告、责令停止募捐活动，还有可能被处以二万元以上二十万元以下的罚款。”也就是说，以权谋捐将会受到法律制约。以往，发生重大自然灾害时，政府直接募捐，这会导致救灾资金的筹集的程序复杂与滞后，《慈善法》规定，“有关人民政府应当建立协调机制，提供供求信息，有序引导开展募捐和救助活动。”可见，政府的角色与权责因慈善法产生极大变化，从直接募捐到有序引导，对构建良好的慈善环境，意义不可低估。放开公募权是一个过程，公募资格的获得成为选择的过程。以前是政府选择是否给予社会组织公募资格，以后是慈善组织选择是否想要公募资格，所以说慈善组织公募权的逐步放开有利于救灾资金的筹集。

6.2.3 推动诚信捐赠，骗捐和诈捐将受到惩罚

实践中，骗捐和诈捐的现象并非罕见，这导致慈善项目无法正常推进，也妨碍到救助对象的正常生活。新《慈善法》规定：对于签订书面捐赠协议，或通过媒体公开承诺捐赠的，捐赠人拒不履行协议义务的，慈善组织、接受捐赠的人可以依法向人民法院申请支付令或提起诉讼。陈光标的高调慈善众所周知，2011 年 1 月初，陈光标通过媒体公布 2010 年捐款明细，明细显示，他为慈善和公益事业捐款总额超过 3 亿元。然而国内媒体报道称，陈光标多项承诺捐款未到位，不仅存在“捐款打折”的情况，一些被其宣称的受捐单位接受记者采访时，更是称并未收到捐款（来源：腾讯新闻 http://news.qq.com/a/20110424/000007.htm）。如今，网络诈捐也频频发生，原因除了行为人充分利用“网络身份虚拟”盲点之外，还因为他们熟谙网络文化、网络信息传播方式和最新的网络消费习惯，以及缺少法律的监管。行为人正是利用网络传播中及时性、突发性的特点，钻了网络监管的漏洞。在 2016 年的知乎网友诈捐事件中，行为人童某早在一年前即注册虚假账号，赚取粉丝数，成为平台的忠实成员。童某在平台中以喜闻乐见的励志故事博取他人信任和同情，最终通过操作不同账号进行诈骗。正是因为原先的慈善法对骗捐和诈捐没有相关规定也没有惩罚措施，导致了一部分人诺而不捐、诺而少捐甚至骗捐、诈捐的现象发生，而新《慈善法》的相关规定将推动诚信慈善的发展。

6.2.4 税收优惠有利于救灾资金的筹集

大多数国家都对慈善公益事业实行减免税收政策，例如美国税法规定慈

善组织和捐赠者都可以享受税收减免，而且美国的遗产税、利息税、所得税等政策，也推动人们把财富投入公益事业，加速积累公益资源。对此，《国务院关于促进慈善事业健康发展的指导意见》（国发〔2014〕61号）二（四）条款中有着详尽规定："落实企业和个人公益性捐赠所得税税前扣除政策，企业发生的公益性捐赠支出，在年度利润总额12%以内的部分，准予在计算应纳税所得额时扣除；个人公益性捐赠额未超过纳税义务人申报的应纳税所得额30%的部分，可以从其应纳税所得额中扣除。研究完善慈善组织企业所得税优惠政策，切实惠及符合条件的慈善组织。对境外向我国境内依法设立的组织无偿捐赠的直接用于慈善事业的物资，在有关法律及政策规定的范围内享受进口税收优惠。"新《慈善法》也规定"慈善组织及其取得的收入依法享受税收优惠。自然人、法人或者其他组织捐赠财产用于慈善活动的，依法享受税收优惠。"这些税收优惠的规定增加了企业和个人对慈善事业的关注，有利于救灾资金的筹集。

6.3 新《慈善法》对救灾资金管理的影响

6.3.1 年报及其公开制度使慈善信息更加透明化

新《慈善法》第十三条规定："慈善组织应当每年向其登记的民政部门报送年度工作报告和财务会计报告。报告应当包括年度开展募捐和接受捐赠情况、慈善财产的管理使用情况、慈善项目实施情况以及慈善组织工作人员的工资福利情况。"第七十二条规定："慈善组织应当向社会公开组织章程和决策、执行、监督机构成员信息以及国务院民政部门要求公开的其他信息。上述信息有重大变更的，慈善组织应当及时向社会公开。慈善组织应当每年向社会公开其年度工作报告和财务会计报告。具有公开募捐资格的慈善组织的财务会计报告须经审计。"很多时候，由于慈善信息的不透明化，使得救灾资金的去向不明。通过年报及其公开制度改革现行的年检，让慈善组织的信息公开取代年检。慈善法明确了"年度工作报告报送制度和公开制度"，包括两个环节：一是向登记管理机关报送，二是向社会公开，取消了政府行政性审批的环节。这使得慈善信息更加透明化，加强了对救灾资金的管理，也使得有关救灾资金的信息更加透明化。

6.3.2 行业监管和社会监管更加有力

促进慈善行为规范化，一靠自律，二靠严管。新《慈善法》第九十七条规定：“任何单位和个人发现慈善组织、慈善信托有违法行为的，可以向民政部门、其他有关部门或者慈善行业组织投诉、举报。民政部门、其他有关部门或者慈善行业组织接到投诉、举报后，应当及时调查处理。国家鼓励公众、媒体对慈善活动进行监督，对假借慈善名义或者假冒慈善组织骗取财产以及慈善组织、慈善信托的违法违规行为予以曝光，发挥舆论和社会监督作用。”明确规定了各自的法律责任。由于救灾资金也属于慈善法的范围，这也使得救灾资金的行业监管和社会监管更加有力，有利于救灾资金的管理。

6.4 新《慈善法》对救灾资金运用的影响

6.4.1 慈善信托成为社会参加防灾救灾的新选项

新《慈善法》第五章是关于慈善信托的规定，我国《信托法》虽有公益信托的规定，但公益信托一直没有被激活。其中，《信托法》及相关法规文件关于公益信托的管理机构不够明确、设立门槛过高、实施程序繁琐、税收优惠存在空白等因素，导致制度吸引力不高。《慈善法》的出台最终专章规定了慈善信托，设立慈善信托以达到灾害救助的宗旨，其制度障碍已不复存在，对于慈善救灾事业，必将提供新的发展增长点，慈善信托将成为社会参加防灾救灾的新选项。

6.4.2 慈善财产的运用更加灵活和规范

新《慈善法》第六章是关于慈善财产的规定，在《慈善法》出台前，一度有些政策文件对捐赠财产形态做出限制，将特定类型财产排除在外。如，2003 年财政部《关于加强企业对外捐赠财务管理的通知》曾规定企业持有的股权和债权不得用于对外捐赠。《慈善法》为鼓励支持慈善捐赠，并不对特定财产形态进行区别对待，各类财产都可用于慈善捐赠。《慈善法》还为各类财产形态的捐赠予以积极支持，保障企业可享受税收优惠和行政事业性费用免征等。第五十三条规定：“捐赠人捐赠的实物不易储存、运输或者难以直接用于慈善目的的，慈善组织可以依法拍卖或者变卖，所得收入扣除必要费用后，应当全部用于慈善目的。”这使得救灾资金的运用也更加灵活和规范。

6.5 新《慈善法》有待改进之处

6.5.1 慈善捐赠的税费减免和相关促进政策应出台相关细则

这次《慈善法》在完善税收优惠政策上，主要体现在三个方面：一是明确慈善组织、捐赠人、受益人依法享受税收优惠。二是为落实中央扶贫开发工作会议精神，明确国家对开展扶贫济困的慈善活动，实行特殊的优惠政策。三是明确了企业慈善捐赠结转制度。企业慈善捐赠支出超过法律规定的准予在计算企业所得税应纳税所得额时当年扣除的部分，允许以后三年内在计算应纳税所得额时扣除。但这些规定并不明确。以慈善组织的税收优惠为例，慈善组织收入多种多样，哪些收入应当免税，哪些收入应当合理减税，哪些收入还可能需要全额征税，《慈善法》虽然明确方向框架，但其最终落地，还需要在普惠化、常态化和便民化的理念指导下，通过税收法律制度的修订完善，加以明确。

6.5.2 可能面临清算难题

从形式看，按照《慈善法》第 50 条适用《信托法》第 71 条来处理慈善信托的清算问题似乎没有问题。但如果委托人考虑实际需要，没有设置信托监察人，则实际上就无法满足《信托法》第 71 条规定的“必须经过监察人认可的要求，从而无法完成清算，慈善信托无法合法终止。”其次，《信托法》第 71 条还要求，公益信托的清算要经过公益事业管理机构核准，否则不能完成清算。可是目前的问题是：《慈善法》第 45 条已经放弃了慈善信托设立需要公益事业管理机构事前审批的立场。新法的基本精神显然是要弱化公益事业管理机构对慈善信托从设立到终止整个过程的监管权力。那么在新设的慈善信托经过向民政部门备案运行一段时间后，是否仍然要经过民政部门核准后才能完成清算就成为一个重要的问题。为了防止出现上述困难，委托人可能在信托设立阶段就必须设置一个信托监察人，以确保在清算时可以得到监察人的认可。但如此处理等于变相废止了《慈善法》第 49 条，从而使新法的立法精神不能实现。若遵守《慈善法》第49条不设置信托监察人，则必然在清算环节出现困难，由此慈善信托的清算问题将处于左右为难的尴尬境地，这就需要新《慈善法》进一步完善。

6.5.3 微信捐赠问题的出现，应加强网络捐赠监管

随着网络的发展，微信捐赠的情况越来越多，然而罗一笑事件也暴露了微信捐赠的问题。2016年9月，儿童罗一笑被确诊为患白血病。同年11月底，罗一笑的父亲罗尔以一篇《罗一笑，你给我站住》的文章使得罗一笑的故事传遍了网络，数以万计的人通过各种方式进行捐赠，希望为这个悲伤的家庭送去温暖。2016年11月30日，剧情翻转，与作者罗尔同在深圳女报的知情人爆出真相，爆料罗尔家底深厚，此事背后营销人是小铜人（罗尔下属公司，出版界）。深圳市民政局曾发布通报称对“罗某笑事件”高度关注，并成立调查组调查相关情况。12月1日上午，罗尔及刘侠风发布一份“关于‘罗一笑事件’的联合声明”，称260余万捐款全额捐出，成立白血病患儿救助专项基金；1日下午4时左右，微信官方信息发布平台“微信派”发布说明称，将罗尔收到的260余万赞赏原路退回网友。新《慈善法》开始实施后，对慈善行为做出了明确的法律规定。民政部出台的相关细则，也做出了良好的制度设计。个人有求助需求的，可以向获得公开募捐资格的慈善组织申请求助，由慈善组织发起募捐；慈善组织在发布救助项目前，应核实项目信息的准确性和真实性，加强网络捐赠监管，在项目执行过程中应及时公布项目执行情况；公众有意愿捐款的，可以向获得公开募捐资格的慈善组织捐款。此次事件就是因为慈善组织发布救助项目前，没有认真核实项目信息的准确性和真实性，网络捐赠监管不力而导致的。因此应该加强网络捐赠的监管，为慈善活动创造良好的氛围和环境，保护广大爱心人士的慈善热情，保证爱心不被滥用，捐赠款项得到有效使用。如何保证网络募捐的安全性与真实性，新《慈善法》还应该出台相关细则规定。

6.6 总结

《慈善法》是一部慈善事业的基本法，系统规定了基本的慈善法律制度，在慈善组织的登记注册、慈善信托、信息公开、税收优惠等方面都进行了大

胆突破，对于支持慈善组织发展、提高全民慈善意识、促进慈善事业规范、健康发展具有重要意义。新《慈善法》的颁布出台，具有划时代的意义，是我国历史上第一部慈善法，对社会领域改革和社会治理创新都是非常重要的制度安排。无论是法律文本的条文和结构安排，还是立法过程，慈善法都是开门立法的范本。新《慈善法》对救灾资金的筹集、管理和运用也造成了一定的影响。虽然新《慈善法》还有一些有待改进之处，但随着法律的不断完善，我国的慈善事业会越来越好。

【参考文献】

[1]《中华人民共和国慈善法》(2016).

[2] 郑功成．论慈善事业 [J]．中国社会工作，1997 (3)：11－13.

[3] 栗燕杰．新时代的救灾捐赠：《慈善法》的突破创新与实施展望 [J]．中国减灾，2016 (11)：36－37.

[4] 和夏妮．新颁《慈善法》之我见 [J]．中国社会组织，2016 (7)：22－23.

[5] 王名．学习慈善法建构新体制 [J]．中国机构改革与管理，2016 (6)：21－25.

[6] 王名．慈善法将推进全新国家社会关系格局的建构 [J]．中国民政，2016 (13)：44－47.

[7] 奚琳．浅议我国新《慈善法》立法评析 [J]．法制博览，2016 (21).

[8] 李刚．学习慈善法开创新局面 [J]．中国民政，2016 (15)：40－40.

（本文作者：华金秋　刘露露）

Influence of New Charity Law on Disaster Relief Fund Raising, Management and Application

【Abstract】 With the promulgation of the new Charity Law, the legal system of charity has been improved and the research on philanthropy has been deepened. The new Charity Law has a certain impact on the fundraising, management and utilization of disaster relief funds. There are also some areas to be improved. This paper analyzes the impact of the new charity law on disaster relief fund raising, management and application, and puts forward some suggestions and opinions.

【Key words】 New Charity Law; Disaster Relief Fund; Influence

7

救灾资金的运用与促进灾区经济发展的研究

【摘要】 救灾资金是灾区进行灾后重建的保障。本文阐明了救灾资金运用与灾区经济发展的关系，并以汶川地震为例指出了以往救灾资金运用过程中存在的问题及其对灾区经济发展的影响，最后对如何合理运用救灾资金促进灾区经济良性发展提出了对策建议。

【关键词】 救灾资金；运用；灾区；经济发展

7.1 引言

灾难是社会生存中我们不愿遭受却又很难避免的一部分，最常见的灾难主要包括地质灾难、气象灾难、交通事故、工伤事故等。灾难一旦发生，就不可避免地要运用救灾资金对受灾地区或受灾人群进行救助，纵观世界各国的发展实践，救灾资金的主要来源如图 7.1 所示。

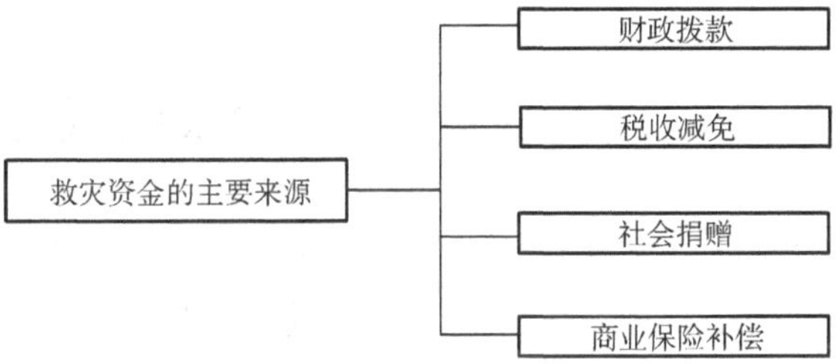

图 7.1 救灾资金的主要来源

在四种救灾资金的来源中，财政拨款属于最主要的形式。根据财政部的社会服务发展统计公告显示，相关部门每年下拨的中央救灾资金高达数十亿元甚至上百亿元。图 7.2 是 2010 年至 2015 年下拨中央救灾资金的金额。以 2015 年为例，全年各类自然灾害共造成全国 1.9 亿人次不同程度受灾，因灾死亡失踪 967 人，因灾直接经济损失 2 704.1 亿元。在这种情况下，国家减灾委、民政部共启动 20 次国家救灾应急响应，累计救助受灾群众 6 000 余万人次，向受灾省份累计下拨中央自然灾害生活补助资金高达 94.72 亿元。

这些金额巨大的救灾资金，不仅是抚慰灾区人民心灵的必需品，也是给灾区重燃希望的一剂良药。那么，如何正确并高效运用救灾资金，保障灾区群众的基本生活，促使灾区尽快恢复并发展经济是很重要的一个课题，值得

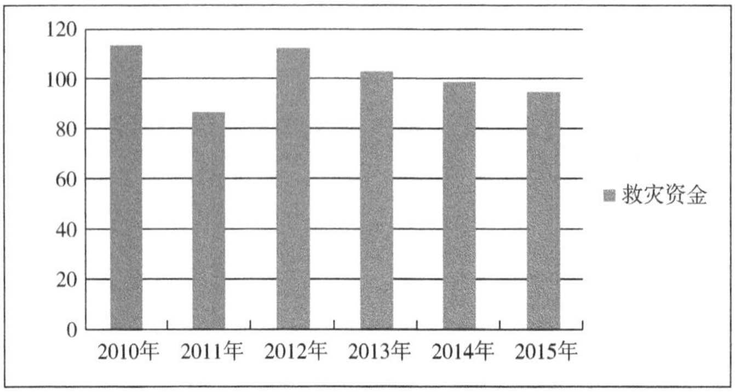

图 7.2　相关部门下拨中央救灾资金金额（单位：亿元）

资料来源：根据中华人民共和国民政部 2010～2015 年社会服务发展统计公报整理而成 http：//www. mca. gov. cn/article/sj/tjgb.

我们深入地进行研究。

7.2　救灾资金运用与灾区经济发展的关系

对于任何一个地区，不管它的经济有多发达，一旦遭受灾难，其经济一定会受到冲击甚至遭受重创，作为灾区的“救命钱”——救灾资金，其合理运用与否与灾区经济发展的关系就显得密不可分。

7.2.1　合理运用救灾资金有助于促进灾区经济发展

拉动经济增长的三驾马车是消费、投资和出口。对于灾区而言，合理运用救灾资金除了保障灾区群众的基本生活外，最主要的是促进灾区的消费和投资，以此来实现灾区经济的可持续发展。

解决灾区人民各方面的困难最重要的是保障其最基本的生活，如运用救灾资金保障灾区人民的衣、食、住、医。灾难发生后，灾区人民需求最紧迫的莫过于能穿暖、能吃饱、能住得安全、没有病痛困扰，所以救灾资金在第一时间应该用于保障灾区人民这些最基本的需要，保证其不被这些低层次但很紧迫的需求所击垮。只有运用救灾资金把这些最紧急的需求解决好了，才能为灾后重建奠定基础。

消费是社会再生产过程中的一个重要环节，也是恢复人们劳动力和劳动力再生产必不可少的条件。当前，消费已成为拉动中国经济增长“三驾马车”的一匹“千里马”，根据2016年3月的政府工作报告显示，2015年消费对经济增长的贡献率达66.4%。同时，2016年5月国家发改委也出台了“十大扩消费行动”，旨在积极发挥新消费引领作用。所以将救灾资金运用到促进灾区人民的消费上，无疑会带动灾区的经济增长，实现灾区经济的可持续发展。这就要求国家加大财政支出，运用救灾资金来增加对灾区的直接补贴，并切实加强其社会保障，以此消除灾区人民不乐观的预期消费心理，带动灾区消费。

投资是促进经济增长的主要动力，也是实现灾区更好发展前景的有效途径。一般情况下，投资量与经济增长成正比。将救灾资金运用到对灾区的投资建设上，不仅可以使灾区快速恢复灾难发生前的经济水平，甚至还可以带动灾区更快速的发展。例如，在2013年雅安地震后，国家电网在灾后三年内累计向雅安投入资金超过40亿元，使雅安电网应急保障能力大幅度增强，同时还带动了当地其他各个行业的快速发展。由此不难看出，将救灾资金运用到灾区各行各业的投资上，有利于使救灾资金发挥最直接、最有效的作用。

7.2.2 救灾资金运用不恰当不利于灾区经济发展

在救灾资金的运用过程中，若存在不恰当的方式，那不仅不会迅速改善灾区的灾后状况，还可能对灾区的经济发展带来不利影响。不恰当地运用救灾资金既是对资金提供者爱心的肆意践踏，也是一种对灾区群众不负责任的表现。这种做法不仅会使灾区群众的衣、食、住、医无法得到保障，同时灾区消费水平也会因此越来越低下，对灾区各行各业的投资更是会出现不足，那么灾区与其他地区的经济差距就会越来越大，对灾区进行救助的难度也会随之增加。

更为严重的是，若救灾资金得不到正确的运用，那么其他资金提供者如社会爱心人员或提供救灾资金的企业，其资助灾区的积极性会逐渐减少。同时，政府机关也会因此面临较大的压力，由此会导致救灾资金的后续来源越来越少，灾区资金出现短缺，最后可能会影响到灾区经济的整体恢复与发展。

7.3 以往救灾资金运用中存在的问题及其对灾区经济发展的影响

在相关部门的共同努力下，我国的救灾资金在各次灾难中都发挥了较大的作用，促进了各个灾区经济的恢复与发展。但是，在救灾资金的运用过程中仍然存在一些问题，这些问题也可能给灾区的经济发展带来一定的负面影响。下面以汶川地震为例，将审计署2008年发布的《审计署关于汶川地震抗震救灾资金物资审计情况公告》（第1号、第2号、第3号、第4号）中列示的此次抗震救灾过程中资金运用的主要问题归集分类如下。

7.3.1 救灾资金管理不够规范、执行不完全到位

救灾资金的运用应遵循规范化的管理并执行到位才能发挥其最大的效用，但是在实际问题中，救灾资金的管理并不完全规范，在执行过程中也做得不尽完美。

如在汶川地震后，国家实施的是“每天一斤粮、十元钱”的救助政策，但是部分乡镇并未完全落实。如汉源县一些乡镇要求受灾群众承诺拆除地震受损房屋才发给其补助款和救济粮。这种附带条件的救助肯定会在一定程度上影响到救灾资金发放的及时性，使受灾群众不能在第一时间得到救助，从而可能会影响到受灾群众的心理情绪，最终影响灾后救助的进展。同时，个别地方在国家统一规定的地震遇难者抚慰金之外，又发放了地方抚慰金，且各地标准不统一，这种现象易引起相互攀比、产生矛盾。一旦出现问题，就会很大程度上影响到灾后重建，使灾区经济不能在最短的时间内得到恢复。

7.3.2 少数地区救灾资金拨付、使用不及时

救灾资金拨付的及时与否直接关系到灾区经济能否快速恢复并寻求新的发展。但在救灾资金运用中，会存在少数救灾资金拨付不及时的现象。

如汶川地震后，四川省财政厅未将收到的财政部安排的地震引发次生地质灾害调查评价经费2 000万元及时拨付到位，造成省地矿局等项目实施单位不得不自行垫支经费开展工作。同时，在汶川地震中还存在个别地区地震遇难人员家属抚慰金发放缓慢的现象。类似于这些情况，不仅会影响到这些地

区的消费水平，还同时会影响到对各个项目的投资。

7.3.3　个别地区灾后重建与灾区实际需求衔接不够

对灾区的救助应该根据灾区的实际需求来确定，但是在汶川地震后，就有个别地区出现了活动板房建设与灾区实际要求不符这种现象。一是个别地方集中建设过渡安置的活动板房，与受灾群众生产生活的实际需要不适应。安排受灾群众高密度、大规模集中居住的做法，造成农民远离承包地、生产生活半径过大等诸多不便。二是活动板房实际需求减少，个别地方出现闲置。自建过渡安置房和自建永久性住房补助政策出台后，选择自行过渡安置的受灾群众不断增加，导致活动板房的需求量减少，从而导致四川灾区的部分地区出现了活动板房闲置的现象。如都江堰市个别安置点建成的活动板房闲置4 011间。三是少数地方由于活动板房援建计划数量调减，导致活动板房的生产企业设备、原材料闲置。如重庆市有关部门按照前期援建计划，向重钢集团等六家企业采购活动板房共约3万套。活动板房援建计划调减后，有1.65万套不再继续履约，造成厂家按照合同新购置的活动板房生产线和原材料闲置浪费。

对于这些问题，有关部门必须积极采取措施，加大规划力度，及时调整计划，否则就会导致救灾资金的浪费，影响灾区经济的整体发展。

7.3.4　少数单位违规使用救灾资金

救灾资金是灾区的“救命钱”，只有合理并高效地运用救灾资金才能使其发挥最大的作用。但在灾难发生后，少数单位借机滥用救灾资金，严重损害灾区其他人民的利益。

如在汶川地震后，中国工商银行绵阳涪城支行弄虚作假，将为该行56名职工购买的56双耐克运动鞋（价值2.85万元）的销售发票中的商品名称填写为雨衣、雨靴和雨伞，之后在其上级行安排拨给的“抗震救灾特别费”中报销了这笔开支。同时还有个别单位在国家规定补助标准的基础上，使用上级单位拨付的捐赠资金向本系统职工发放补助。如四川省气象局给予北川县气象局职工每人5万元生活困难补助；四川省科学技术协会按每人2 000元标准给予在灾区遇难的职工或生活有困难的职工补助。这种违规动用救灾资金的行为不仅败坏了社会风气，还使受灾群众的切实利益受到较大的影响，给灾区经济的恢复带来了更大的困难。

7.4 合理运用救灾资金促进灾区经济良性发展的对策建议

7.4.1 救灾资金的运用原则

确保救灾资金运用的方向正确，提高救灾资金运用的效率，使有限的救灾资金发挥最大程度的作用，促进灾区经济的可持续发展。

7.4.2 建立健全救灾资金运用的规章制度

为了保障救灾资金的有效运用，提高灾区重建的效率，相关部门应建立一套完整、责任明确、监督到位的资金运用方案。

在救灾资金下发前，应严格审核资金的接受者，做好预防性控制，使有问题的个人和不合格的企业不能获得救灾资金。救灾资金下发时，应明确资金接受者的责任，控制其资金的用途，防止救灾资金的滥用。救灾资金下发后，应落实好对救灾资金运用情况的监督反馈，实行救灾资金流向责任追究制度。如对于接受救灾资金的单位，必须要求其定期对资金的使用情况等相关信息进行公示。同时，还可以通过鼓励举报等方法来增加违规使用救灾资金的发现概率，依法严惩截留、挪用、私吞救灾资金的不法之徒。最后，有关部门应大力宣传救灾资金违规使用的处罚措施，营造一种救灾资金绝不可滥用的舆论氛围。争取将救灾资金运用前审核、运用时控制、运用后监督有机地结合起来，以此保障救灾资金正确、高效地运用。

7.4.3 具体措施

7.4.3.1 群众方面

（1）灾区重建过程中实行“以工代赈”的管理办法。“以工代赈”原义是指政府投资建设基础设施工程，受赈济者参加工程建设获得劳务报酬，以此取代直接救济的一种扶持政策。而对灾区实行“以工代赈”的管理办法则是指相关部门通过组织受灾群众参加灾后重建，使受灾群众得到必要的收入和最基本的生活保障，以此达到赈济灾区群众的目的。

在灾区实施“以工代赈”的管理办法可以实现五个方面的目标，具体如表7.1所示。

表7.1 “以工代赈”管理办法的目标

目标	具体阐述
间接救灾	通过组织灾区群众参加灾后重建，可以使他们获得一定的劳务报酬，得到最基本的生活保障，达到救灾的目的
安置就业	通过给灾区群众提供劳动机会，让灾民出工出力，解决了灾区群众就业困难的问题，起到了安置就业的作用，并由此可能促进灾区人民的消费
稳定社会	“以工代赈”的管理办法可以在一定程度上缓解灾区劳动力剩余的问题，有利于保持社会稳定
培养积极向上的精神	“以工代赈”可以激发群众自力更生、艰苦奋斗的精神，摆脱“等、靠、要”这些消极意识，带动受灾群众通过主动劳动摆脱眼前的困难
促进经济的发展	在灾区重建一批公共工程和基础设施，是对灾区的长期性投资，对灾区经济的发展起到了促进性的作用

（2）邀请专业技术人员指导受灾人民相关技术。常言道：“授之以鱼，不如授之以渔”，给予灾区人民直接的资金支持，固然能解决灾区的燃眉之急，但是要想灾区的经济得到持续的发展，还要靠灾区人民发挥他们自己的主观能动性。由于灾区本身的情况存在特殊性，所以国家或社会机构给予一定的帮助是很有必要的。那么在救灾资金的运用上，应更多地考虑如何解决灾区的长久需求。

在保障好灾区人民的基本生活后，将救灾资金运用到创造灾区的持续发展条件上就显得尤为重要。而邀请技术人员到灾区指导相关技术，培养灾区的技术性人才就能更好地发挥救灾资金的长期效应。一旦灾区越来越多的人民都掌握到了专业的技术，那么他们就能通过自己的技术创造更多的财富，这不仅能解决灾区人民长期的生存问题，还能为社会创造更多的价值。

（3）创办希望小学，解决灾区基础教育问题。教育是立国之本，毫无疑问，也是带动灾区经济发展之本。在灾难中，很多学校倒塌，昔日的教室、操场、食堂大部分都被掩埋。一夕之间，孩子们失去了温暖的课堂，也失去了获取知识的土地，很多学生都面临着失学的状况。

在灾后重建过程中，为了保证灾区学生能够接受义务教育，创办希望小学就显得很有必要。但是，灾区条件艰苦，很难吸引老师前来任教。这就需要安排救灾资金提高灾区老师的待遇，以此来吸引更多的老师任教于灾区，给灾区的孩子带来希望、带来梦想。

（4）降低灾区学生录取分数线，鼓励毕业生到灾区发展。灾区的发展要依靠国家、依靠社会，但更要依靠灾区本地的人才。作为灾区未来的人才——学生，他们的学习条件要比其他地区更艰苦，他们有的在露天的教室上课，有的在漏雨的寝室住宿。同时，他们还要承受更大的心理压力，有的失去亲人，有的失去朋友，相比于其他地区的学生，为了获得同样的成绩他们需要付出好几倍的努力。所以，为了灾区长久发展的考虑，国家应该相应地降低灾区生源学生的录取分数线，给灾区学生更多的机会，保证灾区的优秀学子能步入自己理想的大学。

而对于灾区的毕业生，国家应出台相应的政策鼓励他们回到灾区发展。如对于有意愿到灾区进行创业的毕业生，国家可以给予政策方面的优惠，而对于留在灾区工作的毕业生，应该相应地提高其工作待遇。只有把人才留在灾区，灾区的经济才会有更好的发展前景。

（5）转移部分灾区人民到异地进行疗养。灾难发生后，很多灾区人民都会存在一些慢性疾病或者需要进行康复疗养，他们有的是在灾难发生前就已经有这些症状，有的则是受灾难影响才需要进行疾病疗养。但是，一方面，由于灾区环境可能比较恶劣，自然疗养因子，如空气、水质、日光等各种因素都很难符合疗养院的要求；另一方面，受灾难影响，灾区经济水平会受到巨大冲击，很难有足够的资金去购置疗养院所需的诊疗设备。所以，在灾难发生后将部分灾区人民转移到异地进行疗养是十分必要的。这不仅可以节约灾区的救灾资金，还能充分利用其他地区已有的疗养资源，更重要的是，能更好地保证疗养人员的疗养效果。

（6）重建灾区人民的精神生活。在全国人民甚至其他国家齐心协力的帮助下，灾难的影子可能会随之而去，但是在很多灾区人民的心里，灾难对心灵的创伤却很难抹去。他们有的失去骨肉至亲，有的身体已经不再完整。从唐山大地震、伊朗大地震等多次地震中，世界心理学界总结出了一个规律：地震发生，受灾幸存者焦虑之后是抑郁，严重抑郁的结果是漠视生命，半年之后，将是灾区自杀行为的高发时节。同样，在汶川大地震后也发生了这样的悲剧，如根据新华网报道，北川县委农办主任董玉飞自杀身亡[①]、北川县委宣传部副部长冯翔自杀[②]等。

在救灾资金的运用上，我们不仅要注重有形的物质重建，更要重视无形的心理修复。我们应将更多的救灾资金投入到能抚慰灾区人民心灵的项目上。如经常举办一些丰富多彩的文化活动，让灾区人民都参与其中。同样，还可以经常组织一些有序的慰问活动，让灾区人民真切地体验到他们虽然在灾难中失去了很多，但他们却得到了全社会的关爱。以此来引导灾区人民把注意力转移到积极的生活中去，慢慢忘却灾难的创伤。只有灾区人民真正的振作起来了，我们的灾后重建工作才能更顺利地展开，灾区的经济才能更迅速地发展。

7.4.3.2 企业方面

（1）全力帮助受灾企业进行灾后恢复。在灾难面前，灾区的企业不可避免地会遭受巨大的损失，或停产停业、厂房倒塌。如何运用救灾资金帮助受灾企业尽快恢复日常活动就显得尤为重要。灾难发生后，相关部门应在较快的时间内详细了解、认真查实并登记企业的财产损失情况，帮助企业梳理损失，为实行灾后优惠政策取得最可靠的资料。同时，还可以开通受灾企业纳税“绿色通道”来受理受灾企业的涉税事项，优先提供税收服务并在税率上给予一定的优惠，以此来减轻受灾企业的负担，帮助其尽快恢复正常运转。

在2016年湖北发生特大洪涝灾害后，湖北省地税局随后出台了五条相应的税收优惠政策：一是受灾企业的相关资产损失可在企业所得税税前扣除；二是受灾企业开采或者生产过程中因灾难遭受重大损失的，可酌情减免或免交有关资源税；三是企业对灾区的公益性捐赠可在企业所得税税前扣除；四是个人对灾区的公益性捐赠可在个人所得税税前扣除；五是受灾企业可延期办理纳税申报和延期缴纳税款。类似于这种税收优惠政策，不仅可以极大地减轻受灾企业的经济负担，更能使受灾企业将更多的财力、人力投入灾后恢复之中。

除此之外，对于受灾企业，国家还应协助其实施必要的改革，提高其运作效率。同时，还应帮助受灾企业获得银行贷款或提供贷款担保，以此保证

---

① 来源网址 http：//news. xinhuanet. com/society/2008 –10/09/content_ 10169755. htm.

② 来源网址 http：//news. xinhuanet. com/mrdx/2009 –04/21/content_ 11225405. htm.

受灾企业能尽快进行灾后恢复，为灾区创造更多的经济价值。

（2）鼓励资金持有者到灾区创办企业。帮助灾区进行恢复重建，除了对灾区进行直接的资金和物质援助外，最有效的方法是引进其他地方的资金持有者在灾区投资，以此来兴办灾区的实业，促进灾区就业，实现灾区的经济增长。

引进资金持有者到灾区创业主要需注意两点。一是各个地方的政府应鼓励本地企业家去灾区创业，并为他们提供投资资讯以及政策支持。二是灾区政府应该根据灾区经济发展需求，及时向外部投资者发布有关招商引资的信息，同时还应制定相关的优惠政策来支持投资，从土地使用、资源开发、信用贷款、税收等方面给予投资者具体的优惠，以此来吸引外地资金持有者到灾区创业，带动灾区的经济发展。

7.4.3.3 基础设施方面

（1）充分利用灾区现有资源。在对灾区的基础设施进行重建时，应优先考虑利用灾区已有的资源，如重建交通、通信、水利、电力等基础设施时，可利用灾区的石子、石灰、木材、电线、电缆等资源。利用灾区现有的资源不仅能有效地节约灾后重建的成本，如运输成本，同时还能保证救灾资金不外流，在灾区直接购买原材料，可以带动灾区的经济发展，更快、更好地实现灾后重建。

（2）基础设施建设工程采用招投标方式。在灾后重建过程中，对于基础设施工程，应采用招投标方式。这不仅可以有效地控制建设工程的成本，还能使工程项目在质量和时效等综合因素上达到最优。此外，在基础设施重建工程中，还应完善相关责任制度以保证资金运用的效率，对于灾区所有的建设工程，都应当将相关责任落实到各个负责人身上，保证工程的质量，以免造成救灾资金的浪费。

7.4.3.4 其他方面

（1）实行对口支援方案。灾后恢复重建是一项十分艰巨的任务，为举全国之力，加快地震灾区灾后恢复重建，应该对各受灾地区实行对口支援政策。如在汶川地震后，国务院办公厅就印发了《汶川地震灾后恢复重建对口支援方案》。该方案统一部署了对口支援任务，创新性地提出“一省帮一重灾县，举全国之力，加快地震灾区灾后恢复重建”，明确要求 19 个省市以不低于 1% 的财力对口支援重灾县市 3 年。

汶川地震三年后，具有中国特色的援建制度发挥了强大的力量。包括广东省在内的19个对口支援省市克服国际金融危机的影响，动员大量财力、物力、人力、智力资源，倾力支援灾区灾后恢复重建。到2010年9月底，对口支援省市直接承担的恢复重建项目已基本完成，并普遍与受援地建立了长效合作机制。

以广东省为例，在对口援建政策中，其对口援建对象为汶川县。在对口援建过程中，广东省“要钱给钱”“要人给人”，贯彻落实中央重大决策部署，给予汶川县灾区各方面大量的支持。2010年9月，根据中央提出的“三年目标任务两年基本完成”，广东省基本完成援建资金达82亿元的恢复重建项目。加上前期抗震救灾所投入的资金，广东省共支持抗震救灾和灾后重建资金112亿元（未包括企业支持的资金）。在702个援建项目中，共有54个项目获得川、粤两省省优奖项。总体来说，在广东省对汶川县的对口援建过程中，广东省发挥了其援建作用，有效地推动了汶川县经济的快速发展。

（2）以订单拉动内需，促进经济增长。在灾区，大部分受灾群众存在某些需求却因为缺钱而使这些需求无法得到充分满足。但在其他地区，又有部分生产者因有效需求的限制不能充分发挥生产力。那么，如何协调这种矛盾呢？这就要求救灾资金的运用者充分发挥其职能，将救灾资金运用到最需要的人群中去，以此实现救灾资金的有效运用，促进灾区经济的增长。为了达到这一目标，本文提出一种方案——以订单拉动内需。

以订单拉动内需即政府相关部门建立“救灾物资需求登记网络平台”，该平台规定了受灾群众的基本需求产品，如矿泉水、方便面、棉衣、棉被、药品等，然后受灾群众根据自身需求在该网络平台上对此范围内的产品进行需求登记，相关部门再对登记的结果进行审核，审核通过的产品即可安排企业进行供应。同时，国家提供财政拨款以保证这些产品供应给受灾群众。该网络平台的买方为终端需求者，他们获得其需求产品后不得转卖给任何其他人，而平台的卖方均是生产者，这种方式实现了救灾产品直接从生产者到消费者，即“产销对接”，这可以充分发挥救灾资金的紧急作用，极大地降低中间环节的流通成本。

（3）在电子商务网站上开辟灾区产品直销专区。随着灾后重建工作的逐步开展，灾区的日常生产活动也会逐步步入正轨。每个地区都会生产该地区的特色产品，灾区也不例外。但是如何保证灾区的特色产品能顺利销售，这就需要采取一定的措施。

如今电子商务发展迅速，借助电子商务发展的便利将灾区特色产品销往全国各地不失为一种有效促进灾区经济发展的措施。灾区应该运用救灾资金在热门电子商务网站上建立灾区产品直销专区，如在淘宝、天猫、京东等平台上设立“灾区特色产品旗舰店”，同时，还应建立健全灾区特色产品流通信息网络，及时发布灾区相关产品的供应信息，以便其他地区的产品需求者及时采购。对于这些需求者而言，能够在满足自己产品需求的同时为灾区的经济发展尽一份绵薄之力，这是两全其美的好事，也是间接的慈善行为，大部分人都会乐意为之。

能够将灾区的产品顺利的销往全国各地，灾区的产品供应者就不存在后顾之忧，可以集中精力投入生产，为灾区经济的发展注入更多的活力。

7.5 小结

救灾资金是灾后重建的保障，其运用与灾区经济发展存在着非常紧密的联系，要想提高灾区恢复与发展的效率，必须正确并高效地运用救灾资金。目前，我国救灾资金的运用过程中虽然还存在一些问题，但是只要正视这些问题，并努力改善救灾资金的运用方式，灾区的经济一定会得到更快、更好的发展。

【参考文献】

[1] 黄海燕．国家电网三年向雅安灾区投资逾40亿元［N］．经济参考报，2016－04－25（006）．

[2] 华金秋．美国审计署在经济刺激法案中的角色及启示［J］．审计月刊，2009（7）：11－13.

[3] 华金秋，陈博为．美国审计署的联邦政府财务援助汽车产业框架及启示［J］．中国审计，2009（13）：43－44.

[4] 柴箐．汶川地震灾后重建与区域经济发展探讨［J］．经济研究导刊，2009（18）：133－135.

[5] 中国审计署．审计署关于汶川地震抗震救灾资金物资审计情况公告（第1号）［R］．2008－06－12.

中国审计署．审计署关于汶川地震抗震救灾资金物资审计情况公告（第2号）［R］．2008－06－24.

中国审计署．审计署关于汶川地震抗震救灾资金物资审计情况公告（第3号）［R］．2008－08－04.

中国审计署．审计署关于汶川地震抗震救灾资金物资审计情况公告（第4号）［R］．2008－12－31.

［6］绽小林．试论青海玉树灾区实现经济及社会可持续发展的路径选择［J］．青海师范大学学报（哲学社会科学版），2010（5）：1－6.

［7］殷吉昌．对5·12地震灾区经济复苏的税收优惠政策探讨［D］．西南财经大学，2010.

［8］经大忠．科学发展观与灾后重建和灾区经济社会发展［J］．西南民族大学学报（人文社科版），2009（7）：240－243.

（本文作者：华金秋　刘丹华）

The Research About The Use of Disaster Relief Funds and Promoting the Regional Economic Development

【Abstract】 The disaster relief funds are the guarantee of the disaster area for post - disaster reconstruction. This article illustrates the relationship between the disaster relief funds use and the regional economic development, and make the WenChuan earthquake as an example, points out the problems existing in the previous disaster relief funds use and its effect on the regional economic development. Finally, this article puts forward the countermeasure and suggestion about how to use the disaster relief funds reasonably to promote the economic development of the disaster area.

【Key words】 Disaster Relief Funds; Use; The Disaster Area; Economic Development

8

救灾资金分配模型研究

【摘要】客观公正的救灾资金分配模型是政府分配救灾款项的重要依据，但我国目前并没有一个统一、规范的资金分配模型。上级政府通常根据个别受灾指标分配救灾补助款，这种分配方式的有效性和公平性有待改进。本文采用层次分析法和功效系数法，构建了救灾资金的分配模型，并做了测算举例。

【关键词】救灾资金；指标；分配模型

8.1 引言

自然灾害造成的社会经济损失日趋严峻，已成为一个严重影响我国经济发展和社会稳定的重大问题，因此本文研究政府作为救灾主体时对救灾资金的分配办法。救灾资金必须用于受灾地区和受灾群众，那么上级政府按什么标准向受灾地区分配救灾资金？郭显光（1998）提出“救灾支出分配额取决于灾情与自救能力两个因素。然后利用层次分析法和标准系数法确定各指标的权重，用功效系数法对各指标进行标准化，用加权法求出各城市的综合得分，变换后得到资金拨款分配比例。”杨屹（2006）构建了“农民建房救灾资金分配效果评价指标体系”。2003 年渭河水灾后，魏四新通过考察陕西华县受灾农民建房救灾资金的分配标准、分配渠道和分配程序等问题，于 2008 年提出“针对县（市）一级农民建房救灾资金分配的模式”。杨继瑞等（2009）研究了汶川地震灾后重建专项资金的分配运作方式，提出“重建专项资金的分配应与重建项目有机契合，部分灾后重建资金可模拟广东省分配重点产业转移专项资金的运作机制探索招投标竞争方式分配运作”。但迄今为止，我国还没有建立一套科学合理的分配指标体系，也缺少一个统一、规范、操作性强的救灾资金分配方法。在实际救灾工作中，上级政府往往根据个别指标，按一定比例确定不同地区救济款的分配数额，这种方式确定的救助标准很难保证救灾资金分配的客观与公正。救灾资金涉及面广、政策性强，若不规范资金分配标准，可能会影响党和政府的形象，影响灾区救灾和重建工作的顺利开展。为保证分配过程的规范与透明，建立并完善救灾支出分配模型有着重要的现实意义。

8.2 救灾资金分配的目标及影响因素

8.2.1 救灾资金分配的目标

（1）经济目标。实际工作中，下级政府向上级政府递交救灾援助申请，上级政府按规定程序下拨救灾和重建专款。上级政府在安排救灾和重建资金投入时要事先考虑本级财政能筹集的资金总量和下级财政的承受能力。因此，救灾资金分配的经济目标是：在财力允许的前提下使救灾和重建工作有序、高效地开展，尽快使灾民恢复正常生产与生活，促进灾区的和谐与科学发展。

（2）公平目标。有限的救灾资金要实现公平的分配，需要保证资金分配的原则公平、操作过程公平，最终来保证救灾资金分配结果的公平①。原则公平是指政府制定的资金分配标准公平合理，并以立法的形式实现资金分配方法的制度化；操作过程公平的关键是资金分配程序的公平，使分配过程规范透明。我国地区之间的经济实力差距明显，对于相同的经济损失，不同地区需要的援助资金数额差别较大，所以上级政府应根据不同的救济对象向重灾区及财力薄弱的灾区政府采取倾斜的分配政策，最终使受灾地区尤其是财力薄弱的重灾区对救灾资金的分配感到公平满意。

（3）公开目标。要实现救灾重建资金的公平目标，很大程度上取决于国家是否制定相关的法律政策，是否设立科学公平合理的资金分配标准并有效实施，救灾资金的分配工作是否实现了规范化、程序化。为保证救灾资金能安全发放到灾区，政府除了完善资金分配管理机制，还应该提高分配过程的透明度。坚持公开透明原则，妥善分配救灾资金，也是政府对国人的一个交代。这种交代会消除不必要的猜疑和误解，激发更多人的捐赠热情，从而让更多的灾民得到有效救助。

8.2.2 救灾资金分配的影响因素

合理选取影响救灾资金分配的各种因素是建立科学、合理的救灾资金分配方法的基础和前提。本文在吸收以往研究成果的基础上，遵循资金分配的

① 华金秋. 美国自然灾害救济金管理模式探析［J］. 中国审计，2009（4）：52－53.

经济、公平和公开的目标，将影响救灾资金分配的因素分为两类：受灾情况和地方自救能力。

（1）受灾情况。灾情是影响救灾资金分配的首要因素。要准确地评估灾情，就需有一套科学的灾情评估系统以迅速收集灾情信息，准确地统计受灾范围和灾害损失。由于救灾资金主要用于保障受灾群众的基本生活和灾后恢复重建，所以，本文选取了五个能反映受灾程度和灾害损失的指标：①直接经济损失；②倒塌房屋数量；③受灾面积；④受灾人口数；⑤绝收面积。

（2）地方自救能力。“救灾工作分级管理，救灾资金分级承担”的救灾体制突出强调了地方政府承担救灾工作的职责。中央实施财税体制改革后，随着地方经济水平的提高，地方政府具备了分担部分灾害损失的财力。中央在规划救灾资金分配时，应综合考虑灾区地方政府的财政承受能力、当地经济发展水平以及灾民自身的自救能力，选取如下三大主要指标：①地方人均财政收入；②居民人均纯收入；③人均储蓄额。

8.3 救灾资金分配模型的构建

本文采用如下思路构建救灾资金分配模型：基于以往的研究，先用层次分析法（Analytical Hierarchy Process）求出反映灾情和地方自救能力因素下各指标的合成权重[①]；然后，用功效系数法对灾情和地方自救能力因素下各指标值进行无量纲化[②]；最后，用加权和法求出上级政府安排的救灾补助款在地方政府之间的分配比例[③]。

8.3.1 确定各指标的合成权重

救灾资金分配模型的体系结构共分为三层，如表8.1所示。

第一层为目标层A，即为上级政府设计一个以公平为原则、可操作性强的救灾资金分配模型；第二层为准则层B，对资金分配模型的总目标从灾情和地方自救能力两个方面考察各自应占的权重，这一层是定性指标；第三层

① 朴春花. 层次分析的研究与应用［D］北京：华北电力大学硕士学位论文，2008.

② 赵裕琮，许正良. 功效系数法在综合评价人民消费水平中的应用研究［J］. 数理统计与管理. 1996（6）.

③ 孙东川. 管理的数量方法［M］. 北京：清华大学出版社，2005：242.

为方案层 C，是定量指标，可根据财政部和民政部给出的地区统计数据计算得出。救灾资金分配模型指标体系见表 8. 1。

表 8. 1　救灾资金分配模型指标体系

一级指标 A	二级指标 B	三级指标 C
救灾资金分配方案 A	自救能力 B_1	地方人均财政收入 C_{11}
		居民人均纯收入 C_{12}
		人均储蓄额 C_{13}
	灾情 B_2	直接经济损失 C_{21}
		倒塌房屋数量 C_{22}
		受灾面积 C_{23}
		受灾人口数 C_{24}
		绝收面积 C_{25}

8. 3. 1. 1　构造判断矩阵

层次分析法的原理是把复杂的问题分解成各个组成因素，并将这些因素按支配关系分组形成递阶层次结构，通过两两比较的方式确定层次中诸因素的相对重要性，以此构造判断矩阵；然后，计算出各指标相对于同一目标的权重；最后，综合决策者的判断，确定准则层相对重要性的总排序。

利用层次分析法确定的层次结构，每个元素和隶属于该元素的下一层元素构成一个子系统。为得出判断矩阵，可采用专家咨询的方法为各子系统中各元素的相对重要性赋值，要求被访问的专家用 1 ~ 9 及它们的倒数给出各指标的相对重要性，矩阵形式如下：

$$\begin{array}{cccccc}
A & B_1 & B_2 & B_3 & \cdots & B_n \\
B_1 & b_{11} & b_{12} & b_{13} & \cdots & b_{1n} \\
B_2 & b_{21} & b_{22} & b_{23} & \cdots & b_{2n} \\
B_3 & b_{31} & b_{32} & b_{33} & \cdots & b_{3n} \\
\vdots & \vdots & \vdots & \vdots & \vdots & \vdots \\
B_n & b_{n1} & b_{n2} & b_{n3} & \cdots & b_{nn}
\end{array}$$

其中，b_{ij}表示相对于 A 层而言，B_i对 B_j的重要性（i，j 代表 1，2，…，n），标度值则借助美国学者 T. L. Satty 教授提出的“1—9 标度法”赋值。标度值含义如表8.2所示。

表8.2 标度1~9的含义

标度	含义
1	表示两指标（B_i，B_j）相比，具有同等重要性
3	表示两指标（B_i，B_j）相比，B_i比B_j稍微重要
5	表示两指标（B_i，B_j）相比，B_i比B_j明显重要
7	表示两指标（B_i，B_j）相比，B_i比B_j强烈重要
9	表示两指标（B_i，B_j）相比，B_i比B_j极端重要
2，4，6，8	表示上述两个相邻判断的中值
倒数	两指标B_i与B_j比较的判断为b_{ij}，则指标B_j与B_i比较的判断为其倒数：$b_{ij}=1/b_{ji}$.

8.3.1.2 计算各指标的权重

根据n个元素C_1，C_2，C_3，…，C_n构造对于准则B的判断矩阵A之后，接下来要根据和积法求出它们对于准则B的相对权重ω_1，ω_2，ω_3，…，ω_n，相对权重可以写成向量形式，即$W=(\omega_1, \omega_2, \omega_3, \cdots, \omega_n)^T$。具体计算办法如下：

第一步，将判断矩阵的每一列归一化；

第二步，将归一化后的各列按行相加；

第三步，将相加后的向量除以n即得权重向量。

因此有

$$\omega_i = \frac{1}{n}\sum_{j=1}^{n}\frac{b_{ij}}{\sum_{k=1}^{n} b_{kj}} \qquad i = 1,2,\cdots,n \tag{1}$$

为防止判断矩阵偏离一致性过大，影响预测结果的可靠性，因此在计算单准则下排序权重向量时，必须进行一致性检验，其步骤如下：

第一步，用公式计算矩阵的最大特征根λ_{max}：

$$\lambda_{max} = \frac{1}{n}\sum_{i=1}^{n}\frac{\sum_{j=1}^{n} b_{ij}\omega_j}{\omega_i} \tag{2}$$

第二步，计算一致性指标$C.I.$（Consistency Index）：

$$C.I. = \frac{\lambda_{max} - n}{n - 1} \tag{3}$$

第三步，计算一致性比例 $C.R.$（Consistency Ratio）：

$$C.R. = \frac{C.I.}{R.I.} \tag{4}$$

其中 $R.I.$（Random Index）为平均随机一致性指标（表8.3）。

表8.3　平均随机一致性指标 R.I.

矩阵阶数	1	2	3	4	5	6	7	8
R.I.	0	0	0.52	0.89	1.12	1.26	1.36	1.41

当 $C.R. < 0.1$ 时，我们认为判断矩阵的一致性是可以接受的，当 $C.R. \geq 0.1$ 时，则需要对判断矩阵进行适当修正。

8.3.1.3　计算各指标对目标层的合成权重

所谓合成权重是指最底层的指标对于总目标的排序权重。合成排序权重一般要自上而下的计算，将单准则下的权重进行合成，并逐层进行总的判断一致性检验。

假定第 $k-1$ 层上 n_{k-1} 个指标相对于总目标的排序权重向量为 $\omega^{(k-1)} = (\omega_1^{(k-1)},\omega_2^{(k-1)},\cdots,\omega_{n_{k-1}}^{(k-1)})^T$，第 k 层 n_k 个指标对第 $k-1$ 层第 j 个指标为准则的排序权重向量设为 $P_j^{(k)} = (P_{1j}^{(k)},P_{2j}^{(k)},\cdots,P_{n_kj}^{(k)})^T$，其中不受 j 支配的指标的权重为零。令 $P^{(k)} = (P_1^{(k)},P_2^{(k)},\cdots,P_{n_{k-1}}^{(k)})^T$ 表示 k 层上指标对 $k-1$ 层上各指标的排序，那么第 k 层上指标对总目标的合成排序向量 $\omega^{(k)}$ 可由下式计算得出：

$$\omega^{(k)} = (\omega_1^{(k)},\omega_2^{(k)},\cdots,\omega_{n_k}^{(k)})^T = P^{(k)}\omega^{(k-1)} \tag{5}$$

或

$$\omega_i^{(k)} = \sum_{j=1}^{n_{k-1}} p_{ij}^{(k)}\omega_j^{(k-1)} \qquad i = 1,2,\cdots,n \tag{6}$$

同样地，从上到下逐层进行一致性检验。若已求得以 $k-1$ 层上指标 j 为准则的一致性指标 $C.I._j^{(K)}$，平均随机一致性指标 $R.I._j^{(K)}$ 以及一致性比例 $C.R._j^{(K)}$，$j = 1, 2, \cdots, n_{k-1}$，那么 k 层的综合指标 $C.I.^{(K)}$，$R.I.^{(K)}$，$C.R.^{(K)}$应为：

$$C.I.^{(K)} = (C.I._1^{(k)},\cdots,C.I._{n_{k-1}}^{(k)})\omega^{(k-1)} \tag{7}$$

$$R.I.^{(K)} = (R.I._1^{(k)},\cdots,R.I._{n_{k-1}}^{(k)})\omega^{(k-1)} \tag{8}$$

$$C.R._j^{(K)} = \frac{C.I.^{(K)}}{R.I.^{(K)}} \tag{9}$$

当 $C.R._j^{(K)} < 0.1$ 时，认为递阶层次结构在 k 层水平以上的所有判断具有

整体满意的一致性。但在实际应用中，整体一致性检验常可以省略。事实上决策者在给出单准则下的判断矩阵时，是难以对整体进行考虑的。当整体一致性不满足要求时，进行调整也比较困难。因此，实际工作中往往不会对整体一致性进行严格检验，其必要性有待进一步探讨。

8.3.2 功效系数法对各指标进行标准化

由于影响救灾资金分配的灾情与地方自救能力因素所包含指标的性质和度量单位各不相同，所以，不能直接运用指标值进行计算，必须先将其转化为同度量指标。本文选取功效系数法对各指标值进行无量纲化。

设第 j 项指标值中满意值为 $x_j^{(h)}$，不允许值为 $x_j^{(s)}$，那么正指标的功效系数：

$$d_j = \begin{cases} (x_j - x_j^{(s)})/(x_j^{(h)} - x_j^{(s)}) & x_j > x_j^{(s)} \\ 0 & x_j \leqslant x_j^{(s)} \end{cases} \tag{10}$$

逆指标的功效系数：

$$d_j = \begin{cases} (x_j - x_j^{(s)})/(x_j^{(h)} - x_j^{(s)}) & x_j < x_j^{(s)} \\ 0 & x_j \geqslant x_j^{(s)} \end{cases} \tag{11}$$

其中，灾情因素下的指标均为正指标，即其值越大，代表需要政府救济的程度越高，应分配更多的救灾资金，所以正指标的满意值为最大值，不允许值为最小值；地方自救能力因素下的地方人均财政收入、居民人均纯收入和人均储蓄额指标均为逆指标，即其值越大，说明地方自救能力越强，需要政府救济的程度越低，可以分配较少的救灾资金，所以逆指标的满意值为最小值，不允许值为最大值。

8.3.3 用加权和法求出救灾资金在市（县）级政府的分配比例

设 x'_k 为地方政府在分配方案 k 下所得的综合指标系数，则

$$x'_k = \sum_{j=1}^{n} \omega_j d_j \tag{12}$$

其中，ω_j 为 j 指标相对总目标的合成权重，d_j 为 j 指标的功效系数，将 x'_k 归一化后即可求出救灾资金依据分配方案 k 在地方政府之间的分配比例。

8.3.4 救灾资金分配模型的不足

首先，层次分析法中根据专家意见建立的判断矩阵以及功效系数法中满

意值与不允许值的确定过程中存在人为因素的影响。考虑到重大自然灾害爆发的无规律性及造成的巨大破坏力，模型还需要认真研究，反复模拟计算。其次，选取不同的救灾资金分配指标体系，也会对分配结果的客观与公正产生影响。最后，上级政府还应结合以往下级政府对救灾资金是否经济有效地使用或有无虚报灾情等情况再对分配资金适当增减调整，以体现激励与约束相结合的奖罚机制。总之，虽然本文的救灾资金分配模型存在一些不足，但可通过设定较为科学、全面的资金分配指标，减弱人为因素对资金分配过程的不利影响。政府可以在综合考虑灾情状况、灾区的自救能力、灾区的实际需要的基础上，建立一个适合我国国情的救灾资金分配模型，以此提高资金分配方法与过程的规范化与透明度，进一步管好用好救灾资金、充分发挥其效益。

8.4 应用举例

H 省共有 3 个同时受灾的市级政府，根据上述方法测算该省为此 3 个受灾地区市分配救灾资金的比例。

8.4.1 确定救灾资金分配模型各指标的合成权重

利用层次分析法计算各指标的合成权重，最大的困难在于合理判断各指标的相对重要性。为给出科学、合理的判断矩阵，H 省政府反复研究以往的灾情数据资料，并广泛征求专家的意见，最终得到以下结果：

（1）对于公平、合理分配救灾资金的总目标，准则层灾情因素与自救能力因素相对重要性的比较，见判断矩阵 A—B。

A	B_1	B_2	W
B_1	1	3	0.750 0
B_2	1/3	1	0.250 0

（2）对于自救能力准则层，地方人均财政收入、居民人均纯收入、人均储蓄额 3 个指标之间相对重要性的比较，见判断矩阵 B_1—C_{1i}。

B_1	C_{11}	C_{12}	C_{13}	W
C_{11}	1	1/3	3	0.260 5
C_{12}	3	1	5	0.633 3
C_{13}	1/3	1/5	1	0.106 2

$$\lambda_{max} = 3.0387 \quad C.I. = 0.0194 \quad R.I. = 0.52$$
$$C.R. = 0.0373 < 0.10$$

可见，判断矩阵 B_1—C_{1i}具有满意的一致性。

（3）对于灾情准则层，直接经济损失、倒塌房屋数量、受灾面积、受灾人口数、绝收面积5个指标之间相对重要性的比较，见判断矩阵 B_2—C_{2i}。

B_2	C_{21}	C_{22}	C_{23}	C_{24}	C_{25}	W
C_{21}	1	6	7	5	5	0.547 0
C_{22}	1/6	1	4	3	2	0.192 0
C_{23}	1/7	1/4	1	2	1	0.090 7
C_{24}	1/5	1/3	1/2	1	2	0.092 8
C_{25}	1/5	1/2	1	1/2	1	0.077 5

$$\lambda_{max} = 5.4367 \quad C.I. = 0.1092 \quad R.I. = 1.12$$
$$C.R. = 0.0975 < 0.10$$

可见，判断矩阵 B_2—C_{2i}具有满意的一致性。

（4）各指标相对于总目标的合成权重如表8.4所示。

表8.4　合成权重表

A	B_1（0.750 0）	B_2（0.250 0）	合成总权重
C_{11}	0.260 5		0.195 4
C_{12}	0.633 3		0.474 9
C_{13}	0.106 2		0.079 6
C_{21}		0.547 0	0.136 8
C_{22}		0.192 0	0.048 0
C_{23}		0.090 7	0.022 7
C_{24}		0.092 8	0.023 2
C_{25}		0.077 5	0.019 4

8.4.2　计算各指标值的功效系数

采用功效系数法对各项指标值进行无量纲时最重要的是如何确定各项指标的满意值 $x_j^{(h)}$ 和不允许值 $x_j^{(s)}$。对于救灾资金分配模型各项指标的满意值，可以取遭灾地市政府在近 5 ~ 10 年内达到过或者预期能达到的最高水平，不允许值则可以取在相同时间范围内出现过的最低指标值或是指标平均水平，这些指标值的历年数据可以从地方民政部门和统计部门获取（另见附表）。

8.4.3 求出各地级政府的分配比例与方案

用公式（12）求出 3 个地市的综合指标系数（见表 8.5）。

表 8.5　H 省 3 个地市的综合指标系数

指标名称	各项指标的合成权重	地市 A 各项指标的功效系数	地市 B 各项指标的功效系数	地市 C 各项指标的功效系数
C_{11}	0. 195 4	0. 564	0. 694	0. 930
C_{12}	0. 474 9	0. 662	0. 785	0. 557
C_{13}	0. 079 6	0. 892	0. 965	0. 820
C_{21}	0. 136 8	0. 641	0. 041	0. 742
C_{22}	0. 048 0	0. 232	0. 423	0. 574
C_{23}	0. 022 7	0. 350	0. 046	0. 565
C_{24}	0. 023 2	0. 025	0. 157	0. 411
C_{25}	0. 019 4	0. 014	0. 487	0. 648
综合指标系数	—	0. 317	0. 328	0. 355

由表 8. 5 得知，若 H 省计划分配的救灾资金总量为 Q，那么根据求出的资金分配方案，地市 A 能获得救灾拨款 $0.317Q$，地市 B 能获得救灾拨款 $0.328Q$，地市 C 能获得救灾拨款 $0.355Q$。

8.4.4 小结

本例对如何运用层次分析法、功效系数法及加权和法确定各灾区总体救灾重建资金的分配方案进行了分析。现实中，救灾重建资金涉及面比较广，包括农业重建资金、基础设施重建资金和住房重建资金等各种专项资金，不同的重建专项资金通常有不同的扶持对象和重点，所以对救灾重建资金在不同重建项目上的分配可按本文的思路，依据实际需要设置不同的影响因素和权数，以保证分配方案的科学性。

【参考文献】

［1］郭显光．救灾支出分配模型及应用［J］．数量经济技术经济研究，1998（12）：48－51．

［2］杨屹．农民建房救灾资金分配效果评价指标体系的构建［J］．软科学，2006（2）：92－95．

［3］魏四新．陕西华县农民建房救灾资金分配模式研究［D］．西安理工大学硕士论文，2008．

［4］杨继瑞等．招投标竞争_汶川地震灾后部分重建专项资金分配运作的探索［J］．经济学家，2009（3）：43－51．

（本文作者：华金秋　罗樱）

The Research of The Distribution Model For Relief Funds In China

【Abstract】 Objective and fair distribution model of relief funds is an important basis for the government allocating relief funds, and our country does not have a unified and standardized model for allocating relief funds. Higher levels of government are usually allocating relief funds according to individual indicators, the effectiveness and fairness of such a distribution method should be improved. In this paper, we use AHP and Efficacy Coefficient Method to construct the distribution model for relief funds, and made an estimation for example.

【Key words】 Relief funds; indicators; distribution model

附表　某省3个受灾市的指标功效系数

0		人均财政收入	居民人均纯收入	人均储蓄额	直接经济损失	倒塌房屋数量	受灾人口数	受灾面积	绝收面积
单位	/	元	元	元	亿元	间	万	千公顷	千公顷
指标性质	/	逆指标	逆指标	逆指标	正指标	正指标	正指标	正指标	正指标
不允许值	$x_j^{(s)}$	1 357	4 761	16 407	2.59	1 563	53.59	13.68	0.02

续表

0		人均财政收入	居民人均纯收入	人均储蓄额	直接经济损失	倒塌房屋数量	受灾人口数	受灾面积	绝收面积
满意值	$x_j^{(h)}$	388.67	2 018	4 793.23	27.91	6 307	368.76	268.94	25.38
地市 A	x_j	811.22	2 944	6 053.07	18.82	2 662	163.79	20	0.37
	d_j	0.564	0.662	0.892	0.641	0.232	0.350	0.025	0.014
地市 B	x_j	684.77	2 607	5 200.44	3.62	3 568	68.2	53.79	12.38
	d_j	0.694	0.785	0.965	0.041	0.423	0.046	0.157	0.487
地市 C	x_j	457.64	3 232	6 882.87	21.39	4 288	231.62	118.67	16.46
	d_j	0.930	0.557	0.820	0.742	0.574	0.565	0.411	0.648

其中，x_j 为第 j 项指标的指标值，$x_j^{(s)}$ 为第 j 项指标的不允许值，$x_j^{(h)}$ 为第 j 项指标的满意值，d_j 为第 j 项指标的功效系数。

9

救灾财政资金和社会捐赠资金的协调研究

【摘要】本文以汶川地震为例，阐述了我国在灾后重建过程中出现的救灾财政资金与社会捐赠资金存在的现状和问题，并通过对这些问题进行分析，提出了协调运用财政资金和捐赠资金的方法，即加强政府与慈善组织的合作、提高慈善组织的运作水平、建立财政资金和社会捐赠资金的协调机制，从而更好地整合相互的优势，最大限度地发挥整合性力量，更快地实现灾后重建工作。

【关键词】财政资金；捐赠资金；协调合作

在汶川发生特大地震之后，使得人们对于突发自然灾害有了深刻的认识，也更加关注灾后重建问题。地震后繁重复杂的重建工作需要各方面资金的协力共助，截至2009年4月30日，来自全国各地、各式各样的抗震救灾捐赠款物总数达到767.12亿（其中捐赠资金约653亿元，物资折合约114亿元）。数额之大，史无前例，管好用好捐赠资金将会对受灾地区生产生活的恢复带来极大的促进作用。

但是我们注意到，在全国捐赠的652.5亿元资金中，政府直接受捐约占58%，约379亿元。这笔钱，毫无悬念地由政府部门来使用。其次是流向各地红十字会、慈善会以及地方公募基金会的捐款，约199亿元，这一部分占了约31%。而NGO（非政府组织）真正可以利用的资金不到10%。如何协调好救灾财政资金和社会捐赠资金，就成为摆在我们面前的一个问题。

9.1 救灾财政资金和社会捐赠资金在使用中存在的问题

9.1.1 社会捐赠资金往往成为“准财政资金”

灾区的基础设施、公众设施是财政资金的主要投资方向，而更贴近民生的，比如食品、医疗卫生、临时帐篷等则是捐赠资金的主要投入对象。但是事实上，政府几乎是灾害重建的唯一主体。在资金配置方面，政府不仅是财政资金而且还是巨额捐赠资金的实际管理者和使用者。这就导致了政府包揽了灾害重建的一切事物，财政负担加重。国家预测灾区重建需要资金9 827.17亿元（表9.1），而实际用于重建的财政资金和社会捐赠资金总和5 042.12亿元（表9.2）。这4 785.05亿元的资金缺口对于政府而言是个不小的压力。在这样一种环境下，政府的灾后重建工作就容易出现不公平的现象：将大量的捐赠资金投放于基础建设，而忽略了本应关注的民生问题，捐赠资金也就免不了成为“财政资金”。

表9.1　汶川地震灾害重建资金需求的主要构成（单位：亿元，%）

项目＼指标	绝对值	比重
城乡住房	2 730.00	27.78
基础设施	1 669.33	16.99
生产力布局和产业调整	1 410.56	14.35
公共服务设施	1 200.63	12.22
城镇体系	973.2	9.90
农村建设	970.00	9.87
防灾减灾	300.00	3.05
市场服务体系	285.2	2.9
生态修复	201.64	2.05
土地利用	86.61	0.88
合计	9 827.17	100

数据来源：冯俏彬，王勇．灾后重建：商业性信贷资金、政策性金融支持和立体化资金保障体系建设［J］．财政研究，2010（2）：30－32.

表9.2　汶川地震灾害重建资金的主要来源（单位：亿元，%）

来源＼指标	绝对值	比重
中央财政	3 000	59.5
对口援建	700	13.88
捐赠款物	767.12	15.21
灾区自筹	270	5.35
地方债	305	6.05
合计	5 042.12	100

数据来源：冯俏彬，王勇．灾后重建：商业性信贷资金、政策性金融支持和立体化资金保障体系建设［J］．财政研究，2010（2）：30－32.

9.1.2 救灾财政资金利用效率低，社会捐赠资金失效

自然灾害给人类带来的危害是巨大的，因此就对救灾资金提出了拨付金额足、拨付速度快、使用效率高的要求。但由于政府科层制过分强调分层逐级上报与授权，阻碍了信息流通与命令上传下达的速度。因此，面对特殊性和紧急性的灾害需求，政府僵化的科层体制却无法提供或缺乏应急反应能力，这就容易造成对政府救灾财政专款没有做出明确的规定，使得救灾财政资金长期滞留在民政部门。另一方面，我国救灾财政资金是由省、自治区、直辖市人民政府根据民政部门的灾情统计信息向国务院进行申请，而救灾金额的确定则是通过逐级的民政部门和财政部门协商得出的。这就存在行政效率方面的问题，使得救灾财政资金不能迅速的下达到灾区。另外，灾区政府随意挪用救灾和恢复重建资金解决城建、交通、教育等历史遗留问题的“搭便车”行为也时常发生。

多数 NGO 慈善资源不足。这些慈善组织的善款大部分来自于组织内部人员的会费，资金来源单一、资金量少、组织规模较小，受这些因素的影响，使得这些 NGO 擅长的只是小规模、区域性的援救行动，如果遇到区域较广的灾难发生，则会在救援上产生困难，甚至出现一些慈善组织因人力和捐赠资金短缺而退出救灾行列。随着社会保障体系的不断健全，以及政府社会福利的不断扩大，灾民向民间慈善组织申请救助频率就会相应地减少，其所能发挥的空间将因政府福利政策的扩张而受到压缩，弥补政府不足的价值日渐降低。

9.1.3 救灾财政资金和社会捐赠资金重复建设

社会捐赠资金具有机动、灵活、拨款速度快的优势，对于突发的自然灾害，能够迅速地投入救灾重建的工作中。在这种情况下，社会捐赠资金对灾区的投入，一定程度上缓解了灾区的燃眉之急，但是也造成了与政府争相投入后所呈现的救灾资源重复浪费及区域分配不均等消极后果。比如这次汶川地震，中央对于灾区下达了“三年重建、两年完成”的重建目标进度，这就将政府驱赶上了但求完成重建任务的单行道。政府将大量救灾资金投放于严重受灾区，加快地区的重建工作。而慈善组织容易受到新闻媒体报道的影响，也将大量的社会捐赠资金投放到严重受灾区，这就可能造成资源的过度配置

以及对周边受灾县市的不公。

9.2 救灾财政资金和社会捐赠资金存在问题的原因

9.2.1 我国是以政府为主导的慈善救助体系，对非营利组织的控制比较严格

中国的慈善救助体系还带有很强烈的“计划经济”色彩，命令式的垂直管理体制还是主要的方式。虽然中国进入市场经济已有30多年，但是慈善救助体系仍然是按照原来由国家民政部门和上级主管部门共同管理的运作模式（见图9.1）。这就极大地束缚了慈善救助体系的发展，使得中国的慈善体系很难起到“第三次再分配”的重要作用。另一方面，制度的缺陷限制了社会公众与企业的慈善行为的方式与渠道，再加上政府的直接指令，使得我国的NGO不能正常地开展工作，不仅影响了企业开展社会责任行为的动力，还使得广大群众的热情受到影响。正是在这种管理模式下，政府自然而然地成为救灾和灾后重建中的管理者和协调者。而长期以来政府的统一管理，使得社会公众面对灾难的主流意愿还只是停留在捐献出更多的财物，再由政府进行统一的救助与分配。

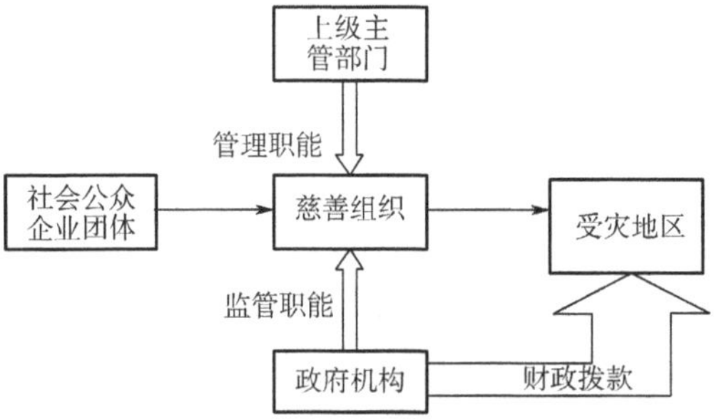

图9.1 中国慈善救助体系

在对慈善团体的管理上，受计划经济时代政府包办社会救济和社会福利的制度惯性影响，形成了慈善团体和基金会被政府垄断的局面。而政府对NGO严格的控制，也造成了非政府组织先天性的不足。一是缺少法律上的保护。我国现行的《公益事业捐赠法》对慈善业的法律保护力度不够，国家有

关部门出台的部门规章，立法层级低、缺乏协调、约束力不强、效力有限。我国的 NGO 在这种法律框架不健全的环境下发展，造成了慈善组织的落后。二是因为政府长期干涉慈善组织，使得大部分的 NGO 带有“官方色彩”，这就造成了大部分的慈善组织失去了独立性，在资金运用上依赖于政府，容易形成贪污腐败的现象，社会公信力不高。

9.2.2 中国社会转型过程中的结果

我国之所以会出现救灾财政资金利用效率低和社会捐赠资金失效的问题，主要是因为社会结构的变迁，这反映了整个社会价值观、治理体系和模式的根本转变。

第一，转型过程中制度构建和基本价值观的缺陷。中国正处于经济体制转轨和社会转型的历史阶段，相比社会经济的迅速变迁，制度方面则出现了缺失。NGO 不仅要受到政策还要受到现行法规严格的制度限制，现行的双重管理体系、分级管理原则和非竞争性原则在相当程度上限制了非政府组织通过注册登记来获得合法地位，从而难以落实慈善事业减免税收待遇。另一方面 NGO 长期存在制度缺陷和日常有效的监督管理制约，使得整个慈善组织良莠不齐，实际上真正损害了公益组织的发展。

非政府组织存在着许多问题，而在社会转型过程中，在整个社会价值观受到市场经济所带来的拜金主义和利己主义的巨大冲击下，暴露出来的最主要的问题在于其自身缺乏明确的理念和强烈的使命感，这使得它们难有拔地而起的能动性、创新性和艰苦创业的自觉性，从而造成被动、盲目、短视，缺乏坚韧不拔的精神和动力不足，使组织发展难有后劲。

第二，行政和善款落实体系改革的滞后。一是中国行政体系存在官僚化的现象，使得上下级部门之间对待善款上缺少协商沟通，层层的汇报审批制度又进一步地降低了救灾资金的使用效率。二是善款运作不规范、缺乏透明度。政府在资金分配上，未能严格遵循“公开、公平、公正”的原则，在资金落实上，未能坚持“专款专用，重点使用”的原则，这就导致在救灾资金拨付上容易滋生腐败和违规滥用、挪用的情况。三是政府部门对善款的监管力度薄弱，对于救灾资金的运用仅仅是做出表面性规定，而没有对其具体项目进行跟踪监督。在救灾资金拨付后，缺乏对有关基层部门救灾资金使用情况的跟踪审计和纪律检查，造成救灾款被挪用或截留甚至被贪污，导致其不能及时到位。

9.2.3 救灾财政资金和社会捐赠资金分属于不同的体系

救灾财政资金的拨付是属于财政部门管辖范围，而慈善组织受民政部门的监管，其所筹集的社会捐赠资金则是由民政部门负责调拨。这就会造成双方职能部门各行其是，资源无法有效整合，以致出现“各立山头”的状况。面对灾后重建工作，财政部门与民政部门又缺少良好的沟通机制，使得相互信息不能得到充分共享，在救灾决策上，容易出现盲点和浪费。

9.3 救灾财政资金和社会捐赠资金的协调运用

9.3.1 政府应当适当地向社会“放权”或“分权”，建立与社会捐赠组织的伙伴关系，充分发挥社会捐赠组织的积极作用

由于在资源和权力上的优势，使得政府必然在许多方面处于主导地位，这就要求政府通过不断调整自身的定位来积极影响社会进程，改变和协调好与社会慈善事业的发展机制。对于当前慈善事业中行政干涉的问题，解决的关键在于政府职能的转变。在经济发展过程中，要注重社会协调发展。在社会资源分配上，要在注重效率的同时，更加注重公平。政府应该重新建立与社会捐赠组织的关系，通过政策和法律手段激发企业、社会公众的慈善参与积极性；并且通过引进专业人才和国外先进的运作模式，帮助国内慈善组织提供专业化水平，从而形成全社会有效协同的慈善事业发展机制。

政府应该与社会捐赠组织之间寻找适当的平衡点，建立一种合理、协调的关系。一方面要把社会捐赠组织看成是平等的主体，形成一种伙伴与合作关系。这点可以借鉴北美地区政府与捐赠组织的关系，政府对捐赠组织的扶持主要表现在税收优惠和购买服务方面。在组织形式上，只要是依法注册的慈善组织，均给予免税资格。在社会公益事业上，由政府以招投标的方式交由非政府组织承担；另一方面，政府要加强对社会捐赠组织的监督、引导和宏观管理；并给予捐赠组织一定的独立性，使组织能够根据实际情况，自主地调拨资金，避免捐赠资金财政化。

改革有关登记管理方面的法规政策。要改变 NGO 登记管理体制中由“登

记管理机构”和“业务主管单位”双重审核、双重负责、双重监管的原则。可以借鉴英国成立一个独立于政府的慈善机构登记委员会，对于通过审核注册登记的慈善机构在政策上给予税收优惠和管理指导，注册登记的慈善机构成立自己的协会，接受政府和社会公众的监管，但协会运作独立于政府。

9.3.2 加强慈善组织的监管机制和建设，提高运作水平

我国对慈善组织的监督管理，主要是通过年检报表的形式。但是面对成千上万各式各样的慈善组织，管理人员很难通过年检真正对慈善组织进行有效监督，这就需要完善的社会监管体制。慈善组织接收了社会的捐赠和以税收优惠等形式获得的公益资产，因此有理由对社会公众负责。这种社会监督机制，使得每个公民都可以对其进行检查、监督，一旦被发现问题，组织将会受到法律的制裁，相当于给了慈善组织一个强烈的自律激励。另一方面，慈善组织也必须向社会公众公开其财务、活动、管理等方面的信息，确保数据、信息，包括组织的财务报表真实可靠，还要定期将重要信息在公众媒体上发布。与此相应的，还需要有媒体的独立和舆论监督。

要注重组织的自身建设，这就要求慈善组织要明确自己的定位，树立“为社会大众服务”的理念意识，这样才能激发社会公众投身于慈善事业的热情，形成良好的氛围，推进慈善事业蓬勃发展。与此同时，还要完善组织的制度化建设和环境的改善，一是要坚持“以使命为先”的宗旨，树立起一面旗帜，使慈善组织的发展有明确的方向；二是要完善组织内各个成员的民主权利，根据民主集中制的原则管理和发展组织，从而更好地实现自己的使命。

建立救灾财政资金独立运行机制，具体要求是：政府将前几年的救灾财政资金支出的平均标准作为全年的救灾预备金，并在年初列入民政部门的救灾专用账户，年终进行决算。而民政部门根据受灾地区政府的资金申请下拨救灾款，同时财政、审计部门在救灾资金下拨使用后，进行监督审计，这样不仅把事前监督转变为事后监督，而且还提高了救灾资金的使用效率和效果。

9.3.3 财政部门和民政部门成立“灾后重建资金协调小组”，建立财政资金和捐赠资金的协调机制

在灾害救助过程中，财政部门和民政部门要突破原有的组织规范与架构，建立相互协作机制。当灾害发生时，政府应该迅速召开灾区工作协调会，统

筹规划财政部门和民政部门各自的职责，民政部门将自身吸收的捐赠资金拟使用意向与财政部门进行沟通，避免资源重叠与浪费。对于民政部门则要统一指挥其管理的慈善组织，并将 NGO 的灾害救助优势与财政部门相结合，使其能够发挥联系、运输、协调等功能。而财政部门及时将财政资金的拟投放重点告知各捐赠团体，既有“窗口指导”的作用，也利于捐赠团体查漏补缺，充分发挥其小型、直接、灵活的特点。

以上通过财政部门与民政部门合作机制的建构，可使得各部门都能正确地进行自我定位，使得社会资金与财政资金能够更好地发挥整合性力量，更及时地为灾区提供救助服务，更快地完成灾后重建工作。

【参考文献】

[1] 胡涵，刘莹莹．改善救灾应急财政的管理［J］．大众商务，2009（7）．

[2] 周利敏．公私协力：非协调约束下公私灾害救灾困境的破解［J］．中国地质大学学报，2009（3）．

[3] 冯俏彬，王勇．灾后重建：商业信贷资金、政策性金融支持和立体化资金保障体系建设［J］．财政研究，2010（2）．

[4] 姚建平．中美慈善组织政府管理比较研究［J］．理论与现代化，2006（2）．

[5] 任振兴、汪治强．中外慈善事业发展比较分析［J］．学习与实践，2007（3）．

[6] 王名．国内外民间组织管理的经验与启示［J］．改革与发展，2006（2）．

[7] 贾西津．国外非盈利组织管理体系及其对中国的启示［J］．社会科学，2004（4）．

[8] 孙克竞．重大自然灾害资金筹集及其配置问题研究［J］．经济与管理，2008（8）．

[9] 齐天，任志媛．社会捐赠资金管理中存在的问题及建议［J］．审计月刊，2008（1）．

[10] 杨晴川，王赵青，杨士龙．国外如何对善款发放实施监督．［N］中国社会报，2008（4）．

（本文作者：华金秋　胡佳）

Research on the Coordination of Disaster Relief Financial Funds and Social Donation Funds

【**Abstract**】 This article take the Wenchuan earthquake as an example, describes the process of reconstruction in post – disaster relief funds appear in donated funds and social status and problems of existence, and through the analysis of these issues is proposed to coordinate the use of fiscal funds and donor funds approach namely, strengthening the cooperation between the government and charitable organizations, charitable organizations to improve operational level, the establishment of financial resources and social coordination of donor funding mechanisms to better integrate each other's strengths to maximize the integration of forces, to achieve faster reconstruction work.

【**Key words**】 Financial Funds; Donation Funds; Coordination and Cooperation

10

汶川地震灾后对口支援工作透视——基于审计署和支援省市审计公告的分析

【摘要】 对口支援是我国的一项特色政策，是社会主义共同富裕目标的具体体现。汶川地震后，对口支援作为一种有效的灾后重建机制对受灾地区的恢复重建发挥了巨大的作用。本文基于审计署和支援省市相继发布的审计公告对汶川地震的对口支援工作进行分析。

【关键词】 对口支援；灾后重建；审计公告

10.1 汶川地震灾后对口支援工作取得巨大成效

对口支援是我国的一项特色政策，是社会主义共同富裕目标的具体体现，在社会主义建设实践中得到了广泛的应用。汶川地震后，对口支援作为一种有效的灾后重建机制对受灾地区的恢复重建发挥了巨大的作用。2008 年 6 月 11 日，国务院出台了《汶川地震灾后恢复重建对口支援方案》（下文简称《方案》），正式确立了有关省市对汶川地震灾区的对口支援机制。《方案》按照“一省帮一重灾县”的原则，确定的支援省市为 19 个，相应的受援灾区为 20 个。其中，广东省负责支援重灾区汶川县，深圳市则独立支援甘肃省受灾严重地区。下文主要基于审计署和支援省市相继发布的审计公告对对口支援工作做一分析。

在党中央国务院的统一部署下，各支援省市展开了大规模的对口支援工作，取得了一个又一个阶段性成果。汶川大地震一周年之际，胡锦涛总书记强调了“力争在两年内基本完成原定三年的目标任务”的要求，各援建省市积极响应中央号召，对支援工作全力以赴，取得了辉煌的成就。据四川省统计局数字显示，截至 2009 年年底，全国各援建省市确定援建项目 3 126 个，其中 1 211 个项目已完工，占已确定对口支援项目总数的 38.74%；已确定对口支援资金 682.13 亿元，已到位对口支援资金 405.7 亿元。以广东省为例，广东省支援重灾区汶川县，结合受援地区的灾后恢复重建规划，广东省确定对口支援汶川县总预算 82 亿元，实施重建项目 702 项。截至 2010 年 2 月底，广东省援建阿坝州汶川县 82 亿元援建项目中，已竣工项目 466 个，竣工率 66.3%；累计到位援建资金 58.98 亿元，已完成投资 53.8 亿元，累计拨付资金 52.87 亿元。

由于重建投资项目的推动，汶川地震灾区的经济获得了飞速的发展。截至2009年上半年，10个极重灾县中实现GDP 279.1亿元，同比增长12.1%，扭转了地震后持续下降的局面。在10个极重灾县中，除汶川县GDP仍然下降2.9%以外，其他9个极重灾县均有所增长，有力地支撑了地震重灾区经济的加快恢复。同时，灾区人民生活水平亦有了较大的提高。大部分居民拥有了永久性住房，其中农村永久性住房重建完工100.8万户，城镇住房重建完工3.3万套，51个重灾县灾后重建学校完成率已超过85%，灾区95%以上的学生已告别板房校舍，搬进永久性校舍学习。大部分居民已从心理创伤的阴影中解脱出来，正以极大的热情投入重建家园的活动当中。

10.2 对口支援工作取得顺利进展的原因

10.2.1 社会主义制度具有无可比拟的优越性

我国是工人阶级领导的、以工农联盟为基础的人民民主专政的社会主义国家。人民民主专政决定了我国是无产阶级政党一党执政的集权型国家，以实现共同富裕为目标，这为汶川地震灾后对口支援模式提供了坚实的体制基础。只有在我们这样的国家里，重大自然灾害后的对口支援模式才会成为现实。

（1）对口支援体现了社会主义的本质特征。社会主义的本质是实现共同富裕，一方有难，八方支援。汶川地震中，人民群众生命财产遭受了巨大的损失，各支援省市通过对口支援帮助灾区人民尽快地恢复生产建设是全国人民的共同心愿，中央政府制定出的旨在实现全国人民共同富裕的政策必定会得到人民的拥护和支持，自然也会得到地方政府的大力支持。

（2）中央集权的行政领导体制保证了灾后对口支援工作的执行效率。对口支援工作能否有效执行，取决于地方政府对中央政策的拥护和支持。由于中央和地方政府之间是垂直领导关系，对于中央政府提出的政策方针，地方政府一般会积极主动地落实和贯彻。同时，中央政府很大程度上决定着地方政府要员的选拔和任用，而选拔任用考核的主要标准是地方政府要员是否很好地拥护和执行中央制定的政策和决策。正是由于中央的绝对权威，在对口支援工作中，才能政令畅通，步调一致，集中力量投入灾后恢复重建中。

（3）党的先进性在援建过程中发挥了重要作用。各个援建省份中都有大批党员参与到了灾区的恢复重建工作中，并且相当一部分党员在援建工作中担任重要角色。如北京市对口支援前线援建人员共有 4 000 多人，其中党员 260 余名，设立临时党委一个，党支部 19 个。党委党支部在援建过程中不忘加强党的建设，积极组织党员开展党的先进性学习。通过对党的先进性学习党员对援建工作认识更加深入，并增强他们做好援建工作的使命感和责任感，更好地将思想和行动统一到中央体现的有关精神上，为援建工作打下了坚实的思想基础和并提供强有力的组织保障。由于党员的模范带头作用会影响非党员援建者和当地群众，从而在援建前线形成了和谐的援建氛围。

10.2.2 国家及时出台汶川地震灾区对口支援政策法规

任何一种机制或模式有效运行的背后都有相应的一套政策法规作为保障。在汶川地震灾后重建中，一系列的政策法规为对口支援机制科学合理有序的运行提供了强大的法理依据。汶川地震发生后，国务院及时出台了《关于地震灾区恢复生产的指导意见》《关于做好汶川地震灾后恢复重建工作的指导意见》《汶川地震灾后恢复重建条件》《汶川地震灾后对口支援方案》等政策性法规。一方面为对口援建提供了具体的操作指南，如《对口支援方案》规定，“对口支援期限按 3 年安排，各支援省市每年对口支援实物工作量按不低于本省市上年地方财政收入的 1% 考虑”，这为汶川地震灾区获得充分的人力物力财力提供了强有力的保证。另一方面制定了对口援建工作中财政收入、税收优惠、金融支持、用地保障、人员安置、倒房重建等一系列措施。各支援省市在中央总的政策要求下，根据受灾地区的实际情况，相应制定了具体的援建方案，并以法规政策的形式生效，所制定方案均对目标任务、基本原则、项目安排、资金使用、人员管理、工作机制做出了详细的规定。同时为了保证灾区教育机构科学地重建，使灾区学生尽早全面复课，教育部专门颁布《教育部关于做好教育系统灾后恢复重建对口支援工作通知》。其他相关部委如银监会、卫生部也及时做出相应的通知。2008 年 12 月 27 日的第 11 届全国人大常务委员会第六次会议通过了修订后的《中华人民共和国防震减灾法》，对地震应急救援、灾后过渡性安置和恢复重建、监督管理、法律责任做出了相应的规定，为灾后恢复重建过程中的对口支援工作提供了总的指导原则，使得对口支援的各项工作做到真正的有法可依。国家和地方相继颁布的系列法规政策通知使对口支援工作切实走上了规范化和制度化道路。

10.2.3 支援省市对援建工作高度重视

汶川地震灾害不同于一般的自然灾害，破坏性强，灾害范围广，影响程度深，使得地震灾后援建工作具有长期性和复杂性。汶川地震是新中国成立以来破坏性最强、波及范围最大的一次地震，地震的强度、烈度都超过了1976年的唐山大地震。据不完全统计，此次地震造成的直接经济损失超过了8 451亿元，其中70%的损失是由于基础设施、城镇住房、医院学校造成的。面对如此巨大的自然灾害，重建工作涉及灾区群众生活安置、基础设施重建、恢复生产，每项任务都异常艰巨，对口支援工作的任何一步进展都要以各支援省市投入的强大人力物力财力作为保障。在党中央国务院做出对口支援汶川地震灾区恢复重建的战略部署后，各支援省市对援建工作高度重视，全力以赴，体现在以下三个方面。

首先，各支援省市一把手纷纷亲临灾区现场进行先期调查或对援建工作进行视察，并成立高规格的援建队伍。例如，时任上海市市委书记俞正声在地震发生后，作为第一个外省一把手深入四川灾区，先后行程700多公里，慰问受灾群众，征询他们对援建工作的要求。支援省市一把手视察灾区具有非常重要的意义：一方面通过调研和座谈会的形式听取灾区人民的心声和援建过程中存在的问题，及时督促支援方援建部门予以解决；另一方面可以让随同的企业人员深入了解到灾区的投资环境，从而促进企业参与到灾后恢复重建中。大部分支援省市均成立了高规格的对口支援灾后重建工作领导小组，组成员以副部级别和副厅级的领导干部为主，加强了对援建各部门的直接领导，保证了援建工作的执行力度和效率。

其次，支援省市在对口支援工作中积极贯彻落实科学发展观念，统筹援建工作的全过程。在规划设计上派出有经验的地质专家和建筑设计专家，并组织相关专家学者进行课题研究，力求做出科学的重建规划。针对具体重建方案的规划，援建省市基本上都严格按照国务院颁布的《汶川地震后恢复重建总体规划》及国家抗震设计标准，对地震断裂带和地震灾害做出科学的测绘和评估；合理地确定适宜重建区和不适宜重建区，在适宜重建区科学规划居住建筑、基础设施、教育卫生机构的平面布置。同时充分考虑到了受灾地区的环境承载能力，对环境承载能力较低的地区进行生态重建，尽量不安排与生态环境相冲突的规划项目。汶川地震受灾严重地区多为少数民族居住地区，其建筑风格经过千年的累积传承下来，有着自己的民族特色，如北川县城在地震前有“神禹故里，千年美城”之称。援建省市在建筑设计中考虑到了少数民族的历史习俗，浙江援建青川时，对农村的建筑采用“小青瓦，白粉墙，人字顶，砌空墙，兰花窗”的建筑风格，得到了当地居民的积极肯定。湖南省在对口支援理县的项目选择和布局上，尽可能整合各类援建项目，如创造性地将文化馆、图书馆、影剧院、广播电视中心、博物馆、体育馆、文化体育休闲广场、培训中心等合并建设理县文体中心，节约了投资，提高了投资效益。

最后，将对口支援和对口合作结合起来，提高灾区的自我发展能力。灾区的持续发展能力需要人力、智力和强大的工业基础作为后盾。多数支援省市都已规划了工业园项目，做好园区的水电路讯等配套设施，为企业入园办厂提供条件，同时对灾区展开人力资源支援和培训，极大促进了当地的造血功能。北京市特地启动了《对口支援什邡市恢复重建智力援助方案》，充分发挥了首都的智力资源优势，对什邡地区的教育、农业、卫生、旅游、人才培训展开支援。一些发达省市结合本省的产业转移政策，将短期的政治援助机制转变为长期的对口合作机制，为灾区带来了先进的管理模式，同时实现了共同发展，互利双赢。河北地区为尽快帮助灾区恢复发展，设立基金专门帮助当地的中小企业恢复生产。

10.2.4 受援地区领导和群众的积极配合

受援地区干部和群众具有强烈的上进心，不顾地震造成的心灵创伤，以极大的热情积极投入灾区重建中去。他们奋战在重建家园的第一线，舍小家为大家，克服重重困难，有力地保证了重建目标的完成。他们克服工期紧、交通不便、材料供应紧张等困难，积极采取措施保障灾后恢复重建进度和工程质量。

10.2.5 媒体的大力宣传加速了对口支援工作的顺利进行

新闻媒体具有强大的宣传导向作用，具有针对性、群众性、参与性。正确引导舆论，有利于构建良好的互动关系。汶川地震发生后，广大新闻记者冒着生命危险在第一时间第一现场向全国人民播报客观真实的报道，人民群众从报道中获得了信息共享，引起了心理的共鸣，并积极地参与到救灾物资和资金的捐赠工作中。各援建省市纷纷派出记者，开辟专栏专题，及时报道援建过程的感人事迹，极大鼓舞了援建工作者的援建热情。同时，新闻媒体亦有监督的作用。新闻媒体一方面及时反映灾区人民的呼声和要求，另一方面又对政府责任的落实进行监督，及时指出援建过程中的存在的问题。援建人员基于媒体强大的舆论压力，也会自觉地约束自己的行为，新闻媒体监督有利于促进灾区建设各项工作的合法有序进行。

10.3　当前对口支援工作中存在的一些问题

10.3.1　受援方政府职能有待改进

许多援建省市提出要将援建地区当成自己的一个县来建，但是部分支援省市也存在把援建地区当成自己一个县来管理的思想，可能会限制援建地区政府职能的发挥，不利于调动当地政府参与重建的积极性。国务院在印发的《汶川地震灾后恢复重建对口支援方案》里明确指出，“受援地区树立地方为主的思想，充分发挥干部群众的积极性，互帮互助，苦干实干，生产自救，重建家园”，对口支援方在制定具体的支援方案上也将坚持当地党委政府的统一领导统筹协建作为基本原则，但事实上对口支援方和受援方的行政级别相差两级，派出的援建机构人员的级别也多高于受援方政府人员的行政级别，并且受援方和支援方归属于不同的行政体系，各自向对应的上级负责。行政级别上的差距则会导致援建双方的心理上的巨大落差。一方面支援方财大气粗，具有相对优越感，在援建过程存在大包大干的现象。另一方面受援方地震带来的心理创伤尚未恢复过来，加之存在依赖的心理，对援建方的行为多采取默认的态度，放弃了灾后重建的主导权。但对于有争议的项目，受援方多在表面上认同支援方观点，但在实际工作中采取不合作的态度，如对项目进展不配合，在讨论会中不派人员出席。虽然双方建有对口衔接机制，但是趋于形式化，没有起到应有的沟通作用，可能会影响援建效率。支援省市派出关键人员到受灾市县挂职（如副市县长，副市县党委书记），虽然有利于加强双方的沟通和协调，但却模糊了双方的行政归属责任，当某援建项目在资金或质量上出现重大问题，很难界定是当地政府的责任或者是援建方的责任，不利于援建项目的监督和管理。

10.3.2 各地灾情和经济发展不平衡

（1）支援省市的经济实力差距造成受援地区支援效果存在差异。客观上支援省的经济实力与受支援的受灾县市的被破坏程度相对应，即经济实力强的几个支援省份的援建资金比较多，承担的援建任务也比较繁重。但是由于我国的行政体制是自上而下的高度集权的管理体制，中央掌握地方要员绩效考核大权。为了彰显援建绩效，各援建省份在援建过程中存在打造形象工程的冲动，对于经济不发达的省份来说，这种冲动更加强烈。由于援建资金的短缺，不能像发达省份那样突出整体的援建效果，于是就有可能倾向于集中资金打造几项形象工程，以突出援建的成果，这样一来就可能导致其他援建项目资金不到位，进而影响整体援建的质量和进度。在智力援助上，各援建地的受惠差异就表现得更为明显。北京集中了全国最优秀的智力资源，在智力援助上有其他地区无可比拟的优越性，但是由于对口支援的缘故，它只向什邡市提供最全面的智力支持，而同时由于部分支援省市智力资源有限，对受援方智力资助较少而且效果不明显，相关受援地区人民可能感到相对不公平。

（2）需要充分发挥市场配置资源的积极性。市场经济指产品和服务的生产及销售完全由自由市场的价格机制所引导。一个地区的经济发展水平是受多方面因素影响的，地理位置、资源、环境、人口、社会习俗等是一些影响经济发展水平的重要因素。况且地区经济是在市场配置资源的基础上发展起来的，它的规模和容量与市场配置资源的效率密切相关。支援省市在援建过程中则很少考虑到当地科学的经济规模和容量，对受援地区强加性造血，扼杀了市场机制，并引发了系列问题。为振兴当地经济，各支援省市在受灾县市建有工业园以招商引资，支援省份规模企业大批入住灾区。首先，受灾地区中小企业多在地震中受创严重，缺乏重建资金，而且又引入了强大的竞争对手，使得中小企业市场萎缩，生存可能更加困难，而灾区中小企业是当地经济发展的生力军。其次，众多工业园争相招商引资，甚至强制支援省的企业投资，难免会重复建设，降低市场配置资源的效率。最后，招商引资企业的后期运营如何，其市场容量如何，能否打开销路仍是一个未知数。

10.3.3 对灾区居民的独立性关注不够

（1）对灾后人民的心理创伤关注不够。汶川地震中灾区人民受到极大的心理创伤。部分居民的财产积蓄在地震中化为乌有，承受不了从正常人到灾民的巨大心理落差；部分居民因为在地震中失去了亲人而长期不能从悲痛中恢复过来，而部分居民则从一个健康人变成了残疾人，无法自理生活，可能产生自卑心理，影响其参与重建家园的积极性。而支援省份对灾区居民由于地震产生的心理问题容易忽视，仅派出少量心理医务人员，但可能难以满足灾区居民对心理医务人员的需要。

（2）对灾区的生活建设物资支援有限。在地震发生后的居民安置阶段，由于活动板房多为砖木结构，撤除后利用价值不大，所以一般乡镇机关、医院学校采取活动板房安置，居民则主要以帐篷为主，由于帐篷不能隔热防震通风，加之部分帐篷没有按照有关标准生产，所以许多灾后的老人和儿童无法适应像火炉一样的帐篷，对他们的健康构成了很大的威胁，而支援省份很少注意到这一问题。在重建阶段，对于农户自建房，支援省市多以“交支票”的形式予以现金补助，一般是 10 000 左右，加上省政府的补助和中央政府的补助总计不超过 22 000 元。但是后续的问题是可能导致灾后建筑材料缺乏，灾区农户往往买不到建筑材料如砖瓦、钢筋水泥，即使能够买到，也是以极高的价格购入。支援省市的“交支票”援助并不能解决自建农户的建筑材料短缺问题。支援省市把支票交到农户手里就以为完成了对农户的援助责任，而忽视了农户在自建过程中遇到的种种问题。

（3）部分城乡居民的基本产权没有得到尊重。尊重和保护居民的私有财产权利已经被写入我国宪法，并且温家宝和相关部门领导人在汶川地震讲话中多次提到要尊重灾区产权人的利益，这其中包括灾区人民拥有的私人房产或者是 30 年不变的宅基地和责任田。但是在援建过程可能存在损害灾区居民基本产权的现象，比如部分曾有受灾县的乡镇政府要求支援方对土地集体征用、重新分配，但是很快遭到灾区居民的抵制。忽视灾区居民的基本产权会严重挫伤他们重建家园的积极性，也会造成社会秩序的混乱，容易滋生腐败或造成资源浪费。

10.3.4 援建资金使用的保障机制有待改进

（1）资金保障机制存在缺陷。援建资金的主要来源包括各支援省份上年度财政收入的 1%，社会捐赠物资和中央财政拨付资金，无论是捐赠资金还是财政资金，均来自纳税人上缴的各种税收和辛勤劳动换来的财富，因此管理好这笔巨额援建资金是政府对纳税人以及全国人民的一个承诺，纳税人有权利了解资金的使用情况，有权利监督援建资金不被挪用。根据 2010 年 1 月 27 日审计署对恢复重建跟踪审计的公告表明，援建资金在使用过程仍存在一些问题：①到位的资金被搁置，未能按计划投入到援建项目上，一方面使援建的工程项目迟迟不能开工，使当地居民不能及时的搬入永久性住房，另一方面也为挪用资金创造了可能性。②援建过程中存在违规使用资金的现象，而且金额巨大。据审计署的公告结果显示，查出违规使用灾后恢复重建资金 2. 30 亿元，重复申请灾后恢复重建资金 2. 40 亿元，超出规划投资 1. 55 亿元，加总违规使用资金达到 6. 25 亿元。汶川地震后国务院及时发布了关于资金使用的指导意见，同时，支援省份也制定了具体的资金保障制度，但是在资金使用过程中仍然出现此类问题，这说明在援建过程中建立的资金保障制度还存在缺陷，需要进一步健全和完善。

（2）审计工作缺少明细化披露。根据审计署及各援建省市相继公布的审计公告来看，披露的内容仅包括援建资金的到位情况和援建项目的进展情况以及资金的违规使用情况，缺少对援建资金和项目的明细化披露。由于不清楚审计工作的具体流程是否合规、援建资金的预算明细表、工程竣工决算、大型项目的招标披露等相关信息，公众并不能判断审计工作的效果如何，也不能对审计工作做出明确的评价。同时各援建省市的审计公告进度不一，使有意愿参与灾后重建的社会团体或个人无法得到的详细的援建信息，比如由于不清楚哪些项目还在等待援建，未完工的项目缺乏多少资金等信息而错过或者不能及时地参与到具体项目的援建。

10. 4　不断健全灾后对口支援长效模式

2010 年 4 月 14 日早晨，在青海玉树发生 7. 1 级大地震，给当地造成了巨大的破坏，随后国家迅速成立前线指挥部，积极展开救援工作。汶川地震灾后救援重建的实践证明，对口支援是一种有效的支援模式，必须不断地完善对口支援模式，使之形成一种长效机制以应付不断发生的自然灾害。

10. 4. 1　中央政府应强化对口支援的宏观调控职能

（1）建立健全救灾物资储备和运用机制。地震发生后，灾区居民最关心的是救灾物资的筹集和发放。目前我国在灾后投入的救灾物资主要包括帐篷、被子、衣物、燃油食粮等，而其主要来源是社会捐赠和政府临时购买。为了使救灾物资能够尽快足额的发放到灾区居民手中，必须完善救灾物资筹集机制。中央政府应根据我国的地理特征及以往应对地震灾害的经验合理的规划救灾物资的储备方案。然后根据储备方案尽快地建设救灾物资储备体系。同时应创新救灾物资种类。在国外，移动房车被广泛地运用于救灾及重建中。与帐篷相比，移动房车具有通风隔热防寒和便于移动的功能，并且在重建阶段可以作为过度安置房使用。一方面可以为弱势群体创造一个安全的灾后环境，另一方面也避免了援建资源的浪费。政府可购置相当数量的房车，并加入救灾物资储备体系中。有关政府部门应该进一步完善救灾物资的生产和质量标准，加强对救灾物资生产企业的监督和管理，对违反质量标准的企业进行严厉处罚。救灾物资的购买和发运要建立必须要经过有关部门的审核，严禁有毒有害的救援物资流入灾区。

（2）对口支援模式必须完善协调机制。为解决援建过程的公平和效率问题，政府必须加强对口支援的宏观调控，完善对口支援的协调机制。首先，完善支援方和被支援方的对口衔接机制，进一步明确双方在对口支援过程的职能分工和责任。其次，各支援省市之间也应建立相应的协调机制。中央政府应成立专门的协调机构，牵头组织各支援省市之间的经验交流会，并建立信息共享网络。同时中央政府应不定期地派员到受灾地区实地调查，监督各援建省份是否存在相互竞争攀比现象。最后，对于智力援助，中央政府可以考虑将各支援省市的智力资源集中起来，根据受灾地区的灾情和实际情况统筹安排，打破一支援省市的智力资源只援助相对应受灾地区的现象。

（3）完善对口支援的各项政策法律。国务院和立法部门应该征询全国人民（特别是灾区居民）的意见，组织相关专业人员进行立法工作研究。针对灾区援建过程中找不到法律依据的重大问题，应及时制定或修缮相关的政策法律，及时弥补救援工作中存在的法律漏洞。对于从对口支援模式总结出来的经验要及时分析，从中寻找出应对地震自然灾害的一般性经验和长效机制，并及时地使其上升为法律或者政策性法规。要尽快完善《防震减灾法》，依法对容易发生地震灾害地区的建筑特别是学校医院建筑质量和抗震标准进行清查，对于不符合标准的建筑进行加固或者重建。同时加强立法工作的科学性，规范立法程序，避免制定的关于抗震救灾的法律或政策与宪法或者其他母法相冲突。只有不断地完善相关的各项政策法规，才能使灾区的各项工作有法可依，有序进行。

10.4.2 规范援建资金的筹集和使用

(1) 进一步完善援建资金的筹集机制。汶川地震中主要采取以下几种途径筹集资金，包括预算稳定调节基金、财政性资金预算、国有资本经营利得、国内外捐赠，但对灾后救援和重建来说仍然存在巨大的资金缺口，造成了中央和地方政府支出压力过大，甚至影响到地方支援省市的经济发展，因此必须拓展新的援建资金来源渠道。一方面，中央政府可以考虑通过面向社会发行长期国债的形式筹集资金。另一方面，中央和地方政府应出台相关的优惠政策鼓励民间资本参与灾后重建。例如各支援省市可以和本省市的规模企业或者民间财团达成协议，给予相关的政策优惠，使本省市的民间资本以市场化的方式参与相关项目的援建过程，不仅缩小了资金缺口，而且提高了援建效率。

(2) 筹集的资金要进行科学的分配。首先，要结合重建规划建立科学的资金预算体系，保证资金的运用和项目的进展对资金的需求能够按照预算的标准进行。其次，要加大对教育系统的重建的援建资金比例。汶川地震中房屋倒塌最严重的就是学校，并且教师的伤亡也比较大，因此必须给予教育系统重建足够的资金使灾区学生能够及时地恢复上课。再次，援建资金分配中要加大对灾区居民的租金补贴，以更有效地促进异地重建。各支援省市的相关城市要为前来务工的灾区居民提供租金补贴，并帮助他们找到满意的廉租住房。最后，援建资金要考虑到后期营运资金的安排。支援省市要预留出一部分资金以应付援建项目后期运营成本上升的问题。

(3) 加强对资金使用的监督，健全资金保障制度。首先，各支援省市应严格按照国务院出台的资金预算管理办法或者相关的指导意见建立完善的资金保障制度，并提交财政部复核同意。确保资金使用过程中严格遵守资金保障制度，使援建资金专款专用，专户存入或支付，转账核算，并由援建双方共同履行审批拨付和监督的责任。其次，对违规使用资金的行政人员进行处罚，并将违规使用资金情况纳入对各支援省市整体援建效果的绩效考核中。再次，可以考虑由政府审计人员和公众审计师共同组成审计组对援建资金的全过程进行审计，并进行明细化披露。最后，应建立畅通的举报机制，对举报违规使用资金情况的人员保密并予以奖励。

10.4.3 建立健全对口支援工作制度

完善的制度是对口支援模式顺利进行的基础，是效率和质量的保证。

首先，完善信息监管制度，掌握舆论导向。要加强对不利于灾后重建信息的监管，如哄抬物价，散布谣言等。政府可以考虑成立相关的信息监管机构，建立应对信息的预警机制。一方面对于影响灾区稳定及建设的非法信息及时进行截留，迅速展开调查，尽快查明事实真相并予以澄清；另一方面，积极与新闻媒体沟通，使之配合灾区的工作，谨防相关媒体无中生有或以小夸大的炒作。对于援建工作中的先进事例，要及时地予以宣传。

其次，建立健全审计公告和披露制度。首先定期公告援建资金和物资的来源、数量、发放、使用情况以及物资和资金的缺口情况。其次对援建项目规划和进展情况及时地进行公告，政府应就哪些项目需要招标哪些项目需要自建等向社会公布，一方面消除信息屏障的成本，另一方面创造一个公平的竞争环境。对招标的项目要进行明晰化披露，如招标程序、中标单位、质量验收报告、工程竣工决算报告，以确保对口援建过程中的物资、设备、劳务采购能够严格按照国家标准进行，确保招标工作流程能够规范运作。

最后，建立健全行政问责和绩效评估制度。为了确保援建项目的质量和援建人员严格遵守廉政纪律，必须建立一套完善的行政问责制度，强化相关领导的责任意识。一旦援建项目出现严重质量问题，要追究相关主管领导的责任，并将行政问责制度和官员的升迁考核结合起来。同时，应建立健全绩效评估制度。国家层面应根据灾区的特点和各省市不同的情况确定不同的评估标准。各省市也应根据本省的评价标准确定具体的评价考核体系。

10.4.4 引导规范民间资源参与重建

首先，对于灾后重建紧缺型人才如教师、医务人员等专业技术人员等应引入市场机制。根据市场规律，当某种资源紧缺时，价格一般会相应地水涨船高。由于地震灾后自然条件比较恶劣，教师和医务人员长期深入灾区参与救援重建有一定难度，各支援省份可以适当提高工资公开招聘本省优秀相关技术和服务人员，以解决灾后的人力资源短缺问题。

其次，要充分运用市场机制引导民间资本参与灾后重建。政府应鼓励灾区有资金实力的居民集体出资组成公司参与住宅小区、廉租住房的开发和建设，政府应在资金上予以扶持，财政金融上予以政策优惠，以扶持发展。另外，支援省市也应鼓励本省市有资金实力的企业参与项目的援建。例如，支援省市在公开透明的前提下可以和相关企业组成股份制公司，进行项目建设。

最后，对于非营利组织或基金会捐赠资金物资的筹集和使用进行监管。政府应针对非营利组织出台监管制度，一方面应要求其聘请公众会计师对其资金物资的筹集和使用进行审计，防止部分企业借助基金会进行资金转移，逃避税收。另一方面应积极引导非营利组织参与灾后重建，及时为他们提供援建项目的相关信息，并在实际工作中给予他们技术和资源上的配合。

【参考文献】

[1] 刘斌良，康波．大爱汇小金　小金焕新生——我省对口支援四川省小金县地震灾后恢复重建跟踪审计纪实［J］．审计与理财，2012（8）：6-8.

[2]．山西对口支援茂县灾后恢复重建跟踪审计成效显著［J］．审计月刊，2012（5）：56.

[3]．汶川地震灾后恢复重建2011年度跟踪审计结果（第5号）［N］．中国审计报，2012-04-20（008）．

[4]．汶川地震灾后恢复重建跟踪审计结果（第4号）［N］．中国审计报，2011-06-17（009）．

[5]．辽宁省对口支援安县灾后恢复重建资金（项目）审计情况［N］．辽宁日报，2009-10-28（002）．

[6]．甘肃省审计厅2009年上半年全省地震灾后恢复重建跟踪审计情况公告［N］．甘肃日报，2009-10-20（002）．

[7]．山东省审计厅关于对口支援北川地震灾后恢复重建审计工作安排意见［J］．山东政报，2009（7）：41-43.

[8]．省政府办公厅转发省审计厅关于做好对口支援四川省绵竹市地震灾后恢复重建审计工作意见的通知［J］．江苏省人民政府公报，2009（3）：44-47.

（本文作者：华金秋　李金辉）

Perspective of Counterpart Support Work after Wenchuan Earthquake—Based on Analysis of Audit Department and Support Provinces Audit Announcement

【**Abstract**】Counterpart support is a special policy of our country, and an embodiment of socialist common prosperity goal. After the Wenchuan earthquake, counterpart support as an effective post – disaster reconstruction mechanism has played a huge role in the reconstruction of the affected areas. This article make some analysis of counterpart support work for Wenchuan earthquake based on audit department and support provinces audit announcement.

【**Key words**】Counterpart Support; Post – disaster Reconstruction; Audit Announcement

11

抗震救灾资金审计探析

【摘要】随着抗震救灾工作的深入，抗震救灾资金的审计已经成为世人关注的焦点之一。本文首先阐述了对抗震救灾资金进行审计的必要性；其次，概述了抗震救灾资金审计的目标、主体、基本原则、要点、技术方法、证据和报告；最后，提出深入开展抗震救灾资金审计的措施。

【关键词】抗震救灾资金；审计；措施

11.1 抗震救灾资金审计的必要性

11.1.1 抗震救灾资金数额巨大

2008年5月12日，汶川8级大地震使四川、甘肃等地区遭受了多年不遇的灾难，灾区人民的生命财产遭受了重大损失。在短短的一周时间里，社会各界、海外华人以及国际友人踊跃捐款、捐物，总价值已经超过了百亿元人民币。截至2008年6月1日12时，全国共接受国内外社会各界捐赠款物总计415.38亿元，实际到账款物376.22亿元（其中到账捐款318.51亿元，物资折价57.71亿元），已向灾区拨付捐赠款物合计115.22亿元。这也是新中国成立以来社会最大规模的捐款活动。同时，为了灾区的抗震救灾工作，中央对灾区的拨款力度和速度都是空前的。仅从2008年5月12日至16日，中央财政共拨款26.8亿元（如表11.1所示）。截至2008年6月1日12时，各级政府共投入抗震救灾资金226.09亿元，其中中央财政投入182.98亿元，地方财政投入43.11亿元。随着抗震救灾资金工作的深入，赈灾款项及物资的流向已经成为国内外关注的焦点之一，社会各界也呼吁将救灾资金的来龙去脉透明化、公开化。

表11.1 中央抗震救灾拨款进度及用途

时间	拨款金额	拨款用途
2008.5.12	7亿元	综合财力补助资金5亿元；生活补助应急资金2亿元
2008.5.13	1.6亿元	生活补助应急资金1.6亿元
2008.5.14	2.5亿元	教育救灾资金5 000万元；广播电视系统修复1 000万元；救灾防疫1 000万元；物品采购4 000万元；特大防汛补助1.4亿元

续表

时间	拨款金额	拨款用途
2008.5.15	2亿元	医疗救治药品和器械采购2亿元
2008.5.16	11.7亿元	生活补助应急资金5亿元；粮油供应3.5亿元；综合财力补助资金2亿元；其他救灾资金1.2亿元
合计	26.8亿元	

11.1.2 抗震救灾款物可能由于管理不善等原因导致用途不当

救灾款物被私吞或被滞留、克扣的事件曾经发生过多起，令人心痛。2006年8月，新华社报道了陕西省华阴市滞留救灾款在各级政府的事件。[1]捐献的善款和物资及中央与地方财政抗灾救济资金，能不能安全有效地送达灾民的手中，也是一个重要的问题。2008年5月23日，成都市区街头多处出现标有“救灾专用”字样的帐篷，引发多方质疑。[2]因成都市区不属重灾区，也不在余震区域，市民不应使用救灾专用帐篷。为此，四川省纪委会同有关部门已组成联合调查组调查此事。如何保证国家的财政拨款和捐赠人用爱心汇成的“爱的海洋”能够真正流向受灾地区和受灾民众，帮助灾区人民摆脱困苦，关系到不让心碎不已的灾民雪上加霜，也关系到政府管理部门的信誉不被蒙尘，抗震救灾资金审计显然不能缺少。

11.1.3 国家支持对抗灾救济资金进行审计的态度明确

抗震救灾资金对灾区人民的生活保障和灾后重建关系重大，必须加强对抗震救灾资金的审计工作。2008年5月16日，审计署决定对抗灾救济款项和物资进行审计，以确保救灾款项、物资按要求及时到位、严格管理和合理使用。中纪委、监察部、民政部、财政部和审计署于2008年5月20日联合发布《关于加强对抗震救灾资金物资监管的通知》（以下简称《通知》），要求加强抗震救灾资金的监管，确保救灾资金款物真正用于灾区、用于受灾群众。《通知》要求加强对抗震救灾资金物资的审计监督和纪律检查；强化对救灾款物的跟踪审计监督，加大公开力度，定期向社会公布阶段性审计情况。民众日益响亮的要求财务透明化的呼声，以及相关部门适时出台的《通知》对捐款资金和物资进行审计的政策，标志着我国的抗震救灾资金审计已进入正轨。

11.2 抗震救灾资金审计概述

11.2.1 抗震救灾资金审计的目标

抗震救灾资金审计的主要目标是：①通过实施审计工作，全面、客观、公正地反映和监督中央以及地方财政救灾资金、社会捐款和物资的总体规模和使用、管理和分配状况的真实性、合法性和效益性。②通过检查、测试和评价，揭示款物收支过程中存在的不公开、不透明、随意性大等问题，查处贪污私分、挤占挪用等不法行为，保证资金专项使用，及时发放到位。③帮助各级主管抗震救灾资金的部门和相关单位找出内部控制的缺陷，逐步规范会计核算，完善款物收支和发放的管理制度，推动抗震救灾资金监督体系框架的建立健全和完善。

11.2.2 抗震救灾资金审计的主体

抗震救灾资金审计的主体由政府审计、社会审计和内部审计三方构成。政府审计是国家审计机关（审计署）依法对抗震救灾资金管理使用的真实性、合法性和效益性等进行审计。由于抗震救灾的特殊性质（公共性、时间紧、任务重、群众参与度高），目前还是以政府审计发挥主导作用。社会审计属于受托审计，由具备特定资格的人员（如注册会计师）对被审资金使用状况、管理效益以及对有关部门和单位披露信息的真实性、合法性和效益性发表独立的审计意见。内部审计是各级政府部门（如民政、财政、水利部门）和相关单位（如医院、红十字会、施乐会等慈善机构）自身对资金使用状况和使用效益的监督、检查。在不少国家，向慈善机构提供审计是一些会计师事务所的公益行为。我国空前规模的抗震救灾呼唤着作为“市场经济的监督者”的注册会计师们也积极地参与到此次审计工作中来，为抗震救灾工作出一份贡献，相信在未来，内部审计和社会审计的这种作用将会日益突出。中国红十字会主动邀请中维会计师事务所于2008年5月25日正式入驻，直接参与对5·12地震救灾捐赠款物接受和拨付的过程监督和后期的审计工作。5月29日，审计署派出的审计小组也入驻中国红十字会，对接收的汶川大地震社会捐赠资金和物资进行跟踪审计和监督。

11.2.3 抗震救灾资金审计的基本原则

11.2.3.1 真实合法与效益并重原则

对赈灾资金的审计不仅要对款项的筹集、管理、使用和分配的合法性、真实性进行审计，还要对其效益性进行审计。对抗震救灾资金的真实性与合法性审计，可以严格控制赈灾资金收入和支出的流向，也可以揭示出专项资金的使用中存在的贪污私分、截留、挪用的不法行为。而对效益性进行审计，通过评价资金使用的各个环节，揭露出浪费、管理不善等现象，并找出影响效益的原因，以便采取针对性的措施，从而保证抗震救灾工作的有效进行。当然，赈灾资金是“高压线”，随着法治意识的增强，有意识的违纪违规会相对减少，合法性、真实性审计的重要性相对削弱，效益性审计在未来更显重要。

11.2.3.2 事前重视原则

审计提前介入，监督关口就会前移。传统审计往往是待项目完工后进行的审计，这种审计明显无法对审计项目进行全过程的监督，致使资金使用的失控。一旦出现不法行为或不合理的行为都会造成救灾资金事前、事中的管理混乱，造成无效率，而且这种损失往往是难以挽回的，可见，其监督作用有不可弥补的缺陷。因此，开展审计工作要重视事前审计。在对某一大型救灾项目进行决策时，审计人员应该参与到项目管理的预算等工作中，对其可行性和有效性进行评价、分析，以杜绝“亡羊补牢”式的审计。事前审计往往有利于真正使抗震救灾资金的收入和开支得到有效的控制，发挥出审计监督的“预警”作用，从而达到预期目标。

11.2.3.3 重要性原则

由于抗震救灾资金的复杂特征，审计工作覆盖的过程涉及的单位多、专业性强、时间跨度大，对审计机关的人员素质、所需经费等都提出了更高的要求。然而，由于审计力量不足、经费局限、任务繁重，因此，必须考虑审计工作的成本和效益。应根据重要性原则，选择资金量大，与灾民生产、生活密切相关，能产生较大社会反响的专项资金作为审计首选项目进行重点审计。这种集中力量于关键项目的审计，有利于提高审计工作的效率。

11.2.3.4 “以人为本”和公开透明原则

抗震救灾资金审计通过揭露和查处各种违法违规问题，震慑犯罪，切实维护灾区人民群众的根本利益，真正实现“以人为本”。温家宝总理在2008年5月25日的记者招待会上特别强调：“我们在处理这些突发事件，以及国内其他问题上，坚持以人为本的原则不会改变，坚持对外开放的方针，永远不会改变。”巨量的生命悲剧，原本就应该用进步来补偿。开放和透明不只是应急之宜，而应成为社会的常态，惟有这样做，才能重建人心，重建机制，才能告慰逝者，激励生者。坚持公开透明原则，善用救灾款，不仅是政府对国人的一个交代，也是对全世界奉献善心者的尊重。而这种交代或尊重，会激发更多人的捐赠热情，从而让更多的灾民得到有效救助。“阳光”还是最好的防腐剂，坚持“阳光”审计，有助于以公开透明促公正。《通知》也要求，要提高救灾款物管理使用效益和公开透明度，加强对救灾款物管理使用情况的监督检查和纪律检查。透明原则要贯穿于救灾款物管理使用和审计的全过程，主动公开救灾款物的来源、数量、种类和去向，自觉接受社会各界和新闻媒体的监督。《通知》也明确要求有关省级审计机关每周要向审计署报告救灾款物审计情况，审计署每月向社会公布阶段性审计情况。救灾工作全面结束后，向社会公告救灾款物管理使用的最终审计结果。这些充分体现了国家“执政为民、以人为本”的执政理念和推进民主法制建设的需要。

11.2.4 抗震救灾资金审计的要点

为了搞好审计工作，在明确了审计目标和基本原则的基础上，还要进一步明确审计的要点。对抗震救灾资金的收入、发放、管理等情况的审计，主要应审查以下方面事项。当然，针对具体的审计项目和被审单位，审查的要点存在差异。

（1）各级政府部门和相关单位接收和发放救灾物资和资金的内部控制制度是否完整、健全和有效；有关单位接受捐赠的各项手续是否合理合法，凭证是否合理，是否做到“账证相符、账物相符”；是否按照国家的有关法律、法规规定开设特别的独立账户、专款专管，有无转移或隐瞒资金收入、私设“小金库”等行为；款物分配和支出是否符合规定，数额是否准确无误，有无虚列或列而不支的情况；有关单位是否及时结转资金增值收入。

（2）各项抗震救灾资金的来源是否正当；收入的渠道是否畅通，有无专门的单位、部门和人员负责管理；抗震救灾资金管理部门对国家财政拨入地方政府的救济款以及社会、个人向慈善机构捐赠的赈灾款项及物资是否均及时、足额入账；接收捐赠的实物质量是否合格，是否进行妥善保管，有无因保管不善发生损坏贬值的情况；是否及时真实地向社会各界公布其款项收支及物资收发情况。

（3）捐赠人是否按照捐赠协议约定的期限和方式将捐赠财产转移给受赠人；捐赠人公开表态的大额捐款与实际捐款对比，是否存在“空头支票”；捐赠人通过各银行业金融机构汇出的抗震救灾捐款是否按规定免收手续费或多收手续费是否及时返还。

（4）抗震救灾物资采购是否按规定进行招标，价格是否合理，有无质次价高情况或价格明显高于市场同类产品价格情况；救灾专用品（如帐篷）是否按规定在使用后及时回收和妥善保管；社会捐赠管理运行机构行政管理开支是否符合规定，是否提取管理费。

（5）抗震救灾专项资金（如堰塞湖抢险治理资金、灾区校舍建设资金）的使用是否坚持专款专用原则，有无挪用或贪污的行为；专项资金的使用范围是否均符合民政部、财政部的有关规定；是否存在有偿使用资金的情况或提取周转金；是否存在领导干部玩忽职守造成重大损失和财物分配中虚报浮夸、弄虚作假案件。

（6）是否按捐赠人的意愿分配救灾资金；是否将赈灾款项使用的重点放在重灾区和重灾户，灾民的基本生活水平是否得到保障；中央规定的因灾生活困难群众补助金、救济粮、孤儿孤老孤残人员基本生活费和遇难人员抚慰金的发放政策，是否分配到位，手续完备；地方政府是否存在分配资金中间环节过多，资金是否层层截留，导致滞拨抗震救灾资金款项、滞留救灾物资的问题；地方干部是否存在夸大灾情、贪污私分、挤占挪用资金或倒卖捐赠物资的违法违纪行为。

（7）抗震救灾资金的发放是否坚持“公平、公正、公开”的原则；是否存在随意分配、优亲厚友的现象；在发放过程中是否坚持民主评议、分配方法和数量公开的程序；是否将所发放的实物、现金的数额予以公示。

（8）是否能从管理制度上发现问题，向有关部门和单位提出切实可行的建议，促进抗震救灾制度的完善。例如，灾后重建资金拨付是否采取“直达”的方式，减少“中转”环节，减少资金流转周期，降低资金成本，防止资金层层“跑、冒、滴、漏”。

11.2.5 抗震救灾资金审计的技术方法

11.2.5.1 采用“全过程跟踪审计”模式

所谓跟踪审计，其实质就是实时审计，又称“同步审计”。由于抗震救灾资金流动的环节较多，任何一个环节控制制度的薄弱都可能导致一些问题，而“全程跟踪审计”模式可以通过事前、事中和事后的控制，将审计工作贯穿于资金流转的全过程，提高审计质量并有效地监督资金的使用。从有效性角度来看，这种方法无疑是最好的，但也大大提高了审计成本，因此，该方法通常运用于大型、重点项目的审计。同时，为了提高跟踪审计的效率，降低审计成本，审计人员应该充分运用成本——效益原则进行合理分析，把握“关键控制点”，以达到事半功倍的效果。审计人员对财政拨款与捐赠财物的收支进行全程跟踪，包括中间必需的再分配环节及最终分配环节，必须做到有据可查，尤其是最终交付受灾民众这一环节，必须有受益人接收救灾款或物资的详细记录（记录内容必须包括分配事由、交付单位名称、接收人身份信息、接收的款项或物资数量），而且必须公布受益人联系信息以便核对。

11.2.5.2 常规审计和审计调查相结合

为了全面、完整和真实地反映资金使用和管理状况，在审计中应该实施常规审计与审计调查相结合的方法，以财务审计为主，结合审计调查。在运用常规审计方法时，除了要使用检查、盘点、询问等方法外，还要经常使用分析性复核、观察和利用其他专家工作等方法。抗震救灾资金审计不能仅停留在账面资金的审计，还应深入实地调查：①深入救灾项目现场，通过实地察看项目形象和工程质量，揭露出项目实施单位弄虚作假和“豆腐渣”工程的行为，防止类似校舍倒塌后大量学生伤亡惨剧的发生；②以多种方式深入镇、乡、村、户进行实际情况的核实，揭露基层干部在抗震救灾资金分配过程中的不法行为和私分、挪用等违法违规行为；③深入调查灾民对抗震救灾资金分配、使用的意见和看法，评价资金的使用是否达到了预期的目标，发挥了应有的效益。审计人员应及时揭露出那些效益低或没有给灾民带来实际好处的“花架子工程”。通过常规审计和审计调查，会更有效地监督资金的筹集、分配和使用情况，又能查清资金的使用效益和制度执行过程中存在的不足，进而深入地剖析，找出产生问题的深层次原因，并及时提出切实可行的审计建议。

11.2.5.3 传统审计与计算机审计相结合

随着计算机审计系统的不断发展，审计人员可以利用审计通用软件，或设计出抗震救灾审计的专用软件，还可以利用数据库、EXCEL等技术对凭证、相关业务资料进行分析性复核、计算、分析。在信息化环境下，不少重大违纪违法问题会在信息系统或电子数据中显现出一些特征来，审计人员在进行数据分析的过程中把握这些特征，才能发现线索。计算机辅助审计既能做到全面检查抗震救灾资金的真实性，又能及时发现审计线索，突出审计重点，提高审计效率。可见，随着计算机网络技术的不断成熟，外部审计人员可以最终通过计算机远程审计达到“连续审计监控”[3]，因此，该审计技术可以对抗震救灾资金进行实时监控。

11.2.5.4 “同级审”和“上审下”相结合

“同级审”是指对由本级政府审计部门对同级政府机构和社会团体管理的抗震救灾资金的管理和使用状况进行审计监督，对审计中发现的资金收支管理中存在的违规违纪现象予以纠正，促使被审单位健全各项管理制度，提高资金的管理水平。“上审下”，也称“交叉审计”，是对下级政府机构和单位管理和使用救灾资金的状况进行的审计监督，该方法容易做到真实客观，审计过程中遇到的阻力和困难相对较少，便于对不法行为的认定和处理，有利于维护政令统一，理顺分配关系。“上审下”和“同级审”的结合，有利于调动各方面力量，构筑出一个有效的资金审计监督机制，从而发挥审计整体效能。

11.2.5.5 抗震救灾资金的审计证据和审计报告

对审计取证资料的分析汇总、去粗取精是形成高质量审计报告的重要环节。为充分发挥有关单位和公民的监督作用，可以向社会公开征集审计线索（证据），并及时进行反馈。审计人员不应简单罗列审计证据，孤立编制审计工作底稿，而是要结合审计评价依据，善于分析审计取证资料，从多角度挖掘本质上的问题，在此基础上精心编制工作底稿，为形成审计报告奠定基础。抗震救灾资金的审计报告不仅包括标准化的审计报告，对有关管理部门关于管理使用资金的真实性、公允性和效益性的报告和披露发表审计意见，而且还要及时专门针对一些重大项目进行审计和报告；不仅要对资金的来源和去向做出整体的评价，还要披露一些重要的明细事项，如采购救灾物资的数据，包括规格型号、单价、数量（如可能，最好注明采购商、负责采购责任人），用在何处、分配的具体数量等，保证合理性、真实性和公允性。这样，审计报告才可以明确地体现资金的使用状况，而且便于阅读、理解，让献爱心的人和纳税人知道自己的力量用在了什么地方。救灾采购商品的单价和分配数量一般不属什么商业机密。普通商品即使价格数据不披露，输入名称、规格、型号上淘宝网等都可大致查出，其他购买者也没有理由与红十字会等慈善组织在价格方面进行攀比。

11.3　推动抗震救灾资金审计的措施

11.3.1　借鉴国际救灾资金审计经验

捐款前先查阅慈善机构的财务报告，在欧美捐款者中已形成习惯。打开2007年度由普华永道审计的国际红十字会的财务报告，从员工福利、救援物资运输与储存，到差旅费用及行政开支等，一目了然。国际红十字会及MSF等慈善公益组织每年接受外部审计，是保持捐款使用透明度的方式之一。[4] 目前，我国抗震救灾资金审计工作才正式起步，因此，要与有经验的国家和组织进行交流，从而提高审计水平，保证抗震救灾工作的顺利进行。在借鉴经验的同时，还要密切联系我国的实际情况，将市场调节和政府指导相结合，推进我国抗震救灾资金审计工作的深入开展。

11.3.2　加快抗震救灾资金审计法规制度建设

面对抗震救灾的严重形势，应以“坚持邓小平理论、“三个代表”重要思想、科学发展观”为指导，完善抗震救灾资金审计法制建设。在贯彻执行现有审计法规的基础上，认真总结经验教训，制定一套适合我国国情，体现国际公认审计原则的抗震救灾审计法规和准则体系。除前述《通知》外，我国还颁布了《审计法》、《公益事业捐赠法》、《政府信息公开条例》、《国家审计基本准则》、《审计机关对社会捐赠资金审计实施办法》、《救灾捐赠管理办法》（民政部2008年4月28日）、《关于做好抗震救灾金融服务有关工作的紧急通知》（央行银监会2008年5月24日）、《关于加强对抗震救灾资金物资监管的通知》（中纪委监察部民政部财政部审计署2008年5月31日）、《汶川地震抗震救灾资金物资管理使用信息公开办法》（民政部2008年6月1日）、

《汶川地震灾后恢复重建条例》（国务院2008年6月4日）等多项法规，这些是开展抗震救灾资金审计的保障和依据。但上述法规对抗震救灾资金审计的具体实施办法规定不够完善。应修订相关法规，配合出台财税、金融、政府采购等配套政策，建立救灾款物信息披露和审计公告等制度，使抗震救灾资金审计等更具可操作性和强制性。可考虑由民政部、财政部、发改委、审计署、中注协及慈善界等单位联合成立专门委员会，共同研究抗震救灾审计的作用和具体措施（如收费标准与方式），制定具有可操作性的《抗震救灾审计准则》，使抗震救灾审计的范围、内容、程序和方法等走向制度化，使抗震救灾审计的实务操作规范化。例如，应大力发展国家授权的独立审计组织（可授权会计师事务所开展此业务），对有关部门和单位（如中国红十字会、中华慈善总会及各地分会等）的审计应经常化与制度化，还应保证审计机构的独立性、公正性、权威性，做到取信于国民与国际友人。

11.3.3 充分利用网络信息技术手段

为提高审计工作效率，应加快抗震救灾资金审计信息化建设。通过信息交换网络化，拓宽信息共享渠道，实现各级审计信息的畅通交流和共享。目前我国审计软件的开发滞后于会计软件，为此，应针对抗震救灾审计工作实际情况开发实用的审计软件，并逐步实现审计软件的市场化、产业化。当前可针对抗震救灾审计的某些环节，开发切合实际的辅助软件，解决计算机辅助审计在应用软件存在的“瓶颈”问题。同时，信息技术在抗震救灾审计中的应用要稳步发展，要与社会发展和审计的现状相适应，不可片面地追求“一步到位”，盲目追求最先进的技术和最高级的软、硬件环境。此外，注意保护捐赠人的权利，依靠捐赠人的监督是保障捐赠使用透明度的一个重要途径。审计人员可以在网站中根据捐款数额多少来设立“一对一”“一对多”“多对一”的监督方式，尝试性地将审计监督权交给捐赠人自己来行使，具体做法是在“捐赠收入”与“捐赠支出”两大数据库中进行配对。所谓“一对一”监督方式，就是说如果捐赠人的捐款额与受益人的接收额正好一致，那么就可以对其进行一对一的配对监督，由网站提供联系方式，捐款人与受益人自行建立联系，以查验救灾款的最终去向。同理，“一对多”的形式则适用于捐赠金额大，一个捐赠人资助多个受益人的情况；而“多对一”的形式则适用于捐赠金额小，多个捐赠人资助一个受益人的情况。对救灾物资收入与发放的监督也可采用类似的方式。

11.3.4 正确处理抗震救灾与审计的关系

必须坚持两手抓，做到抗震救灾与审计工作两不误，不得因抗震救灾而延缓、放松审计或影响抗震救灾工作的正常进行。在灾害发生后的一段时间里，救人是摆在第一位的，灾民的紧急救助和临时安置任务非常紧迫，这就要求在确保不影响抗震救灾工作顺利开展的前提下，根据抗震救灾的进程和需要，有步骤、有间隔地安排审计工作。如果审计过早介入或全面展开，不但不会取得应有效果，还可能会分散抗震救灾工作的精力，影响抗震救灾工作效率。因此，审计监督应有序进行，要把支援抗震救灾与审计工作开展同部署、同落实。当前，应坚持高标准、严要求，突出抓好抗震救灾专项资金的审计，以实际行动支援灾区抗震救灾、重建家园。同时，在保证审计工作质量的前提下，要加强审计管理，压缩审计成本，以达到节俭审计外勤经费，减轻被审计单位负担，提高审计工作效率的目的。

11.3.5 加强抗震救灾审计过程中的廉政建设

要贯彻“依法审计、服务大局、求真务实”的审计方针，认真履行法律赋予审计人员的职责，努力建设高素质的审计队伍。此次抗震救灾资金涉及的金额较大、部门较多，不仅应该加强对各级政府和相关单位的廉政教育，还应该加强审计人员的廉政教育，引导广大审计人员树立正确的人生观和价值观，自觉抵制“糖衣炮弹”的侵蚀。加强对审计组及审计人员执行审计工作纪律和廉政规定的监督检查，严禁接受被审计单位提供的公款宴请、消费娱乐活动，一经发现，从严处理。可采取审计工作回访、公开举报电话、设立意见信箱等措施，严格规范和监督审计人员的行为，确保审计工作的客观性，切实步入“公平、公正、公开”的和谐审计工作新境界。

11.3.6 强化审计整改并向社会及时通报

抗震救灾资金必须要严肃查处各种违反财经法纪的问题，但这并不是根本目的。根本目的是通过查处违规违纪的问题促进被审计单位纠正，同时建立健全被审计单位的内部控制制度。因此，应该始终坚持“审、帮、促”，在把问题查明、揭示出来的基础上，强化审计整改，加强管理，堵塞漏洞，使审计促进抗震救灾资金合法、合理、有效使用，发挥资金在抗震救灾工作中应有的作用。同时，应大张旗鼓地宣传对抗震救灾资金违规行为的处理处罚措施，极力营造抗震救灾资金“高压线碰不得”的舆论环境，对贪污、截留、挤占、挪用地震灾后重建资金的人和事从重从快严厉惩处，并及时向社会公开通报处理结果，以儆效尤。

11.3.7 重视抗震救灾审计过程中的协作

抗震救灾审计不只是政府审计部门单方面的事，还应与纪检、监察、财政、民政等部门和有关单位相互配合，形成合力，共同开展工作，充分利用各部门的信息资源优势，搭建良好的信息交流平台，实现资源共享，更好地进行调研交流，以便有选择地针对重点环节、重大项目进行审计。在将来可能的情况下，还可适当延伸审计功能，开展环境审计（如废弃物治理审计、能源审计、灾区重建规划审计）、安全审计等，防止次生危机造成二次破坏。总之，我国应该不断完善监督机制（包括审计监督、纪检监督、司法监督、社会监督、捐赠人监督等等），严防挪用、侵占或贪污行为，确保救灾资金使用的高度透明和高效率，确保造福于灾区人民。全力做到这一点，不仅能为中国赢得世界的尊敬，也将开启中国救灾事业的新纪元。

【参考文献】

[1] 张军．“温暖”何以成“冰坨”——陕西华阴市5906万元迁建资金“沉睡”近3年的调查（新华社2006年8月2日电）［EB/OL］．http：//news. xinhuanet. com/newscenter/2006 - 08/02/content _ 4910090. htm，2006 - 08 - 02.

[2] 中纪委工作组赴四川调查监督救灾物资运行［N］．新京报，2008 - 05 - 23.

[3] 华金秋．连续审计探析［J］．北京：中国注册会计师，2007（4）：72 - 76.

[4] 冯迪凡．国际慈善组织经验：必须审计捐款流向［N］．北京：第一财经日报，2008 - 5 - 22.

（本文作者：华金秋　王媛）

A Tentative Discussion about Earthquake Relief Funds Auditing

【Abstract】 With the development of earthquake relief progress, earthquake relief funds auditing has become a focus. First, this paper describes the necessity of auditing for the earthquake relief funds. Second, it outlines the objective, focus, basic principle, technical approaches, evidence and report of the earthquake relief funds auditing. Finally, there are some measures that should be paid attention to in the process of the audit.

【Key words】 Earthquake Relief Funds; Auditing; Measures

12

政府审计如何协调与媒体监督的关系——以救灾资金管理为例

【摘要】政府审计是审计机关依法对相关单位的财务收支等进行监督。媒体监督的实质是人民群众通过新闻媒体对国家和社会公共事务的监督。两种监督方式均以寻求“公正”为价值目标，在抗震救灾资金管理中发挥着不可或缺的巨大作用。但两种监督方式也可能产生冲突。媒体监督由于其自身特点，如新闻自由性等对审计独立具有天然侵犯性。此外，对于经济事项的判断，政府审计与媒体监督可能会产生分歧。本文以救灾资金管理为例，认为政府审计协调与媒体监督关系的途径有：尊重新闻自由与审计独立性；重视媒体对审计机关的监督权利；认识到借助媒体可减少审计工作中的阻力；审计机关应正确引导舆论、重视民意并及时处理举报线索，对可能出现的舆论危机做好预案等。

【关键词】救灾资金；政府审计；媒体监督；审计监督；新闻自由；审计独立

12.1 引言

政府审计承担的是与政府职能密切相联系的公共受托责任，是国家审计机关依法对相关单位的财务收支的真实性、合法性和效益性等进行监督，从而保障国民经济和社会健康发展。媒体监督的实质是人民群众通过新闻媒体对国家和社会公共事务的一种监督。从理论上讲，政府审计与媒体监督均以寻求“公正”为价值目标，表现了二者的统一。近几年来政府审计与新闻媒体的合作日益加强，取得的成效引人注目，由审计公告引发的“审计风暴”即是很好的证明。但研究政府审计与媒体监督两者关系的文章极少，不能不说是一种遗憾。在汶川大地震抗震救灾资金（包括灾害应急和灾后重建资金）管理过程中，政府审计和媒体监督发挥的巨大作用尤为世人所瞩目。救灾资金的管理成为世人关注的焦点，政府审计第一次大张旗鼓地被推上前台。同时，如果没有媒体的充分介入，此次抗震救灾也不可能收到如此巨额的捐款。另一方面，随着新闻自由的增强和政府审计公开的推进，政府审计与媒体之间的冲突和摩擦也在所难免。就媒体监督与政府审计二者的关系来看，无论西方国家还是我国都反对“媒体监督干扰政府审计”，因为它可能导致公众对政府审计的不信任，从而损害政府审计的权威性。例如，某审计厅规定，“向社会公布审计案例，必须是纪检监察或司法机关已结案的，或者审计机关已正式对社会公告的”。但是，如果媒体的自由与权利受到过多限制，又将影响人们对权力的监督，包括对政府审计的监督。如果政府审计权力得不到必要的监督，则容易导致权力的滥用，也是很危险的。因此，平衡政府审计与媒体监督的关系，就成为一个亟待解决的现实问题。如何认识政府审计与媒体监督之间的对立统一关系，以推进社会民主化、法制化建设？本文以救灾资金管理为例，进行分析和探讨。

12.2 政府审计和媒体监督在救灾资金管理中的作用

12.2.1 政府审计在抗震救灾资金管理中发挥不可或缺的作用

2008 年 5 月 12 日，汶川大地震使四川、甘肃、重庆等省市遭受了重大损失。社会各界、海外华人以及国际友人踊跃捐款、捐物，成为新中国成立以来社会最大规模的捐款活动。同时，中央对灾区的拨款力度和速度也是空前的。随着抗震救灾工作的深入，赈灾款项及物资的流向已经成为国内外关注的焦点，抗震救灾资金审计显得重要而且迫切。2008 年 5 月 16 日，审计署决定对抗灾救济款项和物资进行审计，以确保救灾款项、物资按要求及时到位、严格管理和合理使用。抗震救灾资金审计是党中央、国务院交给审计机关的一项重要而艰巨的任务。刘家义审计长强调，“对救灾款物实施审计，既是法律赋予审计的职责，也是一项政治任务，更是审计的社会责任”。抗震救灾资金审计的主体由政府审计、社会审计和内部审计三方构成。由于抗震救灾的特殊性质（公共性、时间紧、任务重、群众参与度高），目前还是政府审计发挥主导作用[1]。此次抗震救灾资金审计范围从中央到地方，涉及几千个单位，影响大，群众关注度高，持续时间长，任务繁重。而政府审计人员数量相对不足、审计经费有限，必须根据重要性原则，选择资金量大，与灾民生产、生活密切相关，能产生较大社会反响的专项资金进行重点审计。这种集中力量于关键项目的审计，有利于提高工作的效率，但同时也不可避免地存在审计监督盲点，这一空白需要由其他部门和社会各界（包括媒体）的监督来填补。

12.2.2 媒体在抗震救灾资金管理中的监督作用日益凸显

信息时代，媒体无时无刻不在影响着人们的政治信仰、行为观念和生活方式。媒体的重要作用是解决信息不对称问题，是人们了解、认识社会的重要途径。当前媒体种类繁多，如网络、电视、电台、报刊等，不但覆盖面比以往更广，速度也更快，实时播出的信息可以达到与事件发生同步。汶川大地震发生后，新闻媒体纷纷以最快的速度报道地震灾情，用客观、高效、透明的报道在第一时间赢得了话语权，起到了良好的舆论引导作用。媒体还是公民对国家事务及与公共利益有关事务进行监督的一项社会活动，监督是媒体的一项重要社会职能。1975 年，美国联邦最高法院法官斯特瓦特在一次演讲中宣称："根据宪法规定，新闻自由条款包括了对新闻机构的保障，其作用就是直接保障新闻业"，他提出"宪法保障新闻自由的最初目的是要在政府之外建立第四个部门，以监督官方的三个部门"，这就是著名的第四权力理论。这里，斯特瓦特强调了媒体在社会中已经被制度化，成为社会制度的一部分。媒体监督也曾被马克思形象地称为"另一个法庭——社会舆论的法庭"，是整个社会民主监督机制中须臾不可缺少的监督形式。随着新兴媒体的涌现，使得媒体监督颇有"电子眼"之功效。如 2008 年 5 月 23 日，成都市区街头多处出现标有"救灾专用"字样的帐篷，网友纷纷呼吁追查侵占救灾物资的行为。媒体披露救灾资金违规使用行为，增加了违规者的风险和成本，会使其承担严重的后果。在如今的网络时代，人人都是麦克风和摄像头，监督的眼睛无处不在。若能做到救灾资金的筹集、管理和使用信息的完全公开与透明，再依靠群众举报和媒体（尤其是网络媒体）报道的放大作用，与救灾资金相关的违规行为发生几率会小得多，且监督成本相当低廉，对政府审计的监督也起到很好的互补作用。本文中的媒体主要是指审计机关以外的组织拥有或开办的境内媒体（如网站、电视、电台、报刊等），此类媒体提供的与救灾款物相关的新闻报道是本文关注的重点。

12.3 对政府审计和媒体监督相互关系的认识

12.3.1 救灾资金管理中的政府审计与媒体监督的根本目标一致

党的十七大报告提出："落实党内监督条例，加强民主监督，发挥好舆论监督作用，增强监督合力与实效。”我国目前的媒体监督，代表了一定程度的民主监督，是公民基本权利的一种行使方式。政府审计与媒体的关系，实质上是审计独立与言论自由两种价值观的关系。这两种价值观都是衡量一个国家是否民主、法制是否健全的重要标准。这两种价值观的终极目标是一致的，都是社会的公正。抗震救灾资金审计是目前媒体报道的焦点，也是国内外了解、认识抗震救灾资金使用情况的重要渠道。新形势下处理好抗震救灾资金审计与媒体的关系，有助于贯彻“以人为本”的科学发展观，形成强大的监督合力，有助于发现抗震救灾制度的缺陷，从而逐步改进规则，合法、合理、高效地使用救灾资金，使受灾民众得到有效捐助，促进社会的和谐发展。

中共中央政治局常委、中央纪委书记贺国强于2008年9月4日指出，汶川地震抗震救灾资金物资管理情况总体上是好的，基本做到了款物专用、账目清楚、公开透明。但是其中也存在一些问题，需要引起我们的高度重视。从《审计署发布关于汶川地震抗震救灾资金物资审计情况公告》（第1号、第2号、第3号、第4号）可见，[2]救灾资金的使用存在不同程度的浪费（如活动板房闲置）、欺诈（如夸大灾情、重复或冒领救助金）和滥用（如截留挪用救助金）等问题。为此，有关部门积极完善相关制度，并对责任人进行了严肃处理。审计公告借助媒体的广泛宣传具有强大的威慑力，增加了违规行为的发现概率，降低了违规收益的预期，真正体现出救灾资金是不能碰的“高压线”。

12.3.2 政府审计与媒体监督在运作过程中可能发生冲突

媒体由于其自身特点，如新闻自由性、典型性以及时效性等，对审计独立具有天然侵犯性：①新闻自由指采集、发布、传递和收受新闻的自由。在报道和监督救灾工作时，由于救灾审计工作的特殊性，使新闻自由的范围和程度应受到了一定限制。我国《审计法》规定：“审计人员对其在执行职务中知悉的国家秘密和被审计单位的商业秘密，负有保密的义务。”但在实践中，媒体经常会强调新闻报道自由而忽视这一点。②新闻的典型性要求媒体着眼于社会公众的偏好，抓住典型、重大、复杂的经济事项进行报道，吸引公众的注意力。在追求轰动效应，提高视听率的商业利益驱动下，有些媒体可能会对某些经济事项进行渲染或妄加评论，在公众中造成不良影响，从而对审计人员形成强大的舆论压力和心理负担。③新闻的时效性要求报道及时，且最好在事件现场报道，这样才能反映新闻应有的价值；而审计活动的过程和程序具有很强的特殊性，不合时宜的报道可能对审计工作产生消极影响。④对于经济事项的判断，审计与媒体可能会产生分歧。媒体的特点之一是报道内容要真实，报道经济事项时应求真。但实际上经济事项的真实即本来面目有时是很难把握的。因为真实有绝对真实和相对真实之分，寻求绝对真实是不可能的。即使当事人自己诚实地叙述，也仅仅是无限接近于绝对真实，很难做到与已发生的事项细节丝毫不差。媒体更多的是从社会公众的道德情感出发，以社会正义代表者和道德捍卫者的姿态评述经济事项。媒体的道德立场的评价与社会公众的情绪倾向基本吻合。审计本身是一个以主观认识客观，以已知探求未知的活动，理性思维与独立判断是审计人员正确认识经济事项和适用法规的基础。Mautz 于 1959 年指出："审计专业判断在审计工作中扮演着一个不可缺少的重要角色。"审计专业判断贯穿于审计活动的全过程，审计人员从制定审计计划方案、确定审计重点、设计和选取样本、评价抽样结果、核实审计证据，到审计风险的判断、重要性的评估以及通过综合收集的证据形成审计结论等，都需运用审计专业判断。在审计专业判断的过程中，排除任何形式的干涉和影响，包括来自媒体的影响，对于审计人员是十分必要的。审计人员以事实为根据，以审计法规和审计准则为依据来衡量经济事项。《审计法》也规定："审计机关依照法律规定独立行使审计监督权，不受其他行政机关、社会团体和个人的干涉"，并从审计机关组织、职能独立、审计机关经费独立、审计人员独立方面，保障审计监督权的独立行使。而法规与道德常常交织在一起，有时一致，有时会构成冲突。[3]媒体的这种立场有时可能会强化审计的社会效果，有时媒体从情感出发去判断，往往忽视审计过程中技术性、理性化、程序化的特点。审计机关可能以妨碍审计独立或影响救灾工作为理由拒绝媒体报道或采访，反而会引起外界（包括媒体）的不理解甚至产生对立情绪。

12.4 政府审计协调与媒体监督关系的对策建议

12.4.1 新闻自由与审计独立都应得到尊重

2008 年 12 月 25 日，温家宝总理在听取审计署党组工作汇报时提出："审计监督是国家政治制度中不可缺少的组成部分，既是民主法治的产物和推动民主法治的手段，也是维护国家经济安全的重要工具。”要加强审计监督，充分发挥审计保障经济社会健康运行中具备的“免疫系统”功能。审计权是社会公众让渡一部分利益给国家公共机构的产物，审计独立与媒体监督（公民的参与监督权利）发生冲突时，协调好两者关系，必须把握好合理的度。在2008年初的全国宣传思想工作会议上，胡锦涛指出：“各级领导干部要充分认识新闻舆论的重要作用，善于通过新闻宣传推动实际工作，热情支持新闻媒体采访报道，正确对待舆论监督，提高同媒体打交道的能力。”2009年1月6日，在《中国审计报》创刊10周年座谈会上，全国政协副主席、审计署前任审计长李金华提出：“社会要对媒体给予更多的宽容。审计要更多地支持理解媒体，媒体也要更多地支持理解审计，相互更好地沟通，把各项工作做得更好。”政府审计人员对舆论监督应持欢迎态度，提高接受监督的承受能力，习惯于舆论的多种声音，善于在不同的声音和见解中提高辨别能力。这既是发展审计事业的需要，也是社会民主化、法制化建设的必然要求。

12.4.2 媒体可以监督审计机关并减小审计工作中的阻力

法国思想家孟德斯鸠曾说过：“一切有权力的人都容易滥用权力，这是万古不变的一条经验，有权力的人们使用权力一直到遇到界限的地方才休止。”[4]媒体对审计机关予以监督，对不良行为给予曝光，促使审计人员依法行使监督权利，防止腐败的滋生。如果媒体监督事关公众人物和公共利益，则新闻传媒和记者应该拥有最大的监督空间，法律应最大限度地保护媒体和记者。媒体报道的“河北沧州审计人员被电业局招待致死”“审计署长沙特派办购建豪华别墅”“审计署南京特派办员工机场伤人”等事件，这些审计机关工作人员的行为损伤的不仅是审计机关的形象，还有政府的公信力。为从严治理审计队伍，确保审计工作的独立性和审计人员廉洁从审，做到“正人先正己”，新修订的《审计署关于加强审计纪律的八项规定》（简称“八不准”）自2009年1月1日起执行。在救灾资金审计过程中，审计机关要通过社会各种媒体及时传达救灾审计工作的进展情况，这有利于创造对审计部门有利的工作氛围，获得公众更多的理解和支持。媒体的报道对树立审计人员的良好形象，引导各界群众了解审计规则、心理期望和价值判断有巨大的引导作用。正如刘家义审计长指出，“媒体的报道从根本上说是对审计机关和审计人员的关心和爱护。”

12.4.3 审计机关要完善采访制度并主动提供新闻

审计机关可以向媒体征集采访要求，根据媒体普遍关注的问题安排专人采访和专题采访。这样不但对媒体及时做出了回应，同时也减轻了审计人员的压力，防止无计划的过频或重复采访干扰正常工作。审计机关还可通过制作宣传品、组织媒体集体采访、加强对境内外媒体采访的服务、主动安排新闻发言人定期或不定期发布新闻（如有可能可以提供外文资料），以权威的统一的声音面对媒体。同时，有阶段性、有意识地向公众和媒体提供抗震救灾资金审计的最新动态，扩大抗震救灾资金审计在公众中的影响。中纪委、监察部、民政部、财政部和审计署于2008年5月20日联合发布的《关于加强对抗震救灾资金物资监管的通知》也明确要求：“有关省级审计机关每周要向审计署报告救灾款物审计情况，审计署每月向社会公布阶段性审计情况。救灾工作全面结束后，向社会公告救灾款物管理使用的最终审计结果。”此次抗震救灾资金审计的透明度非常之高，前所未有。救灾资金审计工作一起步，审计机关就将审计的总目标、主要内容、方式方法、工作安排等通过各种媒体告知公众。

12.4.4 审计机关要正确引导舆论

公正客观的报道可使审计人员在充满鼓励和信任的舆论氛围中工作。美国学者格伯纳认为，由于大众传媒的某些倾向性，人们在心目中描绘的“主观现实”与实际存在的客观现实存在着较大的偏差。这种影响不是短期的，而是一个长期的、潜移默化的“培养”过程。特别是网络媒体具有传播的广泛性和隐蔽性，一有风吹草动，影响力远高于传统媒体。审计部门可以对媒体尤其是网络媒体积极引导，引导媒体弘扬人道主义精神，加强对廉洁审计、以人为本等方面的宣传报道。审计机关可组织媒体深入我国抗震救灾资金审计的第一线，收集那些长期努力工作的审计人员的先进事迹进行报道。如此次抗震救灾资金审计工作中，面临余震不断、飞石不断、山体塌方滑坡的险情，不少审计人员冒着生命危险，深入乡镇村和灾民家庭开展审计核查。审计机关还可以通过好新闻评选、十佳摄影评选等方式鼓励媒体更多、更好地报道抗震救灾资金审计工作。同时，审计机关还要及时向公众澄清一些错误认识。例如，很多媒体采访审计人员的时候往往问“到底查出了多少问题”，似乎不查出问题就是没做好审计工作。事实上，没有查出问题才是最理想的情况。

12.4.5 审计机关应重视民意并及时处理举报线索

了解公众的反应也有助于审计机关更好地组织、开展工作，审计机关可采取网络互动等形式与媒体或公众进行及时交流。例如：2008 年 9 月 10 日，审计署副审计长余效明接受中国政府网专访，就“加强救灾款物发放审计，提高救灾款物使用效率”与网友在线交流；2008 年 7 月 4 日，审计署社会保障审计司司长王中信就“发挥审计监督职能，做好抗震救灾资金物资监管工作”接受中国政府网、新华网和审计署网站联合专访。群众反馈的（网络）举报信息也为审计工作提供了重要线索，审计人员可以据此更迅速、更准确地确定审计重点。应不断完善对媒体或举报人的保护和奖惩制度，以调动媒体或举报人的积极性。审计机关可通过舆论监督专报等形式，对舆论反映的问题进行规范化管理，及时发现问题与解决问题，不断改进工作，做到媒体（或群众）有呼声，审计机关有回应。2009 年 2 月，四川省北川县政府采购一辆 110 万元的豪华越野车的中标公告在网上迅速传播并引起激烈辩论（见表 12.1），审计机关就此会同有关部门展开调查，关注救灾物资采购的合法性和效益性。①

表 12.1 新浪网对“你是否赞成北川花百万元买越野车?”的调查结果

（调查参与人数：42 990 人）

选　　项	比例	票数
反对，花百万买越野车太奢侈，可选择其他性能好价格低的车辆	86.9%	37 337
赞成，震后北川交通等设施瘫痪，急需高性能越野车	11.3%	4 877
不好说	1.8%	776

数据来源：新浪网对问题（你是否赞成北川花百万元买越野车?）的调查结果［EB/OL］．（2009－01－23）．http：//news.sina.com.cn/c/2009－01－23/063217101249.shtml.

① 参见《四川常务副省长：北川购买超标车已处理》（2009 年 3 月 9 日《北京晨报》记者李若愚），原文为：“全国人大代表、四川省常务副省长魏宏昨日接受采访时介绍：对于汶川大地震重灾区北川县购买越野车的问题，省委、省政府已经进行了处理，车已由企业以原价购回，采购这辆车的经办责任人已被调离。”［EB/OL］．（2009－03－09）．http：//news.qq.com/a/20090309/000083.htm.

12.4.6 审计机关对于可能出现的舆论危机也要做好预案

对于违背新闻法规、侵犯名誉权的报道和无中生有的“新闻炒作”，审计机关要积极通过法律程序予以解决，从而最大限度地防止虚假新闻的发生，减少舆论的负面影响。信息沟通是危机管理的核心，英国危机公关专家里杰斯曾提出著名的危机沟通“三 T”原则：[5]第一，以我为本提供情况（Take your own take）；第二，提供全部情况（Take it all）；第三，尽快提供情况（Take it fast）。审计机关在面临舆论危机时，应尽量采用这三原则：根据危机级别启动应急响应机制，在第一时间内联合有关部门召开新闻发布会，树立透明审计形象，对突发事件的处理和负面报道做到快捷、掌控有力，防止由于处置不当演化为群体性事件。由于我国抗震救灾资金审计发展较晚，社会各界对其作用和重要性的认识还没有上升到理性高度，相当一部分单位和个人还不了解，存在种种疑虑。例如，虽然中国红十字会对于采购“万元帐篷”事件作了澄清，[6]但国家审计机关最好在第一时间内会同有关方面做出回应，以消除人们的疑虑。相形之下，审计机关对于“浙江省东阳市审计局局长在娱乐场所使用公款支付按摩费用”事件的处理更为迅速与妥当。[7]媒体报道之后，审计署立即责成浙江省审计厅督促东阳市调查与问责。审计署还于 2009 年 2 月 18 日发出通报，要求加强对审计人员的廉政教育，自觉维护审计机关和审计干部的良好形象。[8]

【参考文献】

［1］华金秋．抗震救灾资金审计探析［J］．中国地质大学学报（社会科学版），2008（4）：102－106.

［2］审计署．审计署关于汶川地震抗震救灾资金物资审计情况公告（第 1 号）［R］．2008－06－12.

［3］审计署．审计署关于汶川地震抗震救灾资金物资审计情况公告（第 2 号）［R］．2008－06－24.

［4］审计署．审计署关于汶川地震抗震救灾资金物资审计情况公告（第 3 号）［R］．2008－08－04.

［5］审计署．审计署关于汶川地震抗震救灾资金物资审计情况公告（第 4 号）［R］．2008－12－31.

［6］王渊．媒体监督与司法独立的法理分析〔J〕．甘肃政法学院学报，2006（1）：128－135.

［7］孟德斯鸠．论法的精神（上）［M］．张雁深，译．北京：商务印书馆，1961：154.

［8］董幼鸿．构建和完善适合我国特大城市应急管理需要的科学机制（人民网－时政频道）［EB/OL］．（2009－03－17）．http：//politics. people. com. cn/GB/8198/140124/140126/8445483. html.

［9］红十字会网上回应：从未采购“万元帐篷”［EB/OL］．（2008－05－27）．http：//news. 163. com/08/0525/02/4COOARC20001124J. html.

［10］网友曝光　审计局长按摩费报销［EB/OL］．（2009－01－23）. http：//news. sina. com. cn/s/2009－01－22/055217093939. html.

［11］审计署办公厅．审计署关于东阳市审计局局长违纪事件的通报［EB/OL］．（2009－02－18）．http：//www. audit. gov. cn/n1057/n1072/n258889/1768551. html.

（本文作者：深圳大学　华金秋　中国地质大学　刘传红）

The Research About How To Coordinate Government Audit Relationship With Media Supervision—From the Case of Managing Relief Fund

【Abstract】 Many people have seen that government auditing and media supervision play an important role in the process of managing earthquake relief funds. Two supervision modes have same fundamental objectives, but conflict may exist between them. How to coordinate government audit relationship with the media supervision, some ways are as follows. We must pay respect to freedom of the press and independence of auditing. All should recognize that the media have the function of supervision over auditing institutions and can reduce the resistance of the auditing work. Audit institutions can take following measures：improve the interview system, correct the direction of public opinion, pay attentions to public opinion and handle the report in time, and make plans to face possible public opinion crisis in advance.

【**Key words**】Relief Funds; Government Auditing; Media Supervision; Auditing Supervision; Freedom of the Press; Independence of Auditing

13

救灾资金筹措、管理、运用评价指标体系研究

【摘要】 近年来，世界范围内灾害事件层出不穷，灾害过后，如何有效实现救灾资金运作？怎样建立一个客观、公正的救灾资金筹措、管理、运用评价指标体系？这些问题引人深思且备受关注。本文基于以往的研究，提出了救灾资金筹措、管理、运用指标体系的组成部分：基本保障能力、效率运转能力、公平度量能力和善后处理能力，并采用层次分析法进行了较为深入的探索。

【关键词】 救灾资金；评价指标；层次分析法

日本东北部海域 2011 年 3 月 11 日发生里氏 9.0 级大地震并引发海啸和核泄露，造成重大人员伤亡和财产损失，产生严重的社会连锁效应和政治经济后果，彰显了救灾资金合理筹措、协调管理和高效运用的重要性。科学构建救灾资金筹措、管理、运用指标体系，对于保护人民财产安全，维护社会稳定，实现社会的公平与和谐发展具有重要的现实意义。

目前，我国救灾资金筹措、管理、运用基础仍然比较薄弱，体系、机制、法制尚不完善，且在国家层面上，理论界虽就救灾资金管理理论与应用进行了新的探索和研究，但还未深入展开。本文尝试以救灾资金筹措、管理、运用为出发点，通过建立相应的指标体系和评价模型，运用层次分析法，举例对指标体系进行了评价。

13.1 救灾资金的内涵

救灾资金是指中央和地方政府拨付给受灾地区用于抗灾救灾的专项资金，是灾区社会公众的“保命钱”，是灾害救助的重要前提。2008 年实施的《救灾捐赠管理办法》第五条规定，救灾捐赠款物的运用范围包括以下四点：①解决灾民衣、食、住、医等生活困难；②紧急抢救、转移和安置灾民，灾民倒塌房屋的恢复重建；③捐赠人指定的与救灾直接相关的用途；④经同级人民政府批准的其他直接用于救灾方面的必要开支。实践中，救灾资金仍存在严重的被挤占、截留、挪用和贪污现象，据审计署披露，从 2005 ~ 2006 年期间，有 13 个省区将 2.58 亿救灾资金挪作补贴行政开支或兴建办公楼。

13.2 救灾资金筹措、管理、运用评价指标体系研究

13.2.1 评价指标体系结构

根据影响救灾资金筹措、管理、运用能力的要素分类，从基本保障能力、效率运行能力、公平度量能力、善后处理能力四个方面考虑进行救灾资金筹措、管理、运用评价。

（1）基本保障能力是指在救灾资金筹措、管理、运用评价时，不仅要配备人、财、物等基本资源，而且要具备科研、法律法规与政策、完善的组织机构知识。

①社会经济状况。较强的社会经济发展水平，可以为救灾资金的筹措提供保障。一个国家或地区如具有较强的科研支撑能力，就可以根据以往的救灾资金体系进行数据挖掘和机制创新，避免救灾资金在运用中的浪费、欺诈及滥用。包括的内容主要有：经济发展水平、社会发展水平、科研支撑能力、基础设施规模。

②法律法规与政策保障。政府在救灾资金筹集、管理、运用中应遵循经济性、公平性和公开性制定相应的法规和政策。包括的内容主要有：国家层面相关法律法规和政策的完善程度、国家层面相关法律法规的执行情况、地方层面相关法律法规的执行情况。

③机构设置。地方政府应根据国家规定设立应对巨灾管理的相关部门，并明确其责任，以保证各司其职。包括的内容主要有：救灾资金筹措机构设置、救灾资金管理机构设置、救灾资金运用机构设置。

（2）效率运行能力。救灾资金总体体系的构建是为了遵循效率最大化。综合考虑救灾资金在不同环节的投入及管理情况，对资金的使用效益进行分析。

①成本损耗。救灾资金在筹措、管理、运用中，难免会发生一些损耗，比如行政经费，人员经费的耗用。我国规定“各级政府部门在组织救灾捐赠工作中，不得从捐赠款中列支费用”。包括的内容主要有：救灾资金筹措损耗、救灾资金管理损耗、救灾资金运用损耗。

②运转状况。救灾资金无论是筹措、管理还是运用都讲究时效性，这就

要求跟踪救灾资金在各个渠道和环节的执行情况和运转速度，以实现救灾资金的优化配置。包括的内容主要有：筹措规模与速度、款物划转速度、救灾资金发放及时程度、进度信息通报情况、进度信息反馈情况。

③效益分析。时间就是生命，效率就是金钱。重视救灾资金筹措、管理、运用的效果分析，以最小的人力、财力、物力创造出最大的价值。包括的内容主要有：单位资金救助效果、救灾资金的有效利用程度、救灾资金的灾后重建效果。

（3）公平度量能力。应实施法律约束和公众监督的手段，确保救灾资金在筹措、管理、运用时遵循公开原则、公平原则和公正原则。

①信息公开公示。救灾资金公平目标的实现，很大程度上取决于国家和地方政府是否制定相关的法律法规。此外，救灾资金筹措、管理、运用的透明度又是重中之重。包括的内容主要有：救灾资金筹措、管理、运用的透明度、绩效审计的披露、举报电话的设立。

②公众满意度。救灾资金运用的宗旨是“取之于民，用之于民”。政府及有关机构在筹集、管理、运用救灾资金时应充分考虑公众的利益，促使公众积极参与救灾资金的捐赠、管理和监督。包括的内容主要有：公众广泛参与情况、对弱势群体补偿的关注、对救灾资金动态管理的态度。

③监控效果。救灾资金在使用时容易出现浪费、欺诈、滥用、申请程序存在严重缺陷的情况，因此应进行预防性控制，运用政府监督、媒体监督、公众监督三种手段，为救灾资金管理和运用创造一个良好的社会环境。包括的内容有：政府监督、媒体监督、公众监督。

（4）善后处理能力。任何灾害事件都会导致社会出现混乱、不稳定的状态，而这种状态有可能持续一段较长时间。善后处理能力就是总结抗灾经验，为应对下一轮灾害事件做好准备。

①奖惩制度。救灾资金在筹措、管理、运用中，应本着激励原则，根据具体执行情况，做到奖罚分明。包括的内容主要有：对筹措、管理和运用救灾资金实施监督的奖励情况，对虚报、挪用和截留救灾资金人员的惩罚情况。

②经验总结。加强管理人员素质教育，减少管理人员错报、漏报、虚报救灾资金的筹措规模、使用情况，规范救灾资金管理。包括的内容主要有：参照国际经验，加强管理人员素质教育。

13.2.2 评价指标体系的构建

构建救灾资金筹措、管理、运用指标体系是一项庞大又繁重的系统工作，囊括社会系统中的多个领域，本文根据分类指标的具体要素，从4个一级指标、11个二级指标、34个三级指标出发，构建救灾资金筹措、管理、运用评价指标体系（表13.1）。

表13.1 救灾资金筹措、管理、运用评价指标体系

目标层	一级指标	二级指标	三级指标（具体指标）
救灾资金筹措管理运用指标体系A	基本保障能力 B_1	社会经济状况 C_{11}	经济发展水平 D_{111}
			社会发展水平 D_{112}
			科研支撑能力 D_{113}
			基础设施规模 D_{114}
		法律法规与政策保障 C_{12}	国家层面相关法律法规政策的完善程度 D_{121}
			国家层面相关法律法规的执行情况 D_{122}
			地方层面相关法律法规的执行情况 D_{123}
		机构设置 C_{13}	救灾资金筹措机构设置 D_{131}
			救灾资金管理机构设置 D_{132}
			救灾资金运用机构设置 D_{133}
	效率运行能力 B_2	成本损耗 C_{21}	救灾资金筹措损耗 D_{211}
			救灾资金管理损耗 D_{212}
			救灾资金运用损耗 D_{213}
		运转状况 C_{22}	筹措规模与速度 D_{221}
			款物划转速度 D_{222}
			救灾资金发放的及时程度 D_{223}
			进度信息通报情况 D_{224}
			进度信息反馈情况 D_{225}
		效益分析 C_{23}	单位资金救助效果 D_{231}
			救灾资金的有效利用程度 D_{232}
			救灾资金的灾后重建效果 D_{233}

续表

目标层	一级指标	二级指标	三级指标（具体指标）
救灾资金筹措管理运用指标体系 A	公平度量能力 B_3	公开公示 C_{31}	救灾资金筹措、管理、运用的透明度 D_{311} 绩效审计的披露 D_{312} 举报电话的设立 D_{313}
		公众满意度 C_{32}	公民广泛参与情况 D_{321} 对弱势群体补偿的关注 D_{322} 对救灾资金动态管理的态度 D_{333}
		监控效果 C_{33}	政府监督 D_{331} 媒体监督 D_{332} 公众监督 D_{333}
	善后处理能力 B_4	奖惩制度 C_{41}	对筹措、管理、运用救灾资金实施监督的奖励情况 D_{411} 对虚报、挪用、截留救灾资金人员的惩罚情况 D_{412}
		经验总结 C_{42}	参照国际经验 D_{421} 管理人员素质教育 D_{422}

13.3　构建救灾资金筹措、管理、运用模型

层次分析法（AHP）是美国著名运筹学家、匹兹堡大学教授 T. L. Saaty 于 20 世纪 70 年代提出的，一种定性和定量相结合的多目标决策分析方法。其特别是将决策者的经验判断给予量化，在目标（因素）结构复杂且缺乏必要数据的情况下更为实用。

13.3.1　确定各指标的合成权重

采用层次分析法（AHP）确定权重，计算步骤如下：

（1）建立层次结构模型。将救灾资金筹措、管理、运用能力作为层次分析的总目标层，将基本保障能力、效率运行能力、公平度量能力、善后处理能力作为二级子目标；下一层经过筛选确定各项具体指标。

(2) 构造判断矩阵。层次结构模型确定了上、下层(A、B 层)元素之间的隶属关系，依据同一层次的各项指标或因子的相对重要性程度，针对上一层的准则来构造判断矩阵。重要性判断结果的量化通常采用 1 ~9 进行标度(表 13.2)。根据标度表，采用专家评分法可得到判断矩阵。

表 13.2 判断矩阵标度及含义

标度	含　义
1	表示两个因素相比，具有同样重要性
3	表示两个因素相比，一个因素比另一个因素稍微重要
5	表示两个因素相比，一个因素比另一个因素明显重要
7	表示两个因素相比，一个因素比另一个因素强烈重要
9	表示两个因素相比，一个因素比另一个因素极端重要
2，4，6，8	上述两相邻判断的中值
倒数	因素 i 与 j 比较后得到判断 b_{ij}，则 j 与 i 比较的判断 $b_{ij}=1/b_{ji}$

(3) 重要性排序。求判断矩阵的最大特征根所对应的特征向量 W:

$$W = (W_1, W_2, W_3, W_4)^T \tag{1}$$

即为所求的各具体指标的权重。其中，

$$\omega_i = \frac{1}{n}\sum_{j=1}^{n}\frac{b_{ij}}{\sum_{j=1}^{n} b_{kj}} \tag{2}$$

(4) 一致性检验。第一步，计算判断矩阵的最大特征根 $\lambda_{\max}$:

$$\lambda_{\max} = \frac{1}{n}\sum_{i=1}^{n}\frac{\sum_{j=1}^{n} b_{ij}\omega_j}{\omega_i} \tag{3}$$

第二步，计算一致性指标 $C.I.$ (Consistency Index):

$$C.I. = \frac{\lambda_{\max} - n}{n-1} \tag{4}$$

第三步，计算一致性比例 $C.R.$ (Consistency Ratio):

$$C.R. = C.I./R.I. \tag{5}$$

其中，$R.I.$ (Random Index) 为平均随机一致性指标。取值如表 13.3 所示。

表 13.3 平均随机一致性指标 *R.I.*

矩阵除数	1	2	3	4	5	6	7	8
R.I.	0	0	0.52	0.89	1.12	1.26	1.36	1.41
矩阵除数	9	10	11	12	13	14	15	
R.I.	1.46	1.19	1.52	1.54	1.56	1.58	1.59	

当 $C.R. < 0.1$ 时，我们认为判断矩阵的一致性是可以接受的，当 $C.R. \geqslant 0.1$ 时，则需要对判断矩阵进行适当修正。

13.3.2 救灾资金筹措、管理、运用模型的不足

本模型运用层次分析法对救灾资金的筹措、管理、运用进行综合评价。然而，层次分析法中根据专家意见建立的判断矩阵具有较强的主观性和人为性。考虑到重大自然灾害爆发的无规律性和巨大破坏力，此模型更需研究学者谨慎地思考，认真地研究并反复模拟计算。此外，选取不同的指标进行评价，也会对救灾资金筹措、管理、运用的效果产生影响。

政府可以根据学者的研究，借鉴国内外实际经验，建立一套科学、合理的救灾资金筹措、管理、运用评价体系，真正实现救灾资金的合规筹措、高效管理与透明运用。

13.4 应用举例

本文以 A 省为例来说明。在确定救灾资金筹措、管理、运用指标权重时，邀请此方面的专家为指标权重的确定提出意见，编制了相应的专家调查问卷。问卷根据救灾资金筹措、管理、运用一级评价指标分成三个部分。每部分根据表 13.2 所给出的判断矩阵标度进行对比。根据和积法对每位专家调查问卷进行计算，得到各指标的权重并对各结果取平均值，最终得到各指标的权重及合成权重。

13.4.1 确定救灾资金筹措、管理、运用模型各指标的合成权重

（1）对救灾资金筹措、管理、运用这个一级指标，比较各二级指标即基本保障能力、效率运行能力、公平度量能力和善后处理能力因素的相对重要

性，见判断矩阵 A－B。

A	B_1	B_2	B_3	B_4	权重 W	一致性检验
B_1	1	1/4	1/6	3	0.108	CR＝0.066＜0.1，通过一致性检验
B_2	4	1	1/3	5	0.273	
B_3	6	3	1	7	0.562	
B_4	1/3	1/5	1/7	1	0.056	

（2）对于基本保障能力这个二级指标，社会经济状况、法律法规与政策保障、机构设置 3 个指标之间的相对重要性，见判断矩阵 B_1-C_{1i}。

B_1	C_{11}	C_{12}	C_{13}	权重 W	一致性检验
C_{11}	1	1	1/3	0.211	CR＝0.018＜0.1，通过一致性检验
C_{12}	1	1	1/2	0.241	
C_{13}	3	2	1		

（3）对于效率运行能力这个二级指标，比较成本损耗、运转状况、效益分析 3 个指标之间的相对重要性，见判断矩阵 B_2-C_{2i}。

B_2	C_{21}	C_{22}	C_{23}	权重 W	一致性检验
C_{21}	1	1/3	1/5	0.106	CR＝0.037＜0.1，通过一致性检验
C_{22}	3	1	1/3	0.260	
C_{23}	5	3	1	0.633	

（4）对于公平度量能力这个二级指标，比较信息公开公示、公众满意度、监控效果 3 个指标之间的相对重要性，见判断矩阵 B_3-C_{3i}。

B_3	C_{31}	C_{32}	C_{33}	权重 W	一致性检验
C_{31}	1	3	5	0.633	CR＝0.037＜0.1，通过一致性检验
C_{32}	1/3	1	3	0.260	
C_{33}	1/5	1/3	1	0.106	

（5）对于善后处理能力这个二级指标，比较奖惩制度和经验总结两个指

标之间的相对重要性，见判断矩阵 B_4-C_{4i}。

B_4	C_{41}	C_{42}	权重 W	一致性检验
C_{41}	1	1/3	0.25	CR = 0 < 0.1，通过一致性检验
C_{42}	3	1	0.75	

（6）二级指标对一级指标的合成权重。

评价指标	B_1	B_2	B_3	B_4	合成权重 W
	0.108	0.273	0.562	0.056	
C_{11}	0.211	0	0	0	0.023
C_{12}	0.241	0	0	0	0.026
C_{13}	0.548	0	0	0	0.059
C_{21}	0	0.106	0	0	0.029
C_{22}	0	0.26	0	0	0.071
C_{23}	0	0.633	0	0	0.173
C_{31}	0	0	0.633	0	0.356
C_{32}	0	0	0.26	0	0.146
C_{33}	0	0	0.106	0	0.060
C_{41}	0	0	0	0.25	0.014
C_{42}	0	0	0	0.75	0.042

13.4.2 结果分析

救灾资金筹措、管理、运用指标体系一级指标权重的计算结果（图13.1）显示，公平度量能力重要程度最高，比重为0.562；其次是效率运行能力，比重为0.273；接着是基本保障能力，比重为0.108；最后为善后处理能力，比重为0.056。救灾资金筹措、管理、运用过程中信息的公平公开是保障救灾资金顺利规划、有效运用的重要步骤；而救灾资金的高效筹措、管理、运用是救灾工作的必然要求；遵循“成本最低、效益最大”有利于不断完善救灾资金的统筹规划体系；资源保障是提高救灾资金筹措、管理、运用能力的基础；善后处理能力是对救灾资金运用后续工作的检查和处理过程的总结，是发现和弥补救灾资金筹措、管理、运用的钥匙。四个方面在救灾资金筹措、管理、运用过程中相辅相成，缺一不可。

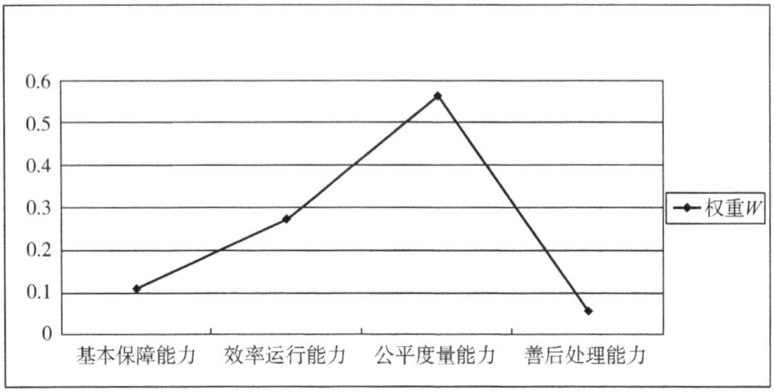

图 13.1　一级指标比较曲线图

（图 13.1 对应的表格如下）

评价指标	权重 W
基本保障能力	0.108
效率运行能力	0.273
公平度量能力	0.562
善后处理能力	0.056

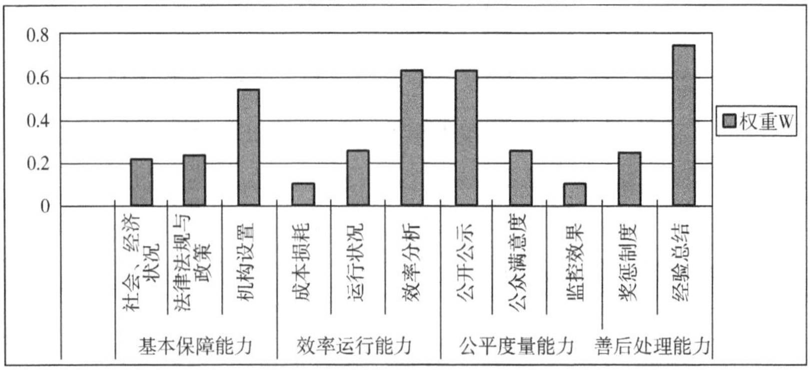

图 13.2　救灾资金指标体系二级指标比较

（图 13.2 对应的表格如下）

评价指标		权重 W
基本保障能力	社会、经济状况	0.211
	法律法规与政策	0.241
	机构设置	0.548
效率运行能力	成本损耗	0.106
	运转状况	0.26
	效益分析	0.633
公平度量能力	公开公示	0.633
	公众满意度	0.26
	监控效果	0.106
善后处理能力	奖惩制度	0.25
	经验总结	0.75

救灾资金筹措、管理、运用二级指标权重的计算结果（图 13.2）显示：基本保障方面，机构设置的作用非常明显，占基本保障能力的 54.8%，合理设置救灾资金筹措机构、管理机构、运用机构，有利于减少损耗，实现政府的开源节流；效率运行方面，效益分析所占比重最大，接近 63.3%，救灾资金单位救助效果、有效利用程度和灾后重建效果是分析救灾资金是否实现效益最大化的重要指标；公平度量方面，救灾资金在各个环节的信息是否公开公示起着关键作用，重要性达 63.3%。救灾资金在规划时遵循原则公平、操作公平，有利于提高救灾资金的筹措、管理、运用透明度，进而提高公众满意度。善后处理方面，经验总结显得尤为重要，这是因为救灾资金在筹措、管理、运用中会出现种种问题，问题虽具有个性，但个性中透露着共性，通过总结经验，抓住共性，以期提高资金筹措、管理、运用能力。

【参考文献】

［1］华金秋，胡顺华，陈博为．美国审计署的灾民救助金控制框架及启示［J］．中国地质大学学报．2009（2）．

［2］王宏伟．我国救灾资金的筹措与管理［J］．中国金融，2008（16）．

[3] 孙宁宁．城市突发公共事件应急能力评价指标体系研究［D］．大连：大连理工大学，2010.

（本文作者：彭洁　华金秋）

Study on the Evaluation Index System of Disaster Relief Funds Raising, Management and Application

【Abstract】 In recent years, the worldwide disaster events emerge in endlessly. After disaster, how to achieve relief funds operation effectively? How to establish an objective and fair evaluation index system about relief funds raising, management and application? Much attention has been paid to these problems and they are thought – provoking. Based on the previous research, this paper puts forward the evaluation index system's components of disaster relief funds raising, management and application: basic guarantee ability, efficiency operation ability, fair measurement ability and aftermath disposal ability, and the analytic hierarchy process is used for a more in – depth exploration.

【Key words】 Disaster Relief Funds; The Evaluation Index; Analytic Hierarchy Process

14

美国政府救灾采购合同审计及借鉴

【摘要】 本文主要介绍美国政府救灾采购合同审计中的经验教训，试图对我国救灾采购合同管理有所启发。

【关键词】 救灾采购；合同；管理

14.1 背景介绍

近几年来，承包商已成为美国政府应对自然灾害的重要合作伙伴。美国每年秋季几乎都要遭受飓风的袭击，其中以2005年的飓风“卡特里娜”和“丽塔”危害较大。飓风给墨西哥湾沿岸地区造成了毁灭性破坏，政府在很大程度上依赖承包商向灾民供应冰块、水、食品和帐篷，并为当地政府机构提供临时办公场所。由于飓风造成的巨大破坏，政府要求承包商迅速提供高质量的救灾物资和服务，但由于采购品种多和合同金额大的特点，给政府机构监控合同的履行带来了困难。据美国审计署（GAO）调查，“卡特里娜”和“丽塔”飓风救灾行动中，超过8.7亿美元的政府资金不合理地流入承包商的账户。在灾害应急和重建工作中，与采购合同管理相关的政府机构主要是：联邦总务署（GSA）、联邦紧急管理署（FEMA）以及陆军工程兵部队（Corps）。同时，GAO作为独立的第三方，受国会委托负责对政府在灾后救助和重建工作中的采购合同进行审计，评估采购计划并提出建议。在对“卡特里娜”和“丽塔”飓风灾区政府采购合同审计过程中，GAO选择了13个签约金额超过500万美元的关键合同，这些合同分别授予12家为GSA、FEMA、Corps执行相关任务的承包商。按照公认政府审计准则，GAO于2005年10月至2006年3月期间开展采购合同审计工作。GAO审核了合同监督政策和程序的实际运作，以期发现有效管理救灾商品采购合同的方法。

14.2 美国政府救灾采购合同管理中的经验教训

GAO于2006年5月发布报告《Hurricane Katrina: Improving Federal Contracting Practices in Disaster Recovery Operations》指出，在采购合同审计过程中，发现了一些问题和值得借鉴的经验。

14.2.1 合同规划和准备方面

14.2.1.1 存在的问题：未能提前预测救灾采购需求

例如：

➢ 主要政府机构缺少适用于重大应急状况的合同规划，在风暴来临前没有签订一些采购合同。例如，FEMA 不能合理预见基本服务的需求，在提供临时住房和公共设施方面未做准备。

➢ Corps 的任务是制定救灾方案和组建应急小组，并把具体责任分派给小组成员，以执行 FEMA 在灾前安排的各项任务。在飓风发生后，Corps 表示 FEMA 分配了部分事先没有通知的任务。有一次，Corps 收到采购一个移动教室的紧急任务，但因其事先没有做任何相关准备，于是 Corps 遵照小企业管理局的第 8 条第 1 款（SBA section 8（a））企业发展项目（Business Development Program）与阿拉斯加的一家承包商签订了合同。承包商要价 3 950 万美元，虽然知道该要价远远高于生产成本，Corps 还是签订了此合同。通过采访一家本地企业，并分析 GSA 采购清单中类似产品的价格，GAO 认为 Corps 应该协商一个较低的价格，但 Corps 没有这样做。

➢ 未能及时掌握需求的变化，导致支付给建筑工人和灾民的费用增加。据调查，FEMA 花费 300 万美元订购的 4 000 张露天野营床从未投入使用。

14.2.1.2 较好的做法：改善灾前规划和商品储备的案例

良好的规划可以解决供需脱钩矛盾。GAO 认为，联邦政府机构欲实现高效采购，需掌握必要知识以识别、选择和管理承包商。同时，预计商品需求、灵活的运作方式及预先建立供应商关系也有必要。例如：

➢ 美国佛罗里达州紧急事务管理分局（Division of Emergency Management）建立了一个数据库，其中预设应对灾害可能需要的 200 多种物品和服务。佛罗里达州预先授予承包商供应资格，并记录其能供给商品的数量和地点，且在飓风季节前确定价格，通过此数据库能迅速找到所需的物品和服务以及合理价格。类似地，沃尔玛利用数据库分析历史购买趋势，以确定飓风前后所需的商品及各店铺的商品库存。

➢ Corps 通过事先合同倡议（Advanced Contracting Initiative），签订合同让承包商执行其所期望的救灾任务。受灾后 ACI 合同迅速启动，以完成具体的救灾任务。

➢ 密西西比州电力公司的经营计划中确定多个潜在的集结地（Staging Area），为本公司和外部人员提供住房和食品供应选择，此举使该电力公司能依据灾难的规模扩大或缩小业务量。“卡特里娜”飓风后，密西西比电力公司的柔性经营计划使其能管理计划两倍以上的外来人员并为之提供住所，从而尽快恢复供电。

14.2.2 合同履行中政府相关机构的职责与沟通方面

14.2.2.1 存在的问题：政府相关机构不能明确合同中的相应职责

GAO 发现，职责不明阻碍合同的履行。根据国家应急预案（NRP）的要求，美国通过联邦、州和地方政府机构的网络体系履行其应对灾害的采购职能。在某些情况下，由地方或州官员决定所需物品并上报给 FEMA，由 FEMA 填制并签订合同（或由 FEMA 把需求传达给其他政府机构填制并签订合同），其后 FEMA（或其他政府机构）监督合同的执行。为确保合同的有效执行需明确相应的角色和责任并保持良好的沟通。GAO 发现了职责不明、缺乏有效沟通导致采购绩效低下的案例。例如：

➢ 一家承包商花费近 1 000 万美元为 FEMA 修缮 160 间房屋和阿拉巴马州军营的 80 间临时棚屋，因为 FEMA 调查组认为它们可用作临时住房。但 FEMA 总部未咨询阿拉巴马州当地的 FEMA 官员就签订了修缮这些房屋的合同。由于修缮后大部分灾民不愿入住，因此阿拉巴马州当地的 FEMA 官员认为不需要这些临时住房，并试图停止该合同。在决定关闭这些临时住房时，发现只有 6 名住户。

➢ 订购和配送冰块的过程很大程度上依赖 FEMA 和 Corps 的有效沟通。然而，Corps 的官员抱怨，FEMA 没有完全理解他们采购的方案，导致订购的冰块量至少超过需求的一倍，造成冰块供过于求以及配送点过少的局面。此外，Corps 的地方工作人员经常不知道配送目的地，当冰块到达时也没有自主配送冰块的权力，从而导致州范围内低效的配送。

➢ FEMA 授权 GSA 在路易斯安那州填制基地帐篷、酒店客房及救护车的三项合同，其总价值超过 1.2 亿美元。GSA 的订约人员签订合同后，却不清楚 FEMA 的哪些官员负责监督此合同的履行。因此确定监督人员成为 GSA 联络 FEMA 的主要事项。GSA 经多次联系 FEMA，3 周后 FEMA 才确定负责监督这三项合同的具体人员。

14.2.2.2 较好的做法：良好沟通和明确职责的案例

GAO 发现了一些行之有效的措施，如对政府机构和承包商进行综合救灾培训，明确雇员的救灾责任等。例如：

➢ CSX 铁路运输公司的雇员和其供应商联合制定救灾规划并参与救灾演习，这使每家供应商在自然灾害发生后都能明确自己的责任。

➢ 佛罗里达州紧急事务管理分局每年与供应商联合举行全州的救灾演习，为救灾提前做好准备。

➢ 密西西比电力公司的管理层都分配了与其日常职能一致的救灾指挥角色，当公司处于风暴预警阶段时此安排就会启动。每个救灾指挥角色都有后备人选，并在其功能模块内指挥救灾活动。各功能模块都有具体的救灾计划，是公司灾后重建整体计划的一部分。公司其他员工也有应对风暴的相应任务，每年会接受与此任务相应的培训。

14.2.3 政府机构监督承包商的合同履行方面

14.2.3.1 存在的问题：政府机构人员不足不能有效监督承包商

政府机构监控合同执行过程的目的是确保物资和服务的供给、调度、成本、质量和数量符合合同的相应条款。如果不能妥善配备足量受过培训的专业人员，会阻碍有效监控，政府机构可能无法及时识别和纠正承包商不履约的情形。此外，政府机构面临以高价支付承包商服务的风险。例如：

➢ FEMA 在 4 个州安装临时住房的合同，只有 17 名技术监督人员，而实现有效监督承包商至少需要 27 名工作人员。

➢ Corps 负责实地监督“蓝色屋顶”（Blue Roof）项目的官员对 GAO 说，由于缺乏足够的监督人员，推迟了该项目的执行进度。

合同监督人员得到的指示不清，或人事变动时未履行交接手续，从而使监督工作缺乏连续性。例如：

➢ 审计中发现有 1/4 的合同，FEMA 缺乏监督意识，也没有下达监督职责的通知。

➢ 某大型临时住房合同由于缺乏新老监督人员的交接手续，使得新上任的合同管理人员无法获知是谁授权承包商履行这些特定活动（甚至执行这些活动的原因也不清楚）。

14.2.3.2 较好的做法：改善人力资源部署的案例

GAO 发现一些方法能更好地确保在受灾情况下实现妥善安排，这包括建立应急预案，使员工从日常服务中转入或“插”进救灾活动中。例如：

➢ Corps 和林务局部署预先成立的受训小组到受灾地点执行具体任务，如清理废墟、搭建帐篷等。这些小组成员包含相关专家，并且为完成特定任务，这些专家有权进行实地采购。

➢ 应对卡特里娜飓风时，一家名为 Landstar 的运输服务公司与美国运输部签订了合同，由提供日常客户服务活动转入救灾应急活动代理，包括为物流中转区配置人员，同时还能继续满足商业客户的基本需求。同样，沃尔玛为办公室员工在其正常职责的基础上又加派了任务，在公司的呼叫中心为受飓风影响的商业伙伴担任接线员。

14.3 GAO 针对政府采购合同管理的建议

政府机构如何更好地管理与灾害有关的采购活动，飓风“卡特里娜”和“丽塔”之后，GAO 从审核大量合同的工作中发现了很多良好的措施，包括：政府机构必须明确采购职责和决策的流程，制定灵活的采购计划；事先进行合同审核能力的培训、拟定对大量合同审查做出反应的行动方案。GAO 还提出了以下基本原则：①定义一套透明的采购责任、权利和监督机制并实施到位；②授予合同前有明确的要求并保证合同结构规范化；③通过充分竞争性的方式发包合同；④尽最大可能地使用固定价格合同；⑤确保遵循高水平的道德规范，包括限制联邦和地方政府官员被他们监管的公司所雇佣；⑥在合同授予之前配备足够数量的具有专业水平的职员，对其进行角色和职责的培训，明确款项审批的责任，使政府采购的商品物有所值；⑦检查承包商的商品和服务，以深入了解其产能和定价，并提前确立供应关系；⑧建立一个能有效适应需求的柔性运作计划；⑨对严重违反道德准则或者业绩不乐观并涉嫌欺诈政府机构的承包商及时采取措施；⑩在合同审核的执行过程中，协调好地方项目管理人员与审计人员的工作。

14.4 对汶川地震救灾和重建中政府采购合同管理的启示

14.4.1 汶川地震救灾和重建中政府采购仍存在一些问题

汶川地震灾后重建目标由“三年变两年”，使得原定三年的重建进度大大提前。政府采购合同管理工作是其中重要一环。规范政府采购合同的签订和履行，能够有效地防范风险、优化管理、降低成本、赢得人民群众的信任。从目前审计情况看，救灾和重建中政府采购总体情况良好，但也发现了一些苗头性和倾向性问题。由2008年相继发布的《审计署发布关于汶川地震抗震救灾资金物资审计情况公告》（第1~4号）可见，政府采购方面存在不同程度的问题。例如，“河南省安阳县工商业联合会主要负责人擅自将27.11万元捐赠资金用于购买救灾物资，涉嫌以权谋私。有关部门已依法依纪追究有关人员责任。”再如活动板房建设问题：“①个别地方集中建设过渡安置的活动板房，与受灾群众生产生活实际需要不适应。②活动板房实际需求减少，个别地方已出现闲置。针对上述问题，有关部门和地方政府已加大规划力度，及时调整计划。”虽然审计结果总体令人欣慰，但现在没有大问题不等于将来没有大问题，现在没有发现问题不等于将来发现不了。由于灾区重建将持续较长时间，对政府采购的监管丝毫不能松懈。

14.4.2 我国可以合理借鉴GAO的建议

我国可以研究美国政府救灾合同管理中发现的问题和较好的做法，并参考GAO的上述建议。由于灾难的独特性及地区资源和能力各不相同，重大灾难后政府采购合同管理工作没有标准答案。美国的经验适应特定灾害的需求和条件，受灾地区应视其具体情况考虑是否采用及如何采用这些建议。

14.4.3 重视媒体监督的作用

如果没有媒体的充分介入，此次抗震救灾不可能收到如此巨额的捐款。同时，媒体监督颇有“电子眼”之功效。2009年2月，四川省北川县政府采购一辆110万元的豪华越野车的中标公告在网上迅速传播并引起激烈辩论。

有关部门随即展开调查，越野车已由企业以原价购回，采购这辆车的经办责任人已被调离。

媒体针对灾区低效使用政府采购资金行为的披露，增加了滥用重建资金的风险和成本，一旦被发现，会导致严重的后果。在如今的网络时代，人人都是麦克风和摄像头，监督的眼光无处不在。若能做到投资资金的筹集、管理和使用信息的完全公开与透明，再依靠群众举报和媒体（尤其是网络媒体）报道的放大作用，政府采购资金使用不当行为的发生几率会少得多，且监督成本相当低廉，对政府监督也起到了很好的互补作用。

14.4.4　健全政府采购合同管理问责制

我国已颁布《汶川地震灾后恢复重建条例》、《政府采购法》和《招标投标法》等多项法规，这些是救灾工作中政府采购的重要保障和依据。应实施全过程控制，坚持“三公”（公开、公平、公正）原则，打造政府采购阳光工程，促进救灾采购资金合法、合理、高效地使用。这需要把政府采购的事前审核、事中控制和事后检查有机结合起来，实行采购资金的流向责任追究制度。应大张旗鼓地宣传政府采购违规行为的处理处罚措施，极力营造救灾资金“碰不得”的舆论氛围，对贪污、截留、挤占、挪用资金的人和单位实行“零容忍”，从重从快严厉惩处并及时向社会公开通报处理结果，以儆效尤。例如，为了保证灾区重建过程中政府采购的健康运行，应加大行贿企业的成本，建立行贿黑名单，让行贿高风险高代价，这会大大有助于企业公平竞争。

【参考文献】

[1] 审计署．审计署关于汶川地震抗震救灾资金物资审计情况公告（第1号）[R]．2008－06－12.

[2] 审计署．审计署关于汶川地震抗震救灾资金物资审计情况公告（第2号）[R]．2008－06－24.

[3] 审计署．审计署关于汶川地震抗震救灾资金物资审计情况公告（第3号）[R]．2008－08－04.

[4] 审计署．审计署关于汶川地震抗震救灾资金物资审计情况公告（第4号）[R]．2008－12－31.

（本文作者：华金秋）

American Government Relief Procurement Contract Audit and Reference

【Abstract】 This paper mainly introduces the experience and lessons of American government relief procurement contract audit, trying to inspire disaster relief procurement contract management in our country.

【Key words】 Disaster Relief Procurement; Contract; Management

15

美国审计署的灾民救助金控制框架及启示

【摘要】 随着我国抗震救灾工作的深入，灾民救助金的管理已成为世人关注的焦点。本文主要分析美国灾民救助金发放中的问题及美国审计署（GAO）的控制框架，试图对我国高效使用灾民救助金有所启发。

【关键词】 救助金；控制；举报电话；数据挖掘

15.1　自然灾害救助金使用合理与否关系重大

中国是世界上自然灾害最严重的国家之一，根据国务院办公厅2007年印发的《国家综合减灾“十一五”规划》，我国70%以上的城市、50%以上的人口分布在气象、地震、地质和海洋等自然灾害严重的地区。近15年来，中国平均每年因各类自然灾害造成约3亿人（次）受灾，倒塌房屋约300万间，紧急转移安置人口约800万，直接经济损失近2 000亿元，约有1亿多人因灾害生活发生严重困难（表15.1、图15.1、表15.2）。为此，我国政府建立了灾害救济制度，目的是保障灾民的基本生活和健康，维护社会稳定，促进社会公平与和谐发展。目前，灾害救助所需资金由各级地方政府列入财政预算进行专项管理并专款专用，对财政困难的地区和遭受特大自然灾害的地区，中央财政按照规定给予适当补助（表15.3、表15.4）。发生重大自然灾害时，各级民政部门还可以开展救灾募捐并接受国内外的社会捐赠。由表15.4可见，我国的国家财政支出中用于社会救济福利费的比例，以及救灾支出占灾害直接经济损失的比重都非常低（均低于3.1%），这一方面反映出财政资源对巨大的灾害损失“力不从心”，另一方面也可以看出自然灾害损失补偿的资金缺口非常巨大，国家向灾民提供的主要是“临时性”和“紧急性”的救助。

表15.1　我国人口受灾情况（单位：万人次）

指标	2000年	2001年	2002年	2003年	2004年	2005年	2006年	2007年
受灾人口	45 652	37 256	37 842	49 745.9	33 920.6	40 653.7	43 453.3	39 777.9

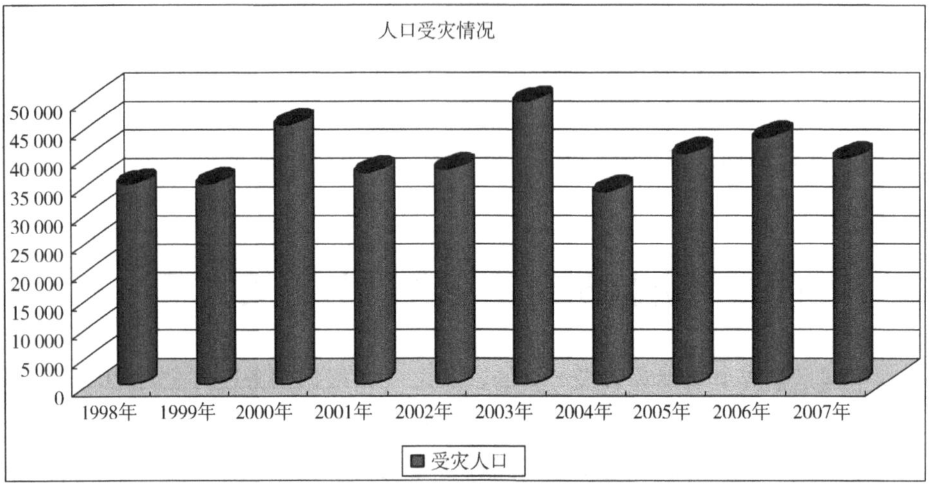

图 15.1

资料来源：民政部.2007 年中国民政事业发展统计报告［EB/OL］. http：//cws. mca. gov. cn/article/tjbg/，2008 －5 －26.

表 15.2　2001～2005 年灾情比较

年份	死亡人口（人）	紧急转移安置人口（万人）	倒塌房屋（万间）
2001	2 538	211. 1	92. 2
2002	2 384	471. 8	189. 5
2003	2 259	707. 3	343. 0
2004	2 250	563. 3	155. 0
2005	2 475	1 570. 3	226. 4

数据来源：民政部.2005 年中国自然灾害和救灾工作以及社会捐助活动情况［EB/OL］. http：//politics. people. com. cn/GB/1027/4000596. html，2006 －1 －5.

表 15.3　我国享受补助、救济人员情况表（单位：万人）

项目	2002 年	2003 年	2004 年	2005 年	2006 年
城市居民最低生活保障人数	2 064. 7	2 246. 8	2 205	2 234. 2	2 240. 1
城市临时救济人次数	321. 4	348. 3	285. 2	234. 4	123
农村低保和传统救济人次数	497. 8	1 160. 5	1 402. 1	1 891. 8	2 987. 8
农村居民最低生活保障人数	407. 8	367. 1	488	825	1593. 1

续表

项目	2002年	2003年	2004年	2005年	2006年
农村五保供养人数					503.3
农村特困救济人数					775.8
农村传统救济人数					115.6
农村临时救济人次数	1 677.6	2 009.8	1 720	1 359.9	963.8

数据来源：国研网数据中心.

表15.4 我国财政救灾支出与灾害损失资料（单位：亿元）

指标	国家财政支出	社会救济福利费	救灾支出	灾害直接经济损失	社会救济福利费占国家财政支出比例（%）	救灾支出占灾害直接经济损失比例（%）
1999年	13 187.67	48.52	34.05	1 962	0.37	1.74
2000年	15 886.50	59.71	28.73	2 031	0.38	1.41
2001年	18 902.58	89.99	35.17	1 942	0.48	1.81
2002年	22 053.15	141.63	32.93	1 637	0.64	2.01
2003年	24 649.95	217.69	55.71	1 884	0.88	2.96
2004年	28 486.89	266.58	49.04	1 602	0.94	3.06
2004年	33 930.28	324.22	62.97	2 042	0.96	3.08

说明：

1. 从1976年起救灾支出中包括抗震救灾费。

2. 国家财政支出、社会救济福利费、救灾支出数据来源于：财政部．中国财政年鉴［M］．中国财政杂志社，2006.

3. 2001～2004年灾害直接经济损失数据来源于：民政部．2005年中国自然灾害和救灾工作以及社会捐助活动情况［EB/OL］．http：//politics. people. com. cn/GB/1027/4000596. html，2008－1－5.

4. 其余数据由作者搜集计算整理。

2008年5月12日，汶川8级大地震使四川、甘肃等地区遭受了多年不遇的特大灾难，仅四川省受灾人口大约2 000万人，直接受灾人数1 000多万。此次震灾直接经济损失保守估计为1 400亿元，最悲观数字超过5 000亿元。截至9月1日12时，全国共接收国内外社会各界捐赠款物总计593.18亿元，实际到账款物592.59亿元，已向灾区拨付捐赠款物合计253.13亿元。同时，为了灾区的抗震救灾工作，中央对灾区的拨款力度和速度都是空前的。截至2008年9月1日12时，各级政府共投入抗震救灾资金671.69亿元。中央财政投入598.15亿元（其中：应急抢险救灾资金274.95亿元，灾后恢复重建资金323.20亿元），地方财政投入73.54亿元。2008年5月20日出台的《民政部、财政部、国家粮食局关于对汶川地震灾区困难群众实施临时生活救助有关问题的通知》规定：对因灾生活困难的群众实施临时生活救助，补助标准为每人每天10元补助金和1斤成品粮，补助期限三个月。2008年7月18日，民政部、财政部发布《关于对汶川地震灾区困难群众实施后续生活救助有关问题的通知》，确定了后续救助对象、期限和标准。但总的看来，此次空前的灾民救助任务重，救助面积大，救助资金供给与需求存在巨大缺口。如何保证国家的财政拨款和捐赠人用爱心汇成的“爱的海洋”能够真正流向受灾地区和受灾民众，帮助灾区人民摆脱困苦，关系到不让心碎不已的灾民雪上加霜，也关系到党和政府的信誉。

2008年7月11日，我国《参考消息》摘登路透社的一则消息称，由于担心中国大陆对四川地震捐款的管理“缺少透明度”，台湾方面暂不捐献10多亿新台币（约合3 300万美元）的赈灾资金，正为这笔资金寻找“安全”的捐献渠道。[1](PP:58~60)据称有位台湾民众打算向台湾“陆委会”捐8 000多万新台币，但其指定这笔钱只能用在刀刃上——校舍重建，“陆委会”一时无法与大陆方面协调出具体项目来，所以难以接受这笔捐款。另据斯里兰卡政府的统计，在国际社会向斯里兰卡承诺的34.2亿美元2004年印度洋海啸灾难重建资金中，到2007年底已经用于重建的仅有约11.3亿美元。这其中固然有一些组织不遵守承诺的因素，但一个重要原因是一些机构对救助金使用不满意，因而拒绝继续发放救灾资金。因此坚持公开透明原则，善用救灾款，不仅是政府对国人的一个交代，也是对全世界奉献善心者的尊重。而这种交代或尊重，会消除不必要的猜疑和误解，激发更多人的捐赠热情，从而让更多的灾民得到有效救助。下文主要分析美国灾民救助金发放中的教训及美国审计署（GAO）的控制框架，试图对我国高效使用灾民救助金有所启发。

15.2 美国灾民救助金使用中的问题与 GAO 的控制框架

15.2.1 美国灾民救助金使用中的问题

美国每年秋季几乎都要遭受飓风的袭击，其中以 2005 年的飓风“卡特里娜”和“丽塔”危害较大。风灾发生后，美国联邦紧急措施署（FEMA）启动了个人和家庭救助项目（Individuals and Household Program，IHP）。IHP 由住房救助（HA）和其他必要救助（ONA）组成。住房救助旨在解决灾民住房困难，由 FEMA 负责并提供全部资金。其他必要救助包括符合条件的医疗与丧葬费，以及个人财产、交通等紧急灾害救助。其他必要救助资金由 FEMA 出资 75%、州政府出资 25% 构成。截至 2007 年 6 月中旬，FEMA 先后向“卡特里娜”和“丽塔”飓风灾区拨付救助金达 190 亿美元。据美国审计署（Government Accountability Office，GAO）调查，其中有 11%（约 20 亿美元）的救助金使用不当，主要问题如下：

15.2.1.1 浪费（Waste）

FEMA 购置的每个价值高达 3.45 万美元的救灾用活动房屋，由于遭到当地官员反对，有 1 万多个弃置在亚利桑那州的废弃机场，FEMA 每月要为这些房屋支付 25 万美元的保管费。与之形成强烈对比的是：一方面，灾区有相当数量的民众无家可住；另一方面，一些地方政府安排灾民住进豪华宾馆。

15.2.1.2 欺诈（Fraud）

欺诈方式多样化。路易斯安那州劳工部门某办事员被查出违规办理了 80 多份失业人员救济卡，每份收取了 300 美元贿赂。GAO 的一工作人员使用虚假地址申请房租补助，居然收到了一张美国财政部开出的 2 358 美元支票。令人吃惊的是，FEMA 的审查员在得知申请人提供的是虚假地址后仍然支付了“房租”。得克萨斯州一饭店老板则以虚假的受害人名义骗到了 2.3 万美元救助金。

15.2.1.3 滥用（Abuse）

GAO 发现许多灾民用救济款奢侈消费，例如：参加加勒比海 7 日游，入住多米尼加共和国豪华酒店，购买新奥尔良橄榄球赛季节赛门票等。

15.2.1.4 申领程序存在严重缺陷

FEMA 审核申请者信息的流程存在“严重缺陷”，有时候只是“走形式”，许多人用虚假身份、虚假住址、虚假社会保险号（Social Security Numbers，SSN）成功骗取救助金。

15.2.2 GAO 的灾民救助金控制框架简介

针对上述问题，依据联邦政府的内部控制标准（Standards for Internal Control in the Federal Government）[2]，美国审计署（GAO）设计了灾民救助金发放的控制框架（图 15.2）。GAO 认为，“灾害救助计划的管理者面临双重挑战——尽快提供救助同时确保救济真正有需要的人。事实上，防止救助金使用不当和快速提供救助之间并不矛盾，有效的管理制度能够实现这样的双重目标。”

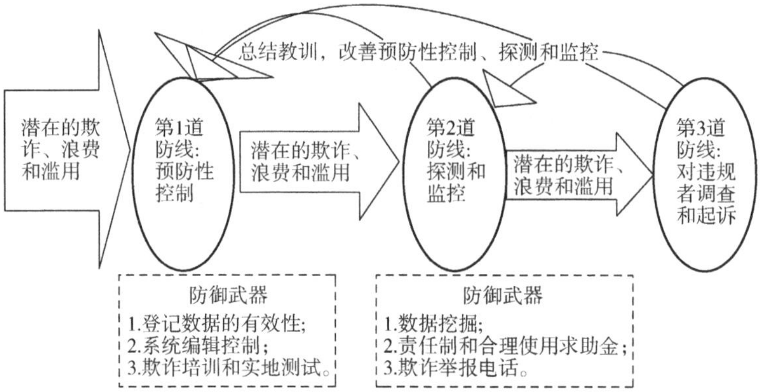

图 15.2 预防和控制灾民救助金浪费、欺诈和滥用的三道防线

来源：根据 GAO 的报告及有关资料进行整理[3],[4],[5]

图 15.2 显示，一个设计良好的救助金使用防御系统应包括三个关键要素：①预防性控制（Preventive Controls）；②探测和监控（Detection and Monitoring）；③对违规者调查和起诉（Investigations and Prosecution of Offenders）。图 15.1 表明经过每道防线，箭头的宽度不断变窄，说明救助金使用不当行为大幅减少。这表明前期的预防性控制可以筛选出大多数的欺诈行为，是最有效的减少欺诈、浪费和滥用的手段。对个人欺诈的探测和监控，以及公正严明的起诉，也是有效的防御体系中不可缺少的要素。

15.2.2.1　第1道防线：预防性控制

（1）登记数据的有效性（Data Validation）。GAO认为，在发放救助金前，必须审查申请者提供的信息。FEMA应要求申请者提供诸多信息如姓名、社会保险号、原住址、照片和其他确定身份资格的资料。登记时要应用标准化的统一格式，以便于与外部资料核对，也可以防止通过改变地址或名称的拼写顺序重复申请救助金。只要有可能，对于申请者登记的数据和损失，救助金应在实地核查后支付。但像"卡特里娜"飓风造成的特大损失，及时的实地核查是不可能的，因此需要通过电话查询等方式核查。如果进行实地核查，将会发现和规避许多诈骗案件，因为很多IHP的申请者提供的地址根本不存在。

（2）系统编辑控制（System Edit Controls）。系统编辑控制就是在付款前通过网络核查数据，以发现虚假或重复的登记资料。FEMA还应与联邦政府其他机构如税务局（IRS）的数据库记录或第三方信息（如信用报告信息）进行核对。许多组织如美国邮政服务公司（USPS）、红十字会或FEMA付款的定点酒店也保留有灾难受助者的登记资料，提供救灾数据的共享是每个单位的责任。此前，由于FEMA缺乏基本的身份验证机制，数以千计的IHP的申请者提供了不存在的或属于死者的社会保险号冒领救助金。

（3）欺诈培训和实地测试（Fraud Training and Field Testing）。救灾人员接受防范欺诈意识的培训也很重要，因为他们是第一道防线的重要组成部分。此外，新的管理规定在正式实施前进行实地测试至关重要。FEMA也承认其在IHP中没有事先测试某些新规定。GAO发现，新规定存在的控制弱点（包括缺乏数据验证）使违规者有机可乘，导致约1亿美元的损失。

15.2.2.2　第2道防线：探测和监控

（1）数据挖掘（Data－mining）。尽管预防性控制很有效，在救助金发放后，仍存在欺诈、浪费和滥用的风险。因此，FEMA对登记的数据进行挖掘分析十分重要。数据挖掘方法包括分析记录和寻找异常事件，如多次付款到同一银行账户，或许多居民来自相同的住址表明有欺诈的可能。数据挖掘在某种程度上，是创造性地发现潜在欺诈行为的办法之一。

（2）责任制和救助金的合理使用（Accountability and Proper Use of Relief Payments）。GAO的调查表明，责任制（Accountability）也至关重要，它能够确定最终是谁得到了救助。内部控制制度及救助金收据上的官方机构或者银行的印章、申请人的签名等能够实现责任制的要求。据 GAO 的调查，在 FEMA 的许多案例中，约 100 万美元以上的救助金流向没有完整的会计记录。

此外，监控救助金的交易记录也是一个重要手段。GAO 发现不少款项通过现金支票或电汇（EFT）方式支付，GAO 不能确定此类款项是否用于救灾方面。IHP 中大约有 8 000 万美元是通过借记卡发放的，GAO 大致能够查询到资金的用途。GAO 发现部分款项用于非灾难救助项目，如足球门票、按摩服务以及成人影片。通过监控用途，并惩罚滥用救助金的人，确保救灾资金的合理使用。

（3）设立欺诈举报电话（Fraud Hotlines）。美国国土安全部（Department of Homeland Security，DHS）专门开通了飓风“卡特里娜”和“丽塔”诈骗热线举报电话，个人可以匿名提供线索。未来的救灾计划都应设立类似的热线电话，以帮助查找违规行为。

在数据挖掘和热线电话等手段的帮助下，应及时通知相关部门对线索进行调查，不仅为以后的起诉搜集证据资料，而且还要研究未来加强预防性控制的措施（见图 15.2）。

15.2.2.3　第 3 道防线：对违规者调查和起诉

起诉有一定的威慑作用，因为它发出了这样的信号：虽然起诉的成本很高，联邦政府绝不会容忍个人窃取灾难救助金。美国司法部成立了卡特里娜诈骗专责小组（Katrina Fraud Task Force），对用违规手段从 FEMA 获取救助的个人进行调查和起诉。此外，通过调查和起诉还可以总结经验教训，进而完善相关制度以加强预防性控制措施、探测和监控，从而堵塞漏洞，起到正反馈的作用（如图 15.1）。

15.3　GAO 控制框架的评价及对我国抗震救灾救助金管理的启示

15.3.1　我国抗震救灾过程中救助金的使用尚存在某些问题

中国是世界上自然灾害最严重的国家之一，目前灾害救助所需资金由各级地方政府列入财政预算进行专项管理并专款专用，对财政困难的地区和遭受特大自然灾害的地区，中央财政按照规定给予适当补助。发生重大自然灾害时，各级民政部门还可以开展救灾募捐并接受国内外的社会捐赠。我国的国家财政支出中用于社会救济福利费的比例，以及救灾支出占灾害直接经济损失的比重都非常低（均低于3.1%），这一方面反映出财政资源对巨大的灾害损失“力不从心”，另一方面也可以看出自然灾害损失补偿的资金缺口巨大。中共中央政治局常委、中央纪委书记贺国强于2008年9月4日指出，汶川地震抗震救灾资金物资管理情况总体上是好的，基本做到了款物专用、账目清楚、公开透明。但是这其中也存在一些问题，需要引起我们的高度重视。[6]由《审计署发布关于汶川地震抗震救灾资金物资审计情况公告》（第1号、第2号、第3号）可见，[7],[8],[9]灾民救助金的使用存在不同程度的浪费（如活动板房闲置）、欺诈（如夸大灾情、重复或冒领救助金）和滥用（如截留挪用救助金、购买名牌运动鞋）问题。因而，我们可以借鉴GAO的做法，实施全过程控制，促进救助金合法、合理、高效地使用。

15.3.2 GAO的救助金控制框架与我国现行制度的比较

15.3.2.1 相似之处

（1）就责任制而言，财政拨款与捐赠款物的收支要进行全程记录，包括中间必需的再分配环节及最终分配环节，做到有据可查。

（2）审计发现的问题不少是对外部（电话、网络、信件）举报线索进行追查的结果。举报可以更迅速、更准确地确定调查重点，因此应不断完善对举报人的保护和奖惩制度，以调动举报人的积极性。同时，公开透明的救助金发放信息更有利于群众举报，保证中央和地方规章制度的贯彻执行。

（3）通过居民的参与式评价分析和公示制度，确定救助对象和标准。救助金是灾民的救命钱，救助金的使用有“高消费”情形（如乘飞机、住豪华宾馆、安排子女出国留学等）的应停止发放（或追回）。

（4）对于审计中发现的不少问题，审计人员相应地提出了整改建议，对有关责任人进行了追究。

15.3.2.2 GAO控制框架的可供借鉴之处

图15.1控制框架中的手段如登记数据的有效性、系统编辑控制更多地与信息化建设水平和部门信息共享有关。当前，我国承担灾民救助责任的有关部门和单位之间缺乏经常化、制度化的沟通协调机制，相关的救助政策衔接不够、信息沟通不畅。我国应加快救灾资金使用的信息化建设，由民政部、

财政部、公安部、发展改革委和审计署等部门建立指导协调机制，沟通相关部门和单位（医院、红十字会、慈善总会等），建设统一的灾民登记信息系统和救助金收付管理信息系统。同时，提高联网核查系统的数据质量，确保联网核查的时效性、准确性和权威性。

数据挖掘手段相对而言最为复杂与高级，是我国未来监督救助金使用的发展方向，需要从理论和实践层面积累经验，不断探索完善。应研究国内外案例，寻找逻辑判断关系或因果关系表达式，开发相应的工具软件，从海量的数据库信息中，将看似无关联的数据进行筛选、净化，提取出有价值的线索。必要时可以查询救助申请人存款或者持有有价证券、房产的情况，为发现救助金使用不当行为提供参考。

15.3.3 GAO 框架的局限：对救助金的筹措和使用的效益性关注不够

GAO 控制框架侧重于资金使用的合规性，对救助金的筹措和使用的效益性关注不够，更没有构建规范救助金筹措和使用的评价指标体系。事实上，我国也存在类似问题：①我国灾害数据核实困难，灾情评估工作难以落实；②灾民救助金筹措和投入的部门分割、政出多门，加上预算级次多，救灾资金落实慢，难以形成强大合力；③有关部门和单位的救助金筹措和支出绩效评价带有明显的审计导向，即重点审核救助金筹措和支出行为是否符合现行财务政策和国家有关规定，往往忽视效益方面的评价。因此，上述问题亟须从立法层面予以规范，并建立指标考核评价体系，加强对救助金运行全过程的跟踪反馈分析。

据统计，2004 年的印度洋海啸灾难发生后，国际社会向斯里兰卡政府承诺了 34.2 亿美元灾难重建资金，但截至 2007 年底用于重建的仅约 11.3 亿美元。这其中固然有一些组织不遵守承诺的因素，但主要原因是一些机构对救助金的使用不满意，拒绝继续发放救灾资金。因此坚持公开透明原则，善用救助金，不仅是政府对国人的一个交代，也是对全世界奉献爱心者的尊重。这种交代或尊重，会消除不必要的猜疑和误解，激发更多人的捐赠热情，从而让更多的灾民得到有效救助。我国台湾和香港地区保证救灾款项使用效益的做法可供我们参考。1999 年台湾遭受“9·21”地震后，承担其中救助工作的财团法人九二一震灾重建基金会专门制定了资金运用策略，最终使基金会的资金运用率达 111.85%，而且回收后可以再运用。[10]香港乐施会在进行救援及重建工作时，鼓励灾民主动参与救灾的规划、实施、监督和效果评估，力图使款项用到灾民最需要的地方。[11]香港乐施会为此制定了救援项目的严谨管理流程：界定紧急灾害发生后当地的即时需求及目标群体→项目建议书评审→预算复核→批核→救援物资的派发→监管→探访灾区以确保受助者获发救援物资→项目审计→项目关闭。例如，在修建水渠时，每家农户管理哪一段水渠都有明确的标志；在修建公路和桥梁时，由当地农户投工投劳，并聘请有技术能力的农户，有时这种方法的修建成本只有正规施工公司报价的十分之一。

15.3.4 不断完善我国抗震救灾救助金管理制度

灾民救助金管理应实现 3 个目标：

（1）激励目标。即能够有效鼓励和调动有关单位和个人参与救助金的筹措和使用的积极性。

（2）效率目标。具体包括：①筹集效率，指灾害事件发生后筹集救助金的规模与速度；②管理效率，即衡量各相关机构的管理效能，一般用管理成本和交易成本来衡量；③使用效率，即单位资金的救助效果。

（3）公平目标。在兼顾激励目标和效率目标的前提下应关注弱势群体的补偿，重视救助金的动态管理。目前汶川地震灾区建房补助存在这样的问题：有些地方补助直接按房子补助，破房子补助少，新房子补助多，或者是按面积补助，那些为了出租或投资而购建多间房屋的人家得到了高额补助。[12]因此，要防止救助标准过高的倾向。此外，大灾过后，灾区建材、食品等价格大幅上涨使救助金缩水的现象也要引起重视。[13]

我国已颁布《国家自然灾害救助应急预案》（国务院，2006 年 1 月 10 日）、《关于规范特大自然灾害救济补助费分配管理的通知》（民政部，2002 年 8 月 5 日）、《关于加强对抗震救灾资金物资监管的通知》（中纪委、监察部、民政部、财政部和审计署，2008 年 5 月 20 日）、《审计机关对社会捐赠资金审计实施办法》（审计署，1996 年 12 月 13 日）、《救灾捐赠管理办法》（民政部，2008 年 4 月 28 日）、《汶川地震抗震救灾资金物资管理使用信息公开办法》（民政部，2008 年 6 月 1 日）、《汶川地震灾后恢复重建条例》（国务院，2008 年 6 月 4 日）等多项法规，这些是灾民救助金管理的保障和依据。但上述法规连同《社会救助法》（征求意见稿 2008 年 8 月 16 日）对救助金筹措和使用的具体办法规定得不够完善。应借鉴国际经验，结合我国国情，修订相关法规，配合出台财税、金融、政府采购等配套政策，建立救灾款物信息披露和审计公告等制度，使救助金筹措和使用等更具透明度和公信力。[14](PP:102~106) 救助金筹资渠道应以国家财政、信贷保险、社会捐赠三方面为主，对救助金筹措和使用必须进行科学安排分配，形成事前、事中和事后控制相结合的完整的循环控制机制。同时要重视利用举报、信息公示等方式来增加违规行为的发现概率，依法严惩截留、蚕食、挪用救助金的不法之徒，降低其违法收益预期，使其真正认识到救助金是不能碰的“高压线”。

【参考文献】

[1] 陈统奎．地震善款遭遇困境 [J]．南风窗，2008，(16)．

[2] GAO. Standards for Internal Control in the Federal Government [R]. GAO/AIMD -00 -21.3.，(Washington，D. C.：November 1999)．

[3] GAO. Expedited Assistance for Victims of Hurricanes Katrina and Rita：FEMA's Control Weaknesses Exposed the Government to Significant Fraud and Abuse [R]．GAO -06 -403T，(Washington，D. C.：Feb. 13，2006)．

[4] GAO. Hurricanes Katrina and Rita Disaster Relief：Improper and Potentially Fraudulent Individual Assistance Payments Estimated to Be Between $600 Million and $1.4 Billion [R]．GAO -06 -844T，(Washington，D. C.：June. 14，2006)．

[5] GAO. Individual Disaster Assistance Programs Framework for Fraud Prevention，Detection，and Prosecution [R]．GAO -06 -954T (Washington，D. C.：July. 12，2006)．

[6] 中国监察部新闻稿．贺国强在中央抗震救灾资金物资监督检查领导小组扩大会议上强调有针对性地采取措施 [EB/OL]．http：//www. mos. gov. cn/Template/article/display0. jsp? mid = 20080916029368，2008 -9 -4.

[7] 审计署．审计署关于汶川地震抗震救灾资金物资审计情况公告（第1号）[R]．2008 -6 -12.

[8] 审计署．审计署关于汶川地震抗震救灾资金物资审计情况公告（第

2号）［R］. 2008-6-24.

［9］审计署. 审计署关于汶川地震抗震救灾资金物资审计情况公告（第3号）［R］. 2008-8-4.

［10］谢志诚. 捐款收支报告［EB/OL］. http：//www. taiwan0921. org/，2008-9-26.

［11］田享华. 大灾之后　确保善款运用得当——香港乐施会的运作经验. ［EB/OL］. http：//www. fon. org. cn/content. php？ aid=10041，2008-8-7.

［12］许远国. 按人头发钱和灾区按房子搞救灾补助都要不得［EB/OL］. http：//bbs1. people. com. cn/postDetail. do？ boardId = 2&treeView = 1&view = 2&id=89580243，2008-11-4.

［13］政协四川省安县委员会. 四川安县灾区调查报告：建筑材料价格普遍上涨［EB/OL］ http：//www. china5000. org. cn/bbs/topic. aspx？ topicid = 1360，2008-7-16.

（本文作者：华金秋　陈博为）

U. S. Government Accountability Office Regulatory Framework for Victims Relief Funds and Its Meanings

【Abstract】 With the deepening of earthquake relief work, the control of relief funds to victims have become the focus of world attention. This paper analyses the lessons of U. S. relief payments to victims and the management framework put forward by Government Accountability Office (GAO), attempts to help relief fund realize efficient use in China.

【Key words】 Relief Funds; Control; Hotlines; Data-mining

16

美国审计署的自然灾害重建经验及借鉴

【摘要】 本文首先介绍美国审计署（GAO）归纳的自然灾害重建经验：州和地方政府需及时制定明确的可执行的重建计划；州和地方政府需为重建储备力量；实施振兴企业战略；打击欺诈、浪费和滥用行为。最后，结合汶川地震救灾和重建审计情况，试图对我国青海玉树地震重建有所启发。

【关键词】 自然灾害；重建；审计

16.1 引言

美国是一个自然灾害比较频繁的国家，飓风、地震、森林火灾等经常发生，每年要造成相当数额的经济损失。根据美国 1988 年制定的《救灾和紧急援助法》（Stafford Act），联邦政府有责任为受灾严重地区提供援助，以减轻灾难造成的破坏。但联邦政府的主要任务是协助州和地方政府，在重建活动中发挥主导作用并承担首要责任的则是州和地方政府。总结以往的重建经验有助于更好地应对灾后重建活动的复杂性。2006 年以来，美国审计署（GAO）发布了关于灾后重建的多个审计报告，为国会和政府提供决策参考。这些报告归纳了以下六大灾难的重建经验：①1989 年加利福尼亚州北部的洛马普里埃塔地震；②1992 年袭击佛罗里达州南部的安德鲁飓风；③1994 年加州洛杉矶市的北岭地震；④1995 年的日本神户大地震；⑤1997 年北达科他州和明尼苏达州的红河水灾；⑥2005 年墨西哥湾沿岸的飓风“卡特里娜”和“丽塔”。GAO 选取的这六大灾难是基于对学者和救灾工作人员的访问后确定的。在美国，GAO 与六大灾难地的州和地方政府官员，以及参与长期重建的非政府组织代表面谈。GAO 还拜访了日本政府、兵库县和神户市的相关官员，采访了 40 多名灾后重建国内外专家。此外，GAO 走访了除红河洪灾外的其他五大灾害影响的社区，拜会了参与重建工作的官员。对于受红河水灾所影响的地区，GAO 通过电话联系参与重建工作的关键官员及专家，获取了必要的信息。GAO 还搜集并研究了灾后重建法规和文献（包括 GAO 以往对自然灾害的研究成果）。GAO 的工作依据公认政府审计准则（GAGAS）进行，这一标准要求 GAO 对审计目标进行选择和审计时，需获得充分和适当的证据，并且为调查结论提供合理的基础。下文主要对 GAO 的上述报告作一简介，并结合汶川地震救灾和重建审计情况，试图对我国青海玉树地震重建有所启发。

16.2 GAO 的自然灾害重建经验

16.2.1 州和地方政府需及时制定明确的可执行的重建计划

有效的重建计划为重建进程提供了路线图，也为州和地方政府提供了记录、交流、拟定重建事项优先次序的决策工具。在审查重建计划的过程中，GAO 发现这些计划存在共同点：

（1）迅速制定重建计划。例如，1995 年 1 月日本神户发生大地震后，神户市迅速制定了复苏计划，确定了灾后重建项目的优先次序及拨款金额，不仅赶上了当年紧张的国家预算申报截止日期，也为日后评价政府重建进展奠定了基础。

（2）有具体的重建目标。神户大地震后，受灾最严重的兵库县和神户市在重建计划中确定了具体的恢复目标，其中包括：3 年内重建所有受损房屋、5 年内取消所有临时住房、10 年内完成基础设施的重建。此后，神户市和重建专家对灾后重建的评价发现：具体目标对于协调众多重建参与者至关重要。具体目标也便于政府通过网络和其他新闻媒体，及时向公众发布实现目标的进展状况。

（3）有利于执行的详细信息。可执行的重建计划明确指出项目的目标和任务、相关单位和人士的角色和职责、重建资金来源渠道等。1997 年红河水灾后，大福克斯市制定了恢复计划，涉及重建住房和社区、企业复苏和修复基础设施等。为实现既定目标，该计划详细描述了支持项目和任务实现的细节，清楚地指出每项具体工作的机构和负责人、责任和掌握的资源。

16.2.2 州和地方政府需为重建储备力量

为有效利用联邦援助，州和地方政府需要具备一定的条件，包括筹措资金的能力和运用技术解决相关问题。在灾区重建过程中，一些地方政府成功地利用贷款和征收特别税来增强其财政实力。州和地方政府往往需要部分资金来匹配其申请的联邦救灾拨款，积极争取贷款是灾区加强其财政能力的一种方式。例如，1997 年红河水灾发生后，北达科他州的国有银行为大福克斯市提供了 4 400 万美元的贷款，此项贷款用于满足申请联邦紧急措施署（FEMA）的救灾项目及开展前期重建的要求。

增强地方财政实力的另一方式是政府依据重建目标开征临时特别税。1989 年洛马普列塔地震后，圣克鲁斯县政府有步骤地为灾区提供额外的财政支持。在取得选民支持的前提下，该县在地震一年后实施了税收“E 方案”（Measure E），即在 6 年内将原销售税率提高 0.5%，增加的税收分配给该县的受灾地区。借助 E 方案增加的税收可以配套 FEMA 公共援助拨款项目并为其他重建项目提供资金，如修复损坏房屋项目及聘用专家协助社区制定长期经济复苏计划。但提高销售税率并非对所有地区都可行，需要所在地区选民的同意与支持。

为更好地申请联邦救灾项目，受灾地区还加强了运用技术的能力。例如，2005 年墨西哥湾沿岸飓风过后，FEMA 和密西西比州的政府官员利用联邦经费建立了一个在线会计系统，用于跟踪及促进业务文件共享，从而方便申请 FEMA 的公共援助拨款。利用这一基于 Web 的系统，在一家与州政府签订了合同的会计公司协助下，申请者可扫描并上传建筑及工程概算、承包商的票据和相关文件从而申请救灾援助，FEMA 和州政府可立即获取申请文件并及时审批。据报告，这一信息共享工具使相关工作人员减少了申请公共救助项目的审批时间和人力成本，极大地缓解了文件处理压力。

16.2.3 实施振兴企业战略

企业复苏是灾区重建成功的关键因素。但重大自然灾害会极大改变企业经营环境，中小企业一般缺乏承受灾害损失的经济资源，很难适应市场的变化。同时，中小企业大规模的迁移会阻碍灾区的经济复苏，所以需要想方设法留住幸存企业。为帮助中小企业在灾后生存并留在当地，一些地方政府制定了相应策略。

大福克斯市为受灾企业提供优惠商业贷款。红河水灾后，为了减少企业搬迁，大福克斯市利用住房和城市发展部的社区发展项目和商务部经济发展局的拨款鼓励企业继续留在社区。该市为受灾企业提供了 175 万美元贷款项目，即为企业提供 15 年期的贷款，开始的 5 年内企业无须支付利息及其他费用。5 年后，若企业愿意继续留在当地经营 3 年，则第 3 年年终时，贷款本金的 40% 不需要偿还。据大福克斯市的一位官员介绍，70% 以上的企业接受了此项贷款。据估计，若没有此贷款项目，40%以上的企业将会倒闭。

加利福尼亚州圣克鲁斯市为那些在洛马普列塔地震中遭受了破坏的企业建立临时办公地点，在主要的购物街附近建立了许多大型临时展厅，向企业收取低额租金。这使得40多家本地企业整理好店面后就能进行商业运作，消费者得以继续频繁光顾，从而为受到冲击的企业维持了客户群。

北岭地震后，洛杉矶市提供技术和信息支持帮助企业适应市场变化。当地的非营利性组织硅谷经济发展中心（VEDC）建立了推广和咨询项目，为受到地震影响的企业提供技术援助。利用洛杉矶市、加利福尼亚州以及小企业管理局（SBA）提供的资金，VEDC为企业申请联邦和当地政府财政拨款提供建议，并指导企业调整战略以适应变化的市场。为此，VEDC的工作人员逐一前往受灾商业区，并充当震后重建的信息交换场所。VEDC还主办研讨会、联络企业主并收集企业的详细资料等，指导企业在既定人口特征下合理制定商品和服务的市场战略。VEDC的技术支援项目持续了5年，约6 000家企业授受了VEDC的相关服务，为圣费尔南多谷保留了近8 000份工作。

此外，针对与长期重建目标相关的企业提供税收激励措施也是一种帮助受灾企业复苏的有效方法。2005年飓风过后，为促进企业复苏，美国国会通过《Gulf Opportunity Zone Act of 2005》制定了税收激励措施，州政府负责安排灾区内的企业享受税收优惠政策，其中包括企业拥有独立发行1 490万美元免税债券的权力。免税债券相当于允许企业获得利率较低的借款，因为投资者无须为这种债券的利息交税。墨西哥湾沿岸各州行使了这一权力，通过发行免税债券来支持相关行业，如制造业、酒店和零售企业等。

16.2.4 打击欺诈、浪费和滥用行为

重大灾难后赈灾资金大量流入，会产生更多的欺诈、浪费和滥用机会。受灾民众和政府救灾项目的公共资金都面临风险。一方面，许多灾民利用政府的援助拨款雇佣承包商重建家园，此项拨款反而成了不法承包商的目标。1992年“安德鲁”飓风发生后，在1993年8月至1995年3月期间，7 000多名业主向迈阿密戴德县的建设欺诈专责小组投诉了承包商欺诈行为。据迈阿密戴德县国家检察官办公室报告，截至1996年10月，他们成功起诉了300多宗重罪案件和290多起轻罪案件，归还业主260多万美元，对不构成犯罪的承包商则处以大额行政罚款或要求额外赔偿。另一方面，迅速为灾民提供救

助金会产生申请人的欺诈风险，有些申请人试图获取不应享受的救助金。为此，GAO 设计了两项措施以协助州和地方政府在重灾后防止上述风险：

（1）防范承包商欺诈风险。大福克斯市在红河洪灾过后，为了保护其居民免受承包商欺诈，该市为承包商设立了一个专门的认证程序，即为那些希望与灾民做生意的承包商提供“一站式服务”计划，检查承包商是否有规定的许可证和保险、有无犯罪记录等，并为通过检查的承包商发放带照片的身份证明。当承包商在指定城市从事开展业务时，要求随身携带此证明。为将此项目告知市民，大福克斯市的官员举办了新闻发布会，督促市民聘用持有照片身份证明卡的承包商。该市在 2 个月左右的时间内，通过“一站式服务”发放了近 500 份新营业许可证和约 2 000 张承包商身份证明卡，并拘捕了 20 多家受过严重警告的承包商。州和市政府官员认为，在红河水灾重建阶段，大福克斯市的此项措施对打击承包商的欺诈行为发挥了关键作用。

（2）防止灾民救助金的欺诈、浪费和滥用。GAO 专门设计了自然灾害救助金的管理模式，包括三道防线（预防性控制；探测和监控；对违规者调查和起诉），从而最大限度防止此类行为。

16.3 对我国审计机关监督青海玉树地震灾区重建的启示

16.3.1 青海玉树地震灾区重建可合理借鉴 GAO 的经验

2010 年 4 月 14 日，将永远铭刻在中国的灾难史册中。汶川大地震的震殇尚历历在目，玉树大地震的哀痛又接踵而来。这是玉树人的不幸，更是中华民族的不幸。由于经受了汶川地震的考验，玉树地震发生后，有关方面尽早地把灾后的评估和重建工作提上议事日程。GAO 的重建经验适应特定灾害的需求和条件，受灾地区应视其具体情况考虑是否采用及如何采用这些建议。GAO 强调及时制定具体可执行的重建目标、加强政府的重建能力、提出促进企业复苏的策略、重视预防性控制、采取综合措施打击欺诈、浪费和滥用、提高重建透明度、实施问责制等可供我国参考。例如：

（1）重建目标方面。可以参考 GAO 的建议，对于青海玉树灾区重建及时制定明确的可执行的重建规划，包括总体目标、具体项目目标、时间进度安排、重建主体的责权利、并有序配备相关资源。温家宝总理亲临玉树灾区察看灾情时还特别强调，“因为当地非常贫困，我们要把灾后重建和当地的脱贫工作，还有生态保护工作都结合起来，在规划新玉树的时候要做到科学合理。”

（2）多渠道筹集资源投入灾区重建。灾后重建需要投入巨大的人力、财力、物力资源，政府必须迅速整合不同部门的行政资源，并建立起公私合作的渠道和机制，广泛吸收社会资源参与重建。要综合运用财政、税收、金融、产业、就业等各类政策，统筹协调中央和地方各项财政投入、对口支援、国内银行贷款等资金，引导使用好各类捐赠资金，使政策安排、重建规划及资金投入相互衔接，形成强大合力，尽快实现灾区“居者有其屋”的基本生活保障条件和可持续的“安居乐业”。

（3）企业重建方面。我国对灾民救助工作比较重视，对企业救助则相对关注不够。目前，相关文件有《汶川地震灾后恢复重建贷款中央财政贴息管理办法》（财政部，2008 年 10 月 7 日）、《财政部　国家税务总局关于认真落实抗震救灾及灾后重建税收政策问题的通知》（2008 年 5 月 19 日）、《关于全力做好地震灾区金融服务工作的紧急通知（第 1 号）》（人民银行　银监会，2008 年 5 月 19 日）、《关于四川省遭受地震灾害地区出口货物退［免］税有关问题的通知》（国家税务总局，2008 年 6 月 4 日）等，尚未形成完整的灾区企业重建政策体系。应参考国外灾区重建经验教训并联系我国国情，建立起我国相应的财税和金融制度，为灾区企业重建提供政策支持。可以参考 GAO 提出的帮助企业恢复的综合措施，采取注资、信贷支持、减免税收、加强信息服务等促进企业重建。例如，可建立资本市场融资优先机制，对符合条件的灾区企业在债券发行、沪深股市上市、再融资及创业板上市方面，给予有期限限制的优先安排。也可以向灾区企业提供低息或贴息贷款或者建立特种基金，为灾区行业和企业融资提供便利。1968 年，美国国会通过了《全国洪水保险法》，并据此制定了《国家洪水保险计划》（NFIP），建立了国家洪水保险基金。我国也可考虑建立巨灾保险制度，为重建资金提供新的来源。

（4）健全问责制。建立救灾和重建资金的“免疫系统”，需要把事前审核、事中控制和事后检查有机结合起来，实行资金的流向责任追究制度。应大张旗鼓地宣传资金违规行为的处理处罚措施，极力营造救灾和重建资金“碰不得”的舆论氛围，对贪污、截留、挤占、挪用资金的人和单位实行“零容忍”，从重从快严厉惩处并及时向社会公开通报处理结果，以儆效尤。中共中央政治局常委、中央纪委书记贺国强2010年4月19日在中央抗震救灾资金物资监督检查领导小组会议上强调，“要加大问责力度，对在抗震救灾工作中玩忽职守、贻误工作、造成严重后果的，不仅要对直接责任人进行严肃处理，而且要追究有关领导人员的责任。”

16.3.2 要总结和借鉴汶川地震抗震救灾和重建审计经验

我国审计机关高度重视汶川地震救灾和重建监督工作。截至2010年2月底，全国各级审计机关共追回汶川地震重建资金和挽回损失大约有12亿元，收回被挤占挪用资金或违规安排资金有两亿多元。通过汶川地震灾后恢复重建审计，真正实现了保障灾后恢复重建资金不出现重大问题，促进汶川灾后恢复重建工作顺利完成。由审计署发布的《关于汶川地震抗震救灾资金物资审计情况公告》（第1~4号）、《汶川地震社会捐赠款物审计结果》（2010年第1号）、《汶川地震灾后恢复重建跟踪审计结果》（第1~2号）可见，汶川地震抗震救灾和灾区重建涉及大量资金，很少发生截留、挪用、贪污行为，这既增加了人民对政府的信任，又提高了抗震救灾和灾区重建效果。取得良好成效的审计经验有：监督关口前移、全程跟踪、合理编组审计人员、高度透明、及时问责、“以人为本”、公布举报电话和网址、协同监管、吸引社会参与等。为了保证青海玉树灾区救灾和重建资金用在刀刃上，仍然有必要像汶川抗震救灾重建那样，实施全过程的跟踪审计。在汶川地震重建过程中，还提出了中国特色的重建经验，如“特殊党费”作为重建筹资来源、建立“对口支援”机制等，这些不仅仅是帮助灾区人民重建家园的物质财富，更是帮助灾区人民重树信心的精神支持和未来指导灾区重建的精神财富。总之，审计机关应系统总结中国特色的救灾和重建资金管理经验，并探讨具有共性的救灾和重建资金管理经验，为未来我国乃至国际社会应对灾害提供宝贵经验。审计机关还应加强对不同国家或区域层面救灾和重建政策体系的研究，通过审计监督职能作用的有效发挥，揭示和反映救灾和重建工作中的问题，有针对性地提出审计建议和改进措施，充分发挥“免疫系统”的预防性、揭示性和建设性功能。

16.3.3 关注重建资金的合规性和效益性

例如，由2009年9月14日的《汶川地震灾后恢复重建跟踪审计结果》

（第1号）可见："甘肃省陇南市成县农村住房重建、康县整村就地重建2个项目因进展缓慢，农房维修加固资金1 601万元滞留在乡镇恢复重建专户；陇南市武都区城关镇将农村住房灾后重建项目资金850万元，借给武都区发展改革委，用于2004年、2005年该区扶贫搬迁试点工程。"根据审计意见，"甘肃省陇南市成县、康县滞留在乡镇恢复重建专户的农房维修加固资金1 601万元，已拨付到农户；陇南市武都区已归还了被改变用途的资金"。应统筹安排好灾区重建资金，使有限的灾区重建资金用在刀刃上。审计机关要通过充分揭露重建中违背国家产业政策和土地政策、政府采购违规、工程超预算、环境污染、重建资金改变用途（如流入股市）、重大损失浪费和决策失误等问题，发现重大经济犯罪案件线索，提高审计发现问题的层次和高度，推动重建政策法规的执行和落实。应该坚持"审、帮、促"，在把问题查明、揭示出来的基础上，强化审计整改，加强管理，堵塞漏洞。审计机关要通过效益审计、专项审计调查的创新，进一步开拓发挥国家审计建设性作用的新路径。例如，"以人为本"充分体现了党和政府的执政理念和推进民主法制建设的需要。重建资金投资中有改善民生的内容，这就要求倾听灾区民众的声音。审计机关要了解百姓在危机中到底有哪些紧迫的需求，建议有关部门调整投资结构，使重建资金起到雪中送炭的作用。

16.3.4 高度重视青海玉树地震灾区救灾和重建审计工作的特殊性

中共中央政治局常委、全国政协主席贾庆林2010年4月19日主持召开中央有关部门负责人会议时指出，"此次玉树抗震救灾工作任务仍然十分艰巨，面临着相对特殊的困难和挑战。除了高寒缺氧、部分群众生活困难、民族宗教因素突出外，境外敌对势力也企图对抗震救灾工作进行干扰破坏。在这种情况下，要坚持一手抓抗震救灾，一手抓团结稳定。"中共中央政治局常委、中央纪委书记贺国强2010年4月19日在中央抗震救灾资金物资监督检查领导小组会议上也强调，"着力加强对中央关于抗震救灾决策部署落实情况的监督检查，加强对党的民族政策落实情况的监督检查，加强对抗震救灾资金物资的监督检查，加强对灾后恢复重建工作的监督检查。"可见，中央领导同志的上述讲话对青海玉树救灾和重建审计工作提出了很高的要求。此外，与汶川地震不同，青海玉树地震发生在高原地区，环境考验严峻，施工季节短，物资运输和保障存在困难。无论是政府审计人员还是志愿者、救援人员、施工人员都要“以人为本”，保障自身安全，否则反而给救援和重建增加麻烦。因为一旦出现缺氧等情况，反倒会占用医疗物资。

【参考文献】

［1］GAO，Disaster Recovery：Past Experiences Offer Insights for Recovering from Hurricanes Ike and Gustav and Other Recent Natural Disasters，［EB/OL］http：//www. gao. gov/products/GAO－08－1120］（Washington，D. C.：September 2008）.

［2］Earthquakes：Additional Actions Needed to Identify and Mitigate Risks to Federal Buildings and Implement an Early Warning System［EB/OL］http：//www. gao. gov/products/GAO－16－680GAO－16－680：Published：Aug 31，2016. Publicly Released：Sep 22，2016.

（本文作者：华金秋）

U. S. Government Accountability Office' Experience About Natural Disaster Reconstruction And Its Meanings

【Abstract】 This paper first introduces the experience about natural disaster reconstruction put forward by Government Accountability Office（GAO），which include creating a clear，implementable，and timely recovery plan，building state and local capacity for recovery，implementing strategies for businesses recovery，adopting a comprehensive approach toward combating fraud，waste，and abuse. Also，we attempts to find some meanings for Wenchuan Earthquake disaster reconstruction auditing in China.

【Key words】 Natural Disaster；Reconstruction；Auditing

17

美国大规模流感应急状况审计及借鉴

【摘要】本文介绍美国政府大规模流感应急状况的最新进展，然后探讨对我国政府提升流感应急能力的启示。

【关键词】大规模流感；应急；评估

17.1 引言

大规模流感（简称“大流感”）一直威胁着人类的健康，不仅给源发地区，也给所在国或全球带来了巨大灾难。1918 年在西班牙爆发的世界性流感至少造成 2 000 万人死亡，1957 年的亚洲流感和 1968 年的香港流感分别造成约 200 万人和 100 万人死亡。美国国土安全委员会（HSC）近年来积极应对大流感这一潜在灾害。2005 年 11 月，HSC 发布了《大流感的国家战略》（National Strategy for Pandemic Influenza，NSPI），2006 年 5 月制订了《大流感的国家战略实施计划》（National Pandemic Implementation Plan，NPIP）。NSPI 的内容是发生流感疫情时，就国家如何准备、检测和响应拟定总体规划。NPIP 则依据 NSPI，指出联邦政府机构应在不同领域中发挥领导作用。NPIP 确定了政府机构的目标和责任，并为非联邦政府部门和个人提供指导。NPIP 共有 324 项行动项目，其中大部分于 2009 年 5 月完成。

2006 年，美国审计署（GAO）提出了灾害应对策略，以协助国会加强对大流感应急状况的评估和监督。GAO 的灾害应对策略包括：①领导、授权与协调；②威胁的检测与风险管理；③计划、培训与演练；④响应及恢复的能力；⑤信息共享与沟通；⑥绩效与问责制。该策略包括的 6 个方面是相互关联的，涉及灾害的准备、响应和恢复全过程。上述策略总结了美国 20 多年来应对灾难的经验教训，也为 GAO 评估大流感应急状况提供了基本框架。2009 年 3 月底至 4 月中旬，美国暴发甲型 H1N1 流感疫情，在此条件下，GAO 审查 NSPI 和 NPIP 的实施进展并向国会提供报告。

17.2 GAO 对美国大流感应急状况的评价

17.2.1 应进一步明确领导角色和责任并加强协调机制

根据 NSPI 和 NPIP，目前联邦层面的流感应急领导工作主要由卫生部

（HHS）和国土安全部（DHS）分担，但具体分工尚不明确。此前，GAO 发现，州和地方政府对突发事件的反应不够迅速。GAO 建议，联邦政府机构（包括 DHS 和 HHS）需明确各级领导的作用和责任，并进行严格的测试、培训和演练，以应对大流感的挑战。

现有的协调机制如基础设施协调理事会（Infrastructure Coordinating Councils）应更好地利用。应对大流感，各级政府与私营部门之间的合作不容忽视，目前主要通过一系列的协调理事会（包括具体的部门和跨部门理事会）进行。为保护国家的重要基础设施，DHS 建立协调理事会作为沟通政府与私营部门的重要手段，涉及能源、金融、食品、农业、电信、交通和水利等部门。DHS 主要利用基础设施协调理事会传播信息，而不是解决各部门的代表提出的问题。GAO 建议 DHS 鼓励协调理事会考虑和解决公共部门和私营部门之间合作中出现的问题。

17.2.2 信息不对称是最大风险，大流感的监控和检测要加强

国际疾病监控和检测工作作为早期预警系统，可防止流感疫情大规模爆发。美国疾病预防控制中心（CDC）与国际组织如世界卫生组织（WHO）及有关国家开展合作，努力提升对大流感的监控和检测能力，从而快速发现疫情。然而，正如 GAO 2007 年的报告指出，国际检测仍存在诸多障碍，特别是在发展中国家，由于缺乏医疗保健设施和公共卫生实验室，有些国家甚至缺乏重大疾病通报系统，难以及时准确发现疫情。因此，对大流感的评估是基于不详细或不完整的资料，国别或地区层面的比较可能影响结论的价值。

17.2.3 流感应对计划存在的问题

17.2.3.1 NSPI 和 NPIP 存在缺陷

NSPI 和 NPIP 没有讨论实施的成本与效益、如何实现资源效用最大化、风险和费用权衡等问题。同时，NSPI 和 NPIP 未明确实施所需资金来源。在有限资源的约束条件下，NPIP 的 324 个行动项目也未确定行动事项优先级别和资源调节规则，显然是不妥的。此外，NSPI 和 NPIP 与其他文件如《国家应急预案》（NRF）衔接不够。GAO 建议，HSC 需不断完善 NSPI 和 NPIP。

17.2.3.2 州和地方政府的大流感应对计划存在问题

GAO 在 2008 年指出，“据 CDC 调查，50 个州和 3 个地区得到了联邦大流

感应急基金并按照联邦政府的指导进行演练。”然而，HHS 在 2009 年 1 月的评估中指出，各州已作了改进，仍存在不少问题，主要是在学校防控和社区遏制方面。另据 2008 年 9 月全国州长协会（NGA）的报告，各州较关注学校问题，但一般很少能知悉疾病的准确爆发时间，以至于不清楚何时建议学校停课或复课。

17.2.3.3 私营部门的大流感应对计划存在问题

私营部门正实施大流感应对计划，但也存在许多问题。为了更好地保护重要基础设施，联邦机构和私营部门应合作研究大流感的应对指南，如改革流感期间企业请假制度、尽可能缩短大流感期间的工作时间等。然而，政府和私营部门的代表也承认，长久的实施存在可行性问题，这主要是因为大流感的不确定性。有限的财力和人力资源，使得政府和私营部门必须权衡应对大流感与其他重要事项（如当前的金融危机）的优先次序。

17.2.4 医疗能力有待加强

大流感可能感染大量人员，卫生保健系统需要加强其医疗能力。地方或区域的卫生保健系统的转移能力也需要得到保证。在自然或人为灾害中，来自其他州的援助可以提高应急能力，但在大流感中，由于资源的匮乏和对感染的恐惧，各州之间可能不愿提供援助。大流感爆发期间，到医院就诊的患者人数相当于平时的 10 ~ 15 倍，远超出医院的医疗能力，需要增加医护人员、病床、药品（如抗病毒药物和疫苗）和设备等。此外，由于生产、分配和管理的因素，抗病毒药物和疫苗可能难以满足需求。GAO 建议，HHS 应向各州发布医疗设备和物资分配细则。2006 年国会拨给 HHS 的 56.2 亿美元（以应对流感追加拨款）的具体用途及所占比例如图 17.1 所示。

17.2.5 联邦机构需提供更多指导

NPIP 规定政府公共卫生官员必须持续地与公众有效沟通。因此，HHS、DHS 和其他联邦机构发布了许多大流感的相关信息，主要是通过专门网站（www.pandemicflu.gov）、召开会议，并利用现有的协调机制，及时共享大流感相关信息。然而，地方官员希望得到联邦政府的更多指导，如实施社区干预、死亡管理、增加医疗设施等。虽然联邦政府已经发布了一些指南，但可能没有传达到相关官员，或不适用于特殊情况。此外，需要明确在大流感应

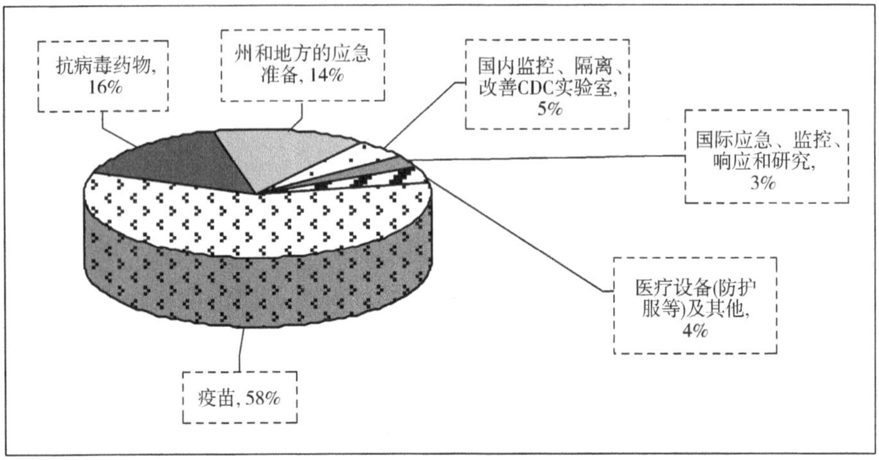

图 17.1　2006 年美国国会给 HHS 的 56.2 亿美元拨款的具体用途及比例

急工作中（如洲际边界关闭和流感疫苗分配方案）联邦政府、州政府、私营组织各自的职责。

17.2.6　绩效评估和问责制需加强

NSPI 和 NPIP 缺乏明确的以结果为导向的绩效衡量标准，国会、联邦政府或有关单位难以评估防疫准备是否妥当。同时，确定各单位互相配合情况的衡量标准也很重要。由于缺乏相关绩效评估指标，GAO 难以确定 NSPI 和 NPIP 能否实现其目标。此外，NSPI 和 NPIP 对那些由非联邦政府部门完成的行动项目缺乏问责制。

17.2.7　审计结论

GAO 认为，“虽然 2009 年上半年甲型 H1N1 流感的传染并不严重，但就过去经验看，更为严重的第二波大爆发可能会在 2009 年秋天或冬天。”① 鉴于此，联邦政府机构应重视 GAO 提出的问题并尽快加以解决。事实上，美国卫生部于 2009 年 10 月 5 日正式启动甲型 H1N1 流感疫苗接种活动，并希望在今

① 中国疾病预防控制中心副主任杨维中于 2009 年 8 月 9 日接受新华社记者采访时也持上述观点，见中国政府网［EB/OL］.（20090809）［20090828］. http://www.gov.cn/jrzg/2009－08/09/content_1387219.htm）.

后数月内为美国1.5亿人接种，幼儿和高风险人群为优先接种对象。美国总统奥巴马则于2009年10月23日签署公告，宣布美国进入甲型H1N1流感全国紧急状态。进入全国紧急状态表明美国流感防控已从单纯防疫工作变成政府各级部门都要参与的全国性紧急事件，可全面调动联邦政府资源应对疫情。

17.3 启示

17.3.1 我国政府高度重视突发公共卫生事件应急工作

党的十七大报告明确提出“完善突发事件应急管理机制”、“提高重大疾病防控和突发公共卫生事件应急处置能力”和“强化防灾减灾工作”。应对突发公共卫生事件（如大流感）是完善应急管理机制的一项重要内容。自2003年的“SARS”疫情以来，我国国家应急体系建设取得了快速发展和可喜进步。《传染病防治法》自2004年12月修订施行后，十届全国人大常委会第二十九次会议通过《突发事件应对法》，自2007年11月1日起施行。国务院也相继发布《国家突发公共事件总体应急预案》《突发公共卫生事件应急条例》《关于全面加强应急管理工作的意见》《关于加强基层应急管理工作的意见》《国家突发公共卫生事件应急预案》《国家突发公共事件医疗卫生救援应急预案》《国家突发重大动物疫情应急预案》等文件，卫生部相应颁布《人感染猪流感预防控制技术指南（试行）》《甲型H1N1流感诊疗方案（2009年试行版第二版）》等文件。至此，我国已经基本完成了对公共卫生事件应急管理工作在各个层面的安排和部署，建立了“一案三制”，即应急预案、应急体制、应急机制和应急法制的相关内容，对依法全面加强应急管理工作提出了明确要求，使应急管理体系向各级政府和全社会延伸。

17.3.2 政府审计机关应在突发事件管理中发挥积极作用

政府审计作为国家经济社会的“免疫系统”，对于保障民生安全、推动经济社会的和谐和可持续发展发挥了重要作用。2003年初的“SARS”疫情、2008年初的冰雪灾害以及5·12汶川大地震对审计机关的应急管理提出了更高要求。审计机关作为各级政府的组成部门，应当将审计机关的应急管理纳入政府应急管理体系之中，除了关注自身的应急管理能力，还应加强对全社会应急管理（包括流感疫情应急）体系的研究，组织专项调查，创新审计方式，充分发挥政府审计的预防、揭露和抵御三大功能，使“免疫系统”更加名副其实。审计机关具有超然的独立性，可以较客观地评估流感疫情对政治、经济、军事、外交等方面的影响。2009 年 6 月 19 日开始，广东省多所学校出现了甲型 H1N1 流感疫情的局部爆发。截至 9 月 28 日，广东省各市的甲型 H1N1 流感疫情见图 17.2。另据卫生部通报，截至 10 月 30 日，我国内地 31 个省市自治区累计报告 44 981 例甲型 H1N1 流感确诊病例，已治愈 33 184 例。重症病例累计 82 例，已治愈 29 例，死亡 6 例。流感疫情对相关省市和行业（如交通、旅游、餐饮）的影响及对社会和经济的破坏可能是暂时的，但是在当今密切关联的商业条件下，这种破坏力可能会增强。审计机关可建议有关部门在特定的时期内采取有效的财税和金融措施扶持这些行业。当然，突发（公共卫生）事件应急处理过程中，由于与以往的常规财务审计不同，审计机关还需要培养相关专业人才，并与国际审计组织或有关国家审计机关交流合作，不断提高应急管理审计水平，以便从管理制度上发现问题，向有关部门和单位提出切实可行的建议，促进我国应急管理制度的完善。

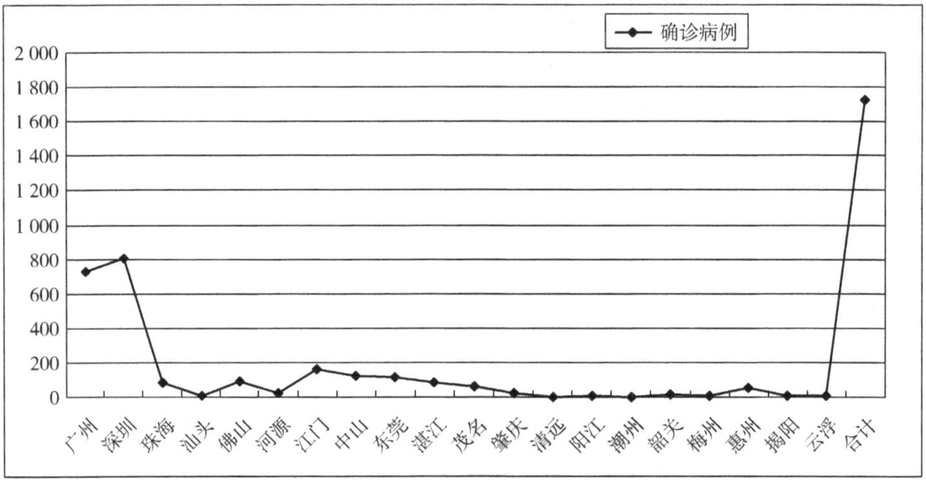

图 17.2　广东省甲型 H1N1 流感疫情汇总图（截至 2009 年 9 月 28 日下午 3 时）

备注：已治愈出院 2 108 例，现住院 17 例，居家隔离治疗 292 例，重症 1 例。

资料来源：根据广东省人民政府应急管理办公室网页整理［EB/OL］.（20090929）［20090929］. http：//www. gdemo. gov. cn/zt/zlg/shuzi/200905/t20090529_ 93675. htm.

17.3.3 我国可合理借鉴 GAO 的疫情应对策略

由于流感疫情的独特性及地区资源和能力各不相同，重大疫情后如何开展应急工作没有标准模式，GAO 的灾害应对策略和结论是针对美国疫情的特点和条件的。尽管 GAO 指出美国大流感应急状况存在诸多问题，但综合来看，当前美国的突发公共卫生事件预警与应急管理能力仍属全球领先。我国卫生经费投入相对不足，医疗资源分布不平衡，相关部门应视其具体情况考虑是否采用及如何采用这些建议。GAO 强调加强政府领导作用、提高应急能力、提高疫情信息透明度、建立基础设施协调理事会、实施绩效评估和问责制等做法可供我国借鉴。

17.3.4 全面提升政府应急能力，积极应对流感疫情

（1）适时调整防控策略。预防流感爆发是一项艰巨且专业性较强的长期工作，需要客观对待，不能夸大疫情，也不能掉以轻心。要借鉴国际做法并结合我国国情，建立应对流感疫情的区域联动合作机制，健全我国突发公共卫生事件应急模式。同时，可确立具体的评估指标，控制防控成本并提高防控绩效。据 2009 年 7 月 6 日的《财经》报道，广州市每天用于检测 H1N1 病毒、确诊患者的开销相当可观。同时，隔离成本也高得惊人。“长期做下去成本太高”，应考虑更加持续的防控之道。

（2）完善领导负责制和问责制。应依据《关于实行党政领导干部问责的暂行规定》等法规，健全流感疫情应急处置工作激励与约束相容的机制。

（3）完善预警机制。突发公共卫生事件的发现、诊断和缓解是一个包含了诸多参与者的复杂过程，加强危机准备和预警能力是防患于未然的关键所在。对流感疫情的控制与管理上，须建立快速反应机制，把预警信息转化为有效规避突发公共卫生事件的具体行动和措施。

（4）重视计划、培训与演练。有计划地对各级指挥员、医疗应急救援和其他相关人员进行培训，提高应急管理水平和专业技能。同时，组织必要的演练，总结经验教训加以改进，不断完善“一案三制”。

（5）加大卫生设施和科研方面的投入，提高医疗能力。由于中国的医疗资源本身就相对不足。当医疗、卫生、防疫的大部分资源都用于甲型 H1N1 流感防控时，不可避免要占用其他传染病的防控资源。因此，要注意应急医

疗资金（如医疗设施与流感疫苗的研发、生产、发放）的分配比例，使有限的资金用到刀刃上。

（6）加强卫生知识培训和应急意识教育。增强全社会对突发公共卫生事件的防范意识和应对能力，使广大群众认识到流感疫情“可防可控可治”，避免社会性的恐慌情绪。

（7）确保信息畅通，正确引导和把握舆论。2008 年 5 月 1 日实施的《政府信息公开条例》规定了应当按照有关规定统一、准确、及时发布有关突发事件的事态发展和应急处置工作信息的要求。谣言止于信息公开，各级政府必须适应时代发展要求，增强自身的公信力，做到以公开透明、开放有序、权威的信息安民。

（8）社会动员，群防群控。突发公共卫生事件应急管理是一个复杂的系统工程，不是哪一个单位、哪一个社会团体所能够独立完成的，需要动员全社会力量的共同参与。同时，应探索政府机关、企业和其他组织等社会力量参与突发公共卫生事件的预防和处置的协作机制。可按照疫情严重程度、人口密集程度、人口流动性、疫苗实际供应量等因素，确定开展甲型 H1N1 流感疫苗接种的地区和人群优先接种顺序。此外，企业工作场所可设立隔离间，以隔离突然发现的患者；学校在关闭期间，可以通过网络、电视等方式继续向学生授课。

（9）加强国际交流与合作。重视突发公共卫生事件应急处理策略和技术的国际交流与合作，主动参与世界应对突发公共卫生事件的集体行动。

【参考文献】

［1］GAO. Influenza Pandemic：Continued Focus on the Nation's Planning and Preparedness Efforts Remains Essential［R］. GAO – 09 – 760T，Washington，D. C. :，June 3，2009.

［2］GAO. Avian Influenza：USDA Has Taken Important Steps to Prepare for Outbreaks，but Better Planning Could Improve Response［R］. GAO – 07 – 652. Washington，D. C. : June 11，2007.

［3］National Governors Association Center for Best Practices，Issue Brief：Pandemic Preparedness in the States—An Assessment of Progress and Opportunity［R］. Sept. 2008.

［4］ WHO. World now at the start of 2009 influenza pandemic ［EB/OL］. (20090611) ［20090628］. http://www. who. int/mediacentre/news/statements/2009/h1n1_ pandemic_ phase6_ 20090611/en/index. html.

［5］ WHO. 新的甲型 H1N1 流感是什么？ ［EB/OL］. (20090611) ［20090628］. http: www. who. int/csr/disease/swineflu/frequently _ asked _ questions/about_disease/zh/index. html.

［6］ WHO. 大流行性流感的防范和应对 ［EB/OL］. ［20090628］. http: www. who. int/csr/disease/influenza/pipguidance2009/zh/index. html.

［7］ 王陇德. 卫生应急管理理论与实践 ［M］. 北京：人民卫生出版社，2007.

［8］ 卫生部卫生应急办公室. 二〇〇七年全国卫生应急工作会议材料汇编 ［C］. 2007.

［9］ 卫生部. 甲型 H1N1 流感防控工作信息通报（2009 年 10 月 30 日）［EB/OL］. (20091030) ［2009031］. http://www. moh. gov. cn/publicfiles/business/htmlfiles/mohbgt/s3582/200910/44289. htm.

（本文作者：华金秋）

The Assessment About U. S. Pandemic Influenza Emergency And Its Enlightenment

【**Abstract**】 This article describes the latest assessment about pandemic influenza emergency response in U. S., and explore its enlightenment for China.

【**Key words**】 Pandemic Influenza; Emergency; Assessment

18

美国的核安全审计及启示

【摘要】核安全审计是保障核电安全发展的重要方面。本文介绍了美国审计署2008年以来对核安全状况的审查情况，并探讨了其对我国的启示。

【关键词】核安全；信息披露；审计报告

据日本新闻网报道，日本原子能安全与保安院于2011年4月12日将福岛第一核电站的核泄漏等级由此前的5级提高到7级①。这意味着福岛第一核电站的核泄漏规模达到了与切尔诺贝利核灾难同样的等级，属于最高级。核安全问题日益引起国际社会关注。妥善应对核安全挑战，保障持续健康利用核能，成为各国共同面临的重要课题。相关国家的审计机关也在积极探索，力图发挥国家审计的独特功能。2008年以来，美国审计署（GAO）应国会的要求审查了核安全状况并发布系列报告[1](P4~32)[2](P7~10)[3](P5~29)。本文对GAO的报告作一简介并探讨对我国的启示。

18.1 美国GAO的核安全审计报告简介

18.1.1 2008年6月30日的报告《核安全：NRC需加强对美国商用核电站反应堆的消防监督》简介

1975年的美国阿拉巴马州Browns Ferry核电站大火表明，核电机组安全关闭的能力面临严重威胁。美国核管理委员会（NRC）随后发布了《商用核电站消防安全准则》，但是不同设计方式和不同年限的核电站难以达到这一要求。2004年，NRC鼓励全国的204个核电站逐步采用新办法——简化的《风险提示程序》来分析各核电站的火灾风险。国会要求GAO评估以下内容：①自1995年以来核电站发生火灾的次数和原因；②美国核电站遵守NRC消防安全规定的情况；③核电站对新办法（即《风险提示程序》）的评价。

GAO访问了全国65处核设施中的10处，审查了NRC关于核电机组火灾的报告和相关文件，并采访了NRC的官员和行业专家。根据NRC的报告，从

① 参见《日本原子能安全保安院决定将福岛第一核电站事故定为7级》，新华网，http://news.xinhuanet.com/world/2011-04/12/c_121292591.htm，2011-04-12。

1995年1月到2007年12月，美国的65处核设施总共发生了125起火灾。大多数火灾的发生不影响核电站机组的关闭，或者是在核电机组关闭后的加油过程中发生火灾。NRC对这些火灾事件位置、重要性和情况的描述与GAO的审查记录相符合。NRC没有解决核电行业长期存在的一些消防问题，这些问题包括：①核电站主要依赖手工操作（如员工使用手动阀门操作水泵）而不是广泛运用自动化措施（如防火隔离装置、自动火警探测与灭火设备）来保证消防安全；②核电站员工经常使用“临时补偿措施”（主要是火情观测）而不是立即维修来保证长时间的消防安全；③安全关闭核电机组所需的电缆防火包裹层能否提供有效保护是不确定的；④核电站对电流短路的影响不够重视，因为短路可能会很快引起设备故障，若触发连锁反应（Multiple Spurious Actuations）将严重威胁核电机组的安全；⑤向新办法（即《风险提示程序》）过渡的工作面临大量的人力资本、成本和方法上的挑战。2008年4月，约46个核电站表示将遵循新办法的规定。然而，根据NRC官员和核电行业学者的分析，一些核电站员工缺乏火灾模拟、风险评估和工厂运营方面的专门知识将减缓过渡进程。NRC官员和学者还对新办法的潜在高成本与收益的不确定性表示担忧。据估计，仅每个核电站进行必要的火灾分析和风险评估的费用可能达数百万美元。

GAO提出如下建议：为了解决全国商用核电机组的消防安全问题，NRC应该领导开发中央数据库，跟踪全国商用核电机组的消防安全措施以及人工操作的状态，包括：①NRC应确定使用“临时补偿措施”的时间界限和详细计划安排；②NRC需解决商用核电机组电缆防火包裹层有效性问题，确保电缆消防耐力测试符合NRC的1小时或3小时防火保障要求；③为防止核电机组产生连锁反应，NRC应制定操作指南并规定具体的期限。

18.1.2 2008年10月23日的报告《核安全：能源部门需要加强其核设施和业务的独立监督》简介

美国有200多处“高风险”的核设施由承包商经营，一旦发生事故，可能对核设施的工作人员和外部公众产生严重后果。美国能源部（DOE）负责监管这些核设施的安全。DOE的核心机构健康、安全、保障办公室（简称HSS）负责研究、监管、帮助执行核安全的政策。国会要求GAO评估以下内容：①HSS满足独立的核安全监管要求的有效程度；②导致HSS监管缺陷的影响因素。

GAO 审查了相关的 DOE 政策，采访了政府官员和外部专家，还审阅了 DOE 的网站来确定核设施的数量和运行状况。调查表明，HSS 无法完全满足 GAO 有效核安全监督的组成元素要求：独立性、技术专长、执法权限、审查和解决问题的能力、向民众提供设施信息的能力。例如，HSS 的独立运作能力有限，没有能力审查新高风险核设施的“安全基础”（Safety Basis）。“安全基础”是指有助于确保这些设施的设计和操作安全的技术分析工作。HSS 在 DOE 的网站中也没有提供独立的安全人员的意见。此外，虽然 HSS 定期实地视察核设施，力图确定核设施面临的问题，但 HSS 的检查计划中缺乏全部核设施的“安全基础”的有用信息。

GAO 提出如下建议：

（1）能源部长应采取行动，加强 HSS 对核安全的独立监督。能源部长的行动内容包括：①赋予 HSS 责任、技术资源以及必要的政策指导，使 HSS 能够审查新的核设施的“安全基础”和对现有设施的重大修改方案，以确保核设施的安全。②使 HSS 其能够监测现有高危险核设施的“安全基础”状况，确保这些设施在满足目前的核安全规定条件下运营。③响应 HSS 的缺陷调查结果，对核设施纠正措施的有效性进行更多的常规监测或采取必需的执法行动。④在 DOE 的网站中增加信息披露内容，使公众可以获取相应的核安全评估报告。

（2）如果能源部长未依据 GAO 的建议采取适当的行动，国会可以考虑永久性地通过立法确立 HSS 关于核安全的监管责任，或者通过提供资源并授权安全理事会（Safety Board）监督所有核设施并执行核安全法规，或授权 NRC 监管全部或只是监管新建的核设施。

18.1.3 2010 年 4 月 29 日的报告《核安全：大多数成员国认为〈核安全公约〉是加强全世界核安全的有效措施》简介

截至 2010 年 4 月，全世界共有 437 个民用核反应堆在 29 个国家运营，还有 56 个在建设之中。《核安全公约》（以下简称《公约》）于 1996 年 10 月 24 日生效。《公约》规定了 72 个缔约方对其民用核设施的安全和监管负有的义务和执行原则，具有法律约束力。国会要求 GAO 评估以下内容：①缔约方对《公约》的益处和局限性的意见；②《公约》的执行力度；③国际原子能机构（IAEA）如何完善《公约》的安全目标。

GAO审阅了相关文件，会晤了《公约》缔约方的相关官员，分析了32项反馈意见。GAO对大多数《公约》缔约方的调查表明，《公约》对加强全世界民用核反应堆安全扮演了重要角色。《公约》的任务是：①建立有效的立法和监管框架以及强有力的、独立的核能监管机构；②要求缔约方每3年编写国家报告，报告中应描述该国为了达到《公约》的核安全目标，已采取了哪些措施，这是其中最重要的部分。各国在出席核安全审查会议时，应提交其国家报告，说明如何解决可能出现的问题，并对其他缔约方的国家报告进行评估和提问，这就是所谓的同行评审（Peer Review）过程。

GAO发现了一些热点问题：①公众对核安全审查会议的参与力度不够；②一些国家缺乏参与审查会议的能力；③国家报告缺乏安全性能指标、无法衡量实现安全目标的进展情况。约半数的缔约方表示，安全性能指标的缺乏限制了该《公约》的有效性。核管理委员会（NRC）的官员也指出，安全性能指标可能是有益的。④缔约方在IAEA公共网站发布国家报告的数量自2005年以来有所下降。美国国务院和NRC官员告知GAO，美国一直将其国家报告在互联网上公布，但对鼓励其他缔约方公开国家报告不够重视。

GAO提出如下建议：①为了进一步加强《公约》在促进全球民用核电安全方面的有效性，国务卿应与核管理委员会主席以及其他缔约方协调工作进展；②鼓励各缔约方在国家报告中披露安全性能指标，以更好地评估民用核电厂的安全性，帮助各国系统地衡量在哪些方面以及如何改善安全状况；③增加缔约方的国家报告在IAEA的公共网站的发布数量，以便公众浏览；④鼓励缔约方的核电计划与书面答复向公众传播，并将这些信息在IAEA的公共网站上发布。

18.2 启示

18.2.1 审计机关应在保障核安全方面发挥积极作用

着眼于核灾难发生前的预防措施，是我国政府未来应对灾难的着力之处。受托经济责任关系是审计产生和发展的客观基础，政府审计的重要职能之一就是检查公共部门的受托管理责任（包括核安全责任）的履行情况。政府审计是整个国家公共安全（包括民生安全、生态安全和经济安全）保障体系中监督保证系统的重要组成部分。政府审计具有监督层次高、覆盖面大，与被审计对象人权、事权、财权相分离的超脱特点，从而使国家审计具有独立性、权威性、综合性，兼备监督与服务功能，由此决定了审计机关在保障核安全方面必然能发挥其他部门或机构不可替代的独特作用。

18.2.2　政府审计如何在保障核安全方面发挥积极作用

（1）树立科学的核安全审计发展观。“只有把握好审计工作所处的环境、面临的形势以及面对的对象的不断变化，提高对重大事项的洞察力，增强敏锐性和预见性，才能在一些事项尚处于萌芽状态时，予以高度的警觉和重视，及早防范。”① 审计机关应在《审计法》、《突发事件应对法》、《防震减灾法》和有关核安全法规政策（如《核动力厂设计安全规定》（HAF 102）和《核动力厂运行安全规定》（HAF 103））的基础上，提高审计、审计调查和审计统计分析的质量，更好地发挥政府审计保障核安全方面的积极作用，切实处理好核安全与和平利用核能的关系。

（2）总结国内外核安全审计经验。目前我国的核安全审计主要以对国务院所属部门或相关单位的核电专项资金的财务审计为主，对政府核电安全政策和绩效评估关注不够，在审计内容、方法、成果体现和利用等方面与发达国家存在差距。我国核安全审计起步相对较晚，未曾发布核安全审计公告，因此可以与开展核安全审计较早的国家进行适度的国际合作，借鉴其成功经验。例如，尽管 GAO 指出美国的核安全工作存在诸多问题，但综合来看，当前美国的核安全事件预警与应急管理能力仍属全球领先，相关部门和单位应视其具体情况考虑是否采用及如何采用这些建议。

（3）优化配置审计资源。我国审计机关经费和力量相对不足是客观事实，为此，需要依据核安全审计的要求，进行国家审计资源的整合，相应调整审计组织方式，调动一切积极因素，主要包括：①加强核安全审计人才队伍建设。核安全审计是一门专业性、综合性很强的学科，审计人员还需具备较强的逻辑推理和综合分析能力，因此要尽快完善审计人员的知识结构，从而适

① 参见刘家义《加强审计队伍建设推进审计事业科学发展》，中国政府网，http://www.gov.cn/jrzg/2010-01/19/content_1513958.htm，2010-01-19。

应日趋复杂的核安全审计工作需要。②协调国家审计、内部审计和民间审计三者之间的关系，进行审计资源的整合。③协调政府审计与环保部（或国家核安全局）、发改委（或国家能源局）、工信部、财政部等部门之间的关系，实现对国家审计的配合。

（4）充分发挥政府审计的“免疫系统”功能。当前，我国亟须研究监管框架、核电站设计、核电站选址、定期安全审查和应急响应与处置等一系列核安全审计问题。可从以下方面着手：

①发展核电必须严格控制风险。福岛核事故凸显核能利用过程中安全问题的重要性，进一步提醒国际社会应该对新的挑战予以考虑，需要重视审视核电发展战略。中国如果要继续发展核电，必须严格控制风险，审慎前行。国务院总理温家宝 2011 年 3 月 16 日主持召开的国务院常务会议明确提出“核电发展要把安全放在第一位”，会议还决定调整我国核电规划并暂停批新项目①。我国需要对应急、环境、地质、气象等安全条件进行严格审计，核查按原先的行业标准建造的防护设施是否需要更新加固，坚决否决不能满足核安全要求和应急条件的项目。再如，目前我国核安全法规尚无针对海啸的预防指标，这是我国需要注意的。

②审计有关部门和单位核安全的监管责任履行情况。核电站的安全运作需要可靠和透明的监管，需要运营者与监管方之间的制衡以及高标准的建设质量。地震之前，东京电力公司涉嫌数据造假广受质疑。[4]福岛核事故表明，日本需要改革核能产业体制，给予核能监管机构更大的独立性，采取有效措施保证核材料和核设施的安全。同时，核电投资涉及利益巨大，如 2007 年我国由核电技术招标引发的中广核腐败案应引起警醒。② 因此，我国要不断健全核电行业监管体系，防止产生核安全隐患。此外，要加强对我国所有的核设施在应急预警、应急准备、应急处置、善后处理和社会评价等方面工作的目标责任考核与审计。

③重视面向公众的核安全信息披露。核危机信息披露机制，是民众得以保全、社会维持稳定的重要基础。对于一个社会来说，最大的核风险其实并不在事故本身，而在于事故来临时而民众尚不知晓事态，或者即便知晓事态也不知道该如何应对。国际合作也是核事故应对的关键环节，这种国际合作

① 参见《国务院常务会议强调核电发展安全第一》，http：//news. sina. com. cn/c/2011 – 03 – 16/183722127199. shtml，2011 – 03 – 16.

② 参见《核电还应发展风险必须可控》，载《财经》，2011（8）.

体现为核安全信息的共享与自我保护。在福岛核泄漏发生后，中国政府随即启动了沿海11个省份的核安全检测，每天向公众发布相关信息，确保人民的健康和安全。

我国审计署可考虑定期与不定期地发布核安全审计公告。核安全审计公告可借助媒体广泛传播，使外界了解被审计单位核安全情况及审计结果和审计建议等内容，有利于对被审计单位开展外部监督，从而运用强大的社会舆论力量，促进被审计单位落实审计决定[5]。核安全审计公告也有助于澄清国际社会对我国核安全政策和实施效果不透明的误解，有利于社会的稳定。

【参考文献】

［1］GAO. Nuclear Safety: NRC s Oversight of Fire Protection at U. S. Commercial Nuclear Reactor Units Could Be Strengthened［R］. GAO－08－747, Washington, D. C.: Jun. 30, 2008.

［2］GAO. Nuclear Safety: Department of Energy Needs to Strengthen Its Independent Oversight of Nuclear Facilities and Operations［R］. GAO－09－61, Washington, D. C.: Oct. 23, 2008.

［3］GAO. Nuclear Safety: Convention on Nuclear Safety Is Viewed by Most Member Countries as Strengthening Safety Worldwide［R］. GAO－10－489, Washington, D. C.: Apr. 29, 2010.

［4］李纬娜，王奇华，张旻．中国核电余震［J］．财经，2011（7）．

［5］华金秋，陈博为．英国对实施欧盟排放交易机制的审计及启示［J］．中国地质大学学报（社会科学版），2010（3）．

（本文作者：华金秋）

US Nuclear Safety Auditing and Its Implications

【Abstract】 Nuclear safety audit is an important aspect to ensure the safety devclopment of nuclear power. This paper introduces the GAO' s audit situation of nuclear safety since 2008, and discusses their implications for China.

【Key words】 Nuclear Safety; Information Disclosure; Auditing Report

19

美国集成公众警报和预警系统审计及启示

【摘要】 本文对美国审计署（GAO）关于联邦紧急措施署（FEMA）实施集成公众警报和预警系统（IPAWS）情况的审计报告做一简介并探讨对我国的启示。

【关键词】 突发事件；应急管理；紧急报警系统（EAS）；集成公众警报和预警系统（IPAWS）

19.1 引言

当今社会，突发事件的发生频率、影响范围和破坏力越来越大。为了应对突发事件，政府必须对应急管理的全过程进行周密的规划和协调，建立健全应急预警系统是其中重要一环。2004 年年底的南亚海啸使东南亚多个国家受到重创，如果这些国家此前加入国际海啸预警系统，死亡人数可能会大大减少。应急预警系统主要包括信息监测、信息收集、阈值确定、信息分析和预测判断、信息发布等子系统。科学的预警系统有助于政府在应对突发事件时实现资源优化配置及损失最小化，对社会的稳定、经济的可持续发展至关重要。

19.2 美国的警报系统简介

美国主要的警报系统——紧急报警系统（Emergency Alert System，EAS）建立于 1994 年 11 月，可以在紧急状况下向全国公众传送信息。美国联邦紧急措施署（The Federal Emergency Management Agency，FEMA）管理国家层面的 EAS，负责向国家的主要电台即基本输入端（Primary Entry Point，PEP）播报总统发布的预警信息，进而传送给全国的电（视）台，再将信息传递给其他的广播站和有线电视系统。2006 年 6 月，美国总统布什颁布了 13407 号行政命令《公共警报和预警系统》（Public Alert and Warning System），要求美国建立一个综合性的警报和预警系统。该行政命令详细描述了国土安全部（DHS）秘书长的责任，即确保预警信息传输能力在规定时间内达到行政命令的要求，并自命令颁布之日起 90 天内，及其后至少以一年为间隔期报告系统实施进展情况。事实上，在 13407 号行政命令颁布前，FEMA 的集成公众警报和预警系统（Integrated Public Alert and Warning System，IPAWS）项目已于2004年启动。IPAWS被FEMA称为“系统的系统”，目的是整合现有的各类警报系统，EAS是IPAWS的重要组成部分。

根据2006年的《预警、警报及其响应网络法案》（The Warning，Alert，and Response Network Act of 2006），联邦通讯委员会（Federal Communications Commission）成立了一个顾问小组即商业移动服务警报顾问委员会（Commercial Mobile Service Alert Advisory Committee，CMSAAC），CMSAAC提议开发一个商业移动警报系统（Commercial Mobile Alert System，CMAS）。CMAS由此作为一个广播文本警报方案启动，CMAS也是IPAWS项目的组成部分。IPAWS项目的另一个合作方是国家海洋和大气局（National Oceanic and Atmospheric Administration，NOAA）属下的国家气象电台（National Weather Radio，NWR），NWR发布国家气象预报和自然灾害预警信息。州和地方政府也正在开发和部署各自的警报系统，FEMA同样也打算将这些警报系统整合融入IPAWS系统，IPAWS的概念框架如图19.1所示。

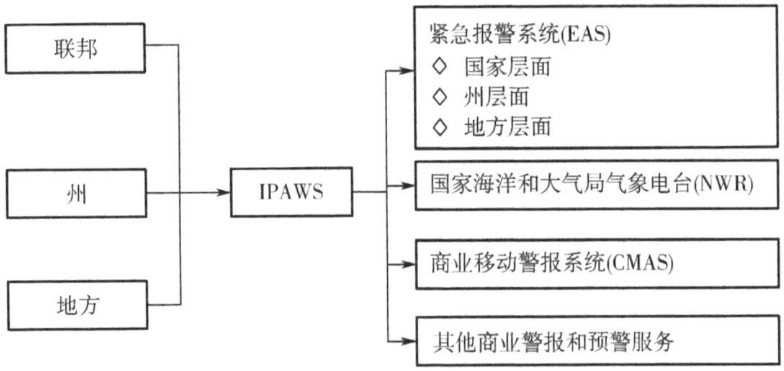

图19.1　IPAWS的概念框架

来源：FEMA，2009.

IPAWS的信息传输使用共享商业警报协议（Commercial Alerting Protocol，CAP），CAP是一个开放的非专有的数据信息标准并与多用途和远距离通信协议相兼容。13407号行政命令还要求FEMA制定警报标准，FEMA打算采用CAP作为警报标准并公布IPAWS CAP标准概要。应国会要求，美国审计署（GAO）审查IPAWS项目的实施情况并于2009年9月提交报告，下文对GAO的报告做一简介并探讨对我国的启示。

19.3 GAO对美国警报系统的审计报告简介

19.3.1 紧急报警系统EAS仍存在弱点

EAS作为美国主要的公共警报和预警系统，是一个非常有价值的公共警报和预警工具。然而，EAS的薄弱环节阻碍了其有效性的发挥。GAO发现，如果总统要发布一项国家警报，国家层面的EAS的可靠性仍存在问题，主要有：

19.3.1.1 缺乏备选方案

如果基本的联系失败，FEMA的警报信息缺乏替代手段到达EAS的各参与者。PEP电台是总统发布警报的主要接收端，FEMA通过EAS的电话线路或卫星连接全国的35个PEP电台进而向860个公共有线电视台发送国家警报。如果与PEP电台的连接失败，所有依赖于该连接的EAS参与者将无法接收到警报信息。

19.3.1.2 覆盖面存在空白

PEP电台覆盖面的空白将阻碍EAS警报信息的成功传送。一些广播站因为距离遥远，联系其对应的PEP电台存在困难。例如，缅因州（Maine）的一些广播站根本没有被PEP系统所覆盖，不得不从其他可选择的信息源（如商业电台）获得国家警报信息，这不是一个可靠的办法。与PEP电台不同，商业电台没有必要花费额外的燃料和发电机来保证持续地跟踪警报信息。

19.3.1.3 缺乏测试和培训

FEMA没有执行国家层面的测试来保证EAS在国家警报发布期间顺利运行。2007年1月，FEMA实施了一次国家层面的EAS测试，结果3个PEP电台都无法接收和发送测试信息。此后，FEMA没有进行过国家层面的测试，也没有测试接收与发送报警系统的计划。最近一次偶然的总统发布警报信息的传送失败再次暴露出这一问题。此次事件中，由于FEMA工作人员的疏忽大意，在伊利诺伊州（Illinois）出现了设备故障，警报未能被所有EAS系统传送。虽然FEMA指出这次事故原因已查清并排除故障，但仍未进行测试来保证设备在将来真正的紧急情况下能正常工作。另一个长期存在的问题是FEMA对EAS参与者没有进行必要的培训，包括EAS设备使用方面和草拟EAS信息方面。2007年GAO对几位EAS参与者（包括州和地方政府官员）

的调查表明，相关人员缺乏培训是 EAS 正常运行的一大障碍。FEMA 目前正在分析和评估 EAS 操作者培训的必要性，但还没有提供具体的培训项目。

19.3.1.4 警报信息传播到公众的方式存在局限

EAS 主要依赖广播和网络等媒体传输警报信息，但对发送手机短信方式不够重视。而且，EAS 的传输信息要到达不同的人群存在困难。例如，警报信息只以英语发送，这对残疾人是不公平的。而且，EAS 对特殊地理位置发送警报信息的能力有限。

19.3.2 FEMA 在整合 IPAWS 系统的过程中受到限制

19.3.2.1 IPAWS 项目进展缓慢

IPAWS 项目的最初目标是实现整个联邦、州和地方政府的公共警报和紧急预警系统的现代化并进行整合。FEMA 在实施 IPAWS 过程中取得一定进展并积累了一些经验，但国家层面的系统报警能力至今没有显著改善。13407 号行政命令颁布后，FEMA 开始启动 IPAWS 的系列项目，但这些项目进展缓慢。例如，早在 2005 年，FEMA 就计划通过电子邮件提供警报信息，并且借助电、文本信息、手机和互联网来发布，但是后来却中断了这些项目的实施。FEMA 也未能依 IPAWS 方案设定的时间表完成相关任务（如表 19.1），导致 IPAWS 的许多功能指标没有达到设计要求。

表 19.1 IPAWS 的任务时间表中仍然没有完成的项目（截至 2009 年 9 月）

2005 年	2006 年	2007 年	2008 年	2009 年
2005 财年第 4 季度，EAS 卫星和 PEP 及州相联		2007 年 8 月，XM 卫星报警传输和 EAS 连接。 2007 年 9 月，GTAS 具备跨国区域的信息传输能力。 2007 年 12 月，DEAS 在所有的区域进行部署	2008 年，PEP 的覆盖面达 90%	2009 年 1 月，数字信号、声音和文本消息成功传递。 2009 年第 1 季度采用 CAP

注：The Digital Emergency Alert System（DEAS），Geo – targeted Alerting System（GTAS）和 XM Satellite EAS link 系 IPAWS 项目的组成部分。

19.3.2.2 IPAWS 项目的组织管理对整合警报系统产生了负面影响

（1）IPAWS 项目的目标不断改变。IPAWS 项目的目标自 2006 年实施以来已修改了 3 次（如表 19.2 所示）。

表 19.2 IPAWS 目标的修改过程

2004 年	2005 年	2006 年	2007 年	2008 年	2009 年
	2004 年底到 2007 年初 目标：预警信息交流系统能提醒所有的人		2007 年初到 2009 年初 目标：将总统的警报信息传递到全国		2009 年初至今 目标：具备全面的服务和能力，对影响公共安全的危险信息，通过多种交流方式，提供给联邦、州和当地社区中的公众

（2）IPAWS 的项目计划和组织存在问题。从 2007 年初到 2009 年 6 月，IPAWS 在系统的开发和部署方面没有一个明确的执行计划和具体安排。虽然 FEMA 在 2009 年 6 月制定了新计划，但是计划只包含 IPAWS 的粗略框架，也没有计划实施项目的详细执行过程。同时，IPAWS 项目办公室的组织关系频繁变更也影响了实施进度。据 GAO 调查，IPAWS 的项目主管和员工在不断更换，人员的高流动性使 IPAWS 很难顺利实施。

（3）IPAWS 项目提供的信息不够充分。FEMA 没有报告 IPAWS 实施过程中的进展和花费。GAO 发现，由于 FEMA 为 IPAWS 建立的管理体制不健全，相关资料分散在 FEMA 的多个办公场所，资料搜索需要花费大量时间和人力，且 IPAWS 的很多关键资料甚至不存在。FEMA 和国土安全部（DHS）未能按规定报告 IPAWS 的详细进展，FEMA 只是提供工作执行情况的表格，这些表格缺乏各项目的具体参数，GAO 不能获得 IPAWS 的重要项目信息的定期报告和补充资料，这些资料应详细说明系统投资的合理性，从而有助于增加项目的透明度，联邦、州和当地政府的参与者由此能理解并监督 IPAWS 的实施效果。

19.3.2.3 FEMA 在实施 IPAWS 过程中协调不力

GAO 发现，IPAWS 执行过程中面临的重要问题之一就是协调。为了使 IPAWS 能顺利地开发和实施，FEMA 需要专门的知识和技能以及参与者的共同努力。鉴于IPAWS很大程度上依赖国家和地方警报系统，在GAO的调查中，不少受访者认为需要改进IPAWS的规划，并认为发送公共警报时各级政府之间的密切合作是必要的。另据GAO的调查，对州层面的多数受访者很少或几乎没有得到来自FEMA的信息，他们与FEMA很少或根本没有联系（或沟通），甚至还有一些受访者根本就不知道IPAWS。FEMA也承认，以往对参与者的协调不够重视，未来将改进协调工作。2008年5月以来，FEMA已经建立了一个参与者委员会（Stakeholder Subcommittee），并宣布将建立国家咨询委员会（State Advisory Committees），但FEMA随后又告知GAO，成立参与者委员会和国家咨询委员会难以落实，FEMA仅按CAP标准的要求，在有限范围内成立了3个工作小组。

19.4 启示

19.4.1 我国应急警报系统建设已取得很大成绩

我国正处于社会转型的关键时期，不稳定或不确定因素增多，面临突发事件多发的严峻形势。1998年的特大洪灾、2003年的SARS疫情、2008年春节南方特大雪灾、2008年的5·12汶川大地震、三鹿奶粉事件、2010年的青海玉树地震等表明，突发事件已成为人们日常生活中不容回避的现实问题，要求政府部门迅速提升快速反应能力和抗风险能力，警报系统建设是其中重要一环。当前，我国突发事件的警报系统建设主要针对自然灾害，已建立了以国家减灾中心为主要依托，以“环境与灾害监测预报小卫星”为主要载体的防灾减灾研究基地。我国现有各类灾害的监测站点数量过万，其中气象灾害、地质灾害、海洋灾害、生物灾害等灾类均建立了灾害监测报警系统，在防灾减灾中发挥了巨大作用，取得了良好的减灾效益。例如，湖南省永州地处湘江上游，历史上每逢大暴雨都难免遭灾。在2008年6月份的大洪水中，永州却创造了奇迹，26万多名受灾百姓实现了零伤亡，这得益于湖南省推广建立的村庄山洪报警系统的投入使用。山东省则于2009年启动军地一体化应急预测预警系统建设，整合资源，实现军地通用监测、指挥装备融合，大大缩短突发公共事件的预测预警时间。

19.4.2 我国的应急警报系统还存在一些问题

与美国类似，目前我国应急警报系统的建设和运作也存在一些问题，导致一些突发事件未能得到有效预防，有些突发事件引起的社会危害未能及时得到控制。

首先，我国现有的应急警报系统分散在各部门和行业，预警监测网络不够健全，预测预报尚不够准确、权威、及时。

其次，有些预警系统通信网络带宽较窄，不足以支持视频图像等宽带多媒体业务，且各专业部门的预警系统缺少统一规划和互通标准，应急指挥平台很难互联，部门联动效率有待提升，预警系统的集成化程度尚有待提高。

最后，我国的应急警报系统需要扩展其功能，使其在自然灾害、事故灾难、公共卫生事件和社会安全事件等各类突发事件中发挥预防或减缓作用。例如，目前对于突发事件的社会舆情预警相对薄弱，在群体性事件爆发前不能及时掌控和引导舆论，往往导致事态升级加大了控制难度和成本。

19.4.3 不断加强我国应急警报系统能力建设

我国建立一个经济有效并覆盖全社会的权威性的应急报警系统具有必要性和迫切性，从而最大限度地保证在突发事件发生前有效地进行报警或突发事件发生后减少人民生命和财产损失。

19.4.3.1 借鉴国外应急警报系统的建设和运作经验教训

由于突发事件的独特性及地区资源和能力各不相同，应急警报系统的建设和开发没有标准模式，GAO 的审计结论针对美国的特点和条件。尽管 GAO 指出美国的 IPAWS 存在诸多问题，但综合来看，当前美国的突发事件预警与应急管理能力仍属全球领先。我国应急警报系统的经费投入相对不足，相关部门应视其具体情况考虑是否采用及如何采用这些建议。GAO 强调政府领导作用、加强应急报警系统开发和建设过程中的项目管理与报告、重视应急报警系统的集成和测试、培训 IPAWS 参与者并与相关方之间进行良好的协调、制定预警系统标准等做法可供我国借鉴。除美国之外，其他国家的预警系统建设和运作经验教训也值得我国参考。例如，智利国防部长于 2010 年 2 月 28 日承认，由于没有及时发布海啸预警警报，令数百人猝不及防，在地震所引发的海啸中丧命。日本则在自然灾害预警系统建设方面走在了国际前列。

2006年3月，日本政府发布了《日本自然灾害预警系统与国际合作行动》的报告，对日本自然灾害预警系统的建设以及参与国际合作的状况做了全面、系统的披露。

与美国类似，目前我国警报系统的建设和运作发挥了巨大作用，但仍存在一些问题，导致一些突发事件的社会危害未能及时得到控制。在今年的特大泥石流灾害之前，舟曲县境内建有一个长江上游滑坡泥石流预警系统二级站，但运行多年，设备陈旧，预警范围有限。巨量的生命和财产损失再一次警示：全国自然灾害的预警系统亟待再次升级，建立一个经济有效并覆盖全社会的权威性的报警系统具有必要性和迫切性，从而最大限度地保证在突发事件发生前有效地进行报警或突发事件发生后减少损失。

19.4.3.2 加大预警系统设施的投入，提高资金使用效率

受资金投入的限制，我国灾害预警监测网络不够健全，预测预报尚不够准确、权威、及时。预警系统网络投资高、使用频率相对较低，主要体现政府公众服务职能，完全依靠社会投入是不现实的。政府应设立专项资金，加大资金投入，加强预警系统各方面能力的建设。同时，要注意预警系统资金在各环节（开发、建设与运作）的分配比例并加强预警系统开发、建设和运行过程中的绩效审计评估，力争使有限的资金用到刀刃上。我国预警系统在设计和建设时既要考虑长期目标，又要兼顾近期需求，明确各级政府和部门的预警范围和预警级别，依托现有通信网络资源，进行有效整合和扩容，实现有线通信系统与无线、集群通信系统相结合。

19.4.3.3 大力推进突发事件的监测预警系统的综合运用与集成开发

要探索预警预报模型、模式和高新技术的运用，完善突发事件预警预报决策支持系统。例如，对突发事件的相关信息完善收集、通报、分析制度，建立相应的数据库和评估指标体系，并进行信息的集成和数据挖掘处理。这需要研究国内外案例，从理论和实践层面积累经验，寻找逻辑判断关系或因果关系表达式，从海量的数据库信息中，将看似无关联的数据进行筛选、净化，提取出有价值的线索从而及时向国家相关部门传递突发事件预警信息，有利于迅速做出响应和决策。

19.4.3.4 重视预警系统建设和日常运行管理

在2010年8月的舟曲灾难来临时，当地政府拉响了防空警报，惊醒的居民不知发生何事，有的跑到房顶上看热闹，错过了逃生的宝贵时间，最终却

被泥石流吞噬。因此要进一步完善警报系统日常管理和应急演练制度，加强警报系统人员新技术、新业务和新设备的培训，提高警报系统管理人员和保障队伍的技术能力和业务水平，提升警报系统的可靠性和权威性。同时，将国内外各种社会力量纳入突发事件预警体系，建立健全协调和联动机制，形成由政府、组织、公民等联合应对的网络，将预防与应急处置有机结合起来，力争实现早发现、早报告、早控制、早解决，将突发事件造成的损失减少到最低程度。

19.4.3.5 推进预警系统建设法制化进程

现有应急法律法规体系中，灾害预防的体制、机制界定还不够清晰。目前的应急警报系统分散在各部门和行业，中央和地方之间、城乡之间、流域和中小河流的上中下游之间的预防责任还不清楚（史培军，2010）。同时，现行法规缺乏对警报系统的管制措施、启用程序的明确规定。因此，要积极推动相关法律法规的修订，出台警报系统体制、管理和运作的明确规定，保证警报系统的运行工作有法可依。

【参考文献】

[1] GAO. Emergency Preparedness: Current Emergency Alert System Has Limitations, and Development of a New Integrated System Will Be Challenging [R]. GAO-07-411, Washington, D. C.: Mar. 30, 2007.

[2] GAO. Emergency Preparedness: Improved Planning and Coordination Necessary for Modernization and Integration of Public Alert and Warning System [R]. GAO-09-834, Washington, D. C.: Sept. 9, 2009.

[3] CRS. Emergency Communications: The Emergency Alert System (EAS) and All-Hazard Warnings [R]. 2004-11-12.

[4] 王昂生．印度洋海啸呼唤建立全球特大灾害预警应急体系［J］．国家热点观察，2005（3）．

[5] （智利）政府承认海啸预警不及时华人商铺遭哄抢［EB/OL］. http://news.163.com/10/0302/02/6004VTF5000146BB.html, 2010-03-02.

[6] 吴江．公共危机管理能力［M］．北京：国家行政学院出版社，2005.

[7] 董华，张吉光等．城市公共安全——应急与管理［M］．北京：化

学工业出版社，2006.

（本文作者：华金秋　景东华）

American's IPAWS Auditing and Its Implications

【Abstract】This paper makes a brief introduction of GAO's audit report on FEMA implementation of IPAWS and discusses their implications for China.

【Key words】Emergency; Emergency Management; Emergency Alarm System (EAS); Integrated Public Alarm and Warning System (IPAWS)

后　记

本课题经过近5年时间的资料收集、撰写和修改，终于定稿。但本人丝毫没有如释重负的感觉，仍觉得还有诸多不足，很多论题由于篇幅的限制不能展开论述。由于本文的选题涉及审计、金融、财务、会计、管理等众多学科，从某种意义上讲难度较大，加之笔者学识有限，对课题的理解和把握、资料的收集和处理、研究方法的选取和利用以及问题的分析论证等尚存在诸多局限，许多观点、主张可能还不成熟，有待于进一步探讨。对于救灾资金方向的研究来说，本文仅是一个非常粗浅的尝试，尝试的结果并不十分重要，重要的是求知和探索的过程。因此，今后本人仍会不懈地努力。本书只能系抛砖引玉之作，希望获得各位专家学者的指正并期盼同仁对相关问题进行系统研究，如此，也许能让我感到些安慰。

本书选题、项目申请、书稿写作框架设计、主要章节撰写均由本人负责完成。课题其他参与作者的姓名也在对应章节标出，感谢诸位参与者的支持！最后，全书由本人统稿修改完成。

本书能够顺利完成，在很大程度上还要归功于深圳大学经济学院、科研处各级领导和同事的鼓励及诸位同学赖小琪、陈焕娣、邬梦芸、庄洁婷、黄晓霞、黄琴等的帮助。同时，我还要特别感谢我的博士后导师胡坚教授、魏学坤高级经济师、徐放鸣高级经济师，以及博士导师郭复初教授和硕士导师王治安教授，正是他们将我引入学术园地。尊师的教诲和鼓励，将伴我一生！师恩深重，无以为报。

我的家人在本书的写作过程中给予了很多鼓励；责任编辑薛晓红老师为本书的出版也做了不少耐心细致的工作；还有许多老师和同事、同学也给予了很多支持与帮助；本书在写作过程中还阅读了大量的文献，从中得到了有益的启发，有些参考文献由于种种限制无法将相关作者一一列出。特在此向家人、老师、同事、同学以及这些文献的作者一并致谢！

“路漫漫其修远兮，吾将上下而求索。”是为此记！

华金秋

2017年2月于深圳